WANDERN IN BERLIN

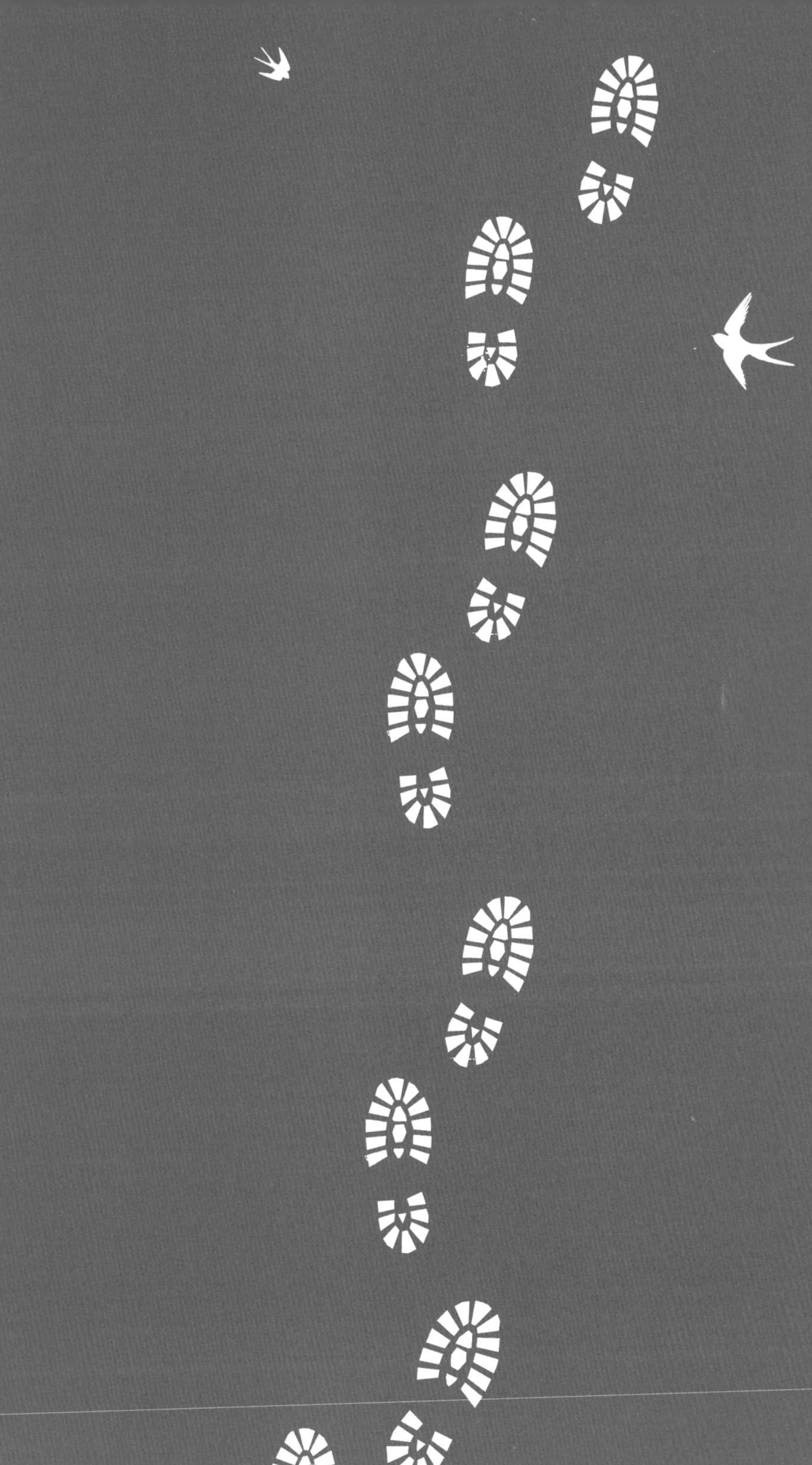

Frank Goyke

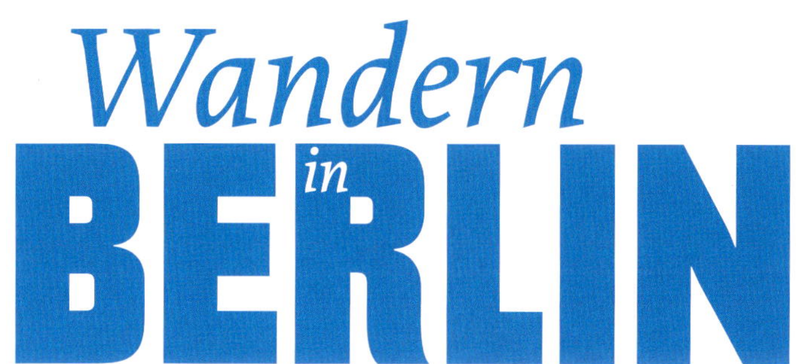

Auf den schönsten Wegen
durch die Stadt

BeBra Verlag

Wichtiger Hinweis

Als Ergänzung zu den Wegbeschreibungen finden Sie im Buch zu jeder Etappe einen GPS-Track. Mithilfe des QR-Codes, den Sie jeweils auf der Übersichtskarte finden, können Sie mit Ihrem Smartphone die Route direkt auf Google Maps nachvollziehen. Aufgrund der teilweise eingeschränkten Ortskenntnis des globalen Kartenanbieters gibt es gelegentlich kleinere Lücken im Wegverlauf, die allerdings vor Ort leicht überbrückt werden können. Auf der Internetseite des Verlages stehen zudem alle Routen im KMZ- und GPX-Format zur Verfügung. Wenn Sie den untenstehenden QR-Code einscannen, können Sie sich die Dateien inklusive Nutzungsbeschreibung herunterladen:

Stand der Informationen: März 2022

Bibliografische Information der Deutschen Nationalbibliothek
Die Deutsche Nationalbibliothek verzeichnet diese Publikation in der Deutschen Nationalbibliografie; detaillierte bibliografische Daten sind im Internet über http://dnb.d-nb.de abrufbar.

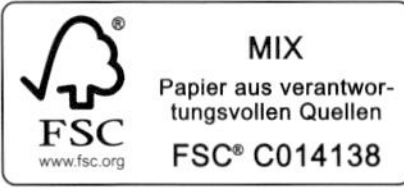

2. Auflage

Asternplatz 3, 12203 Berlin
post@bebraverlag.de
Lektorat: Matthias Zimmermann, Berlin
Umschlag: fernkopie, Berlin
(Titelbild: mauritius images/Aurora RF/Tamboly Photodesign)
Satzbild: Friedrich, Berlin
Schrift: Minion 9,5/11 pt
Druck und Bindung: Finidr, Český Těšín
ISBN 978-3-8148-0258-9

www.bebraverlag.de

Inhalt

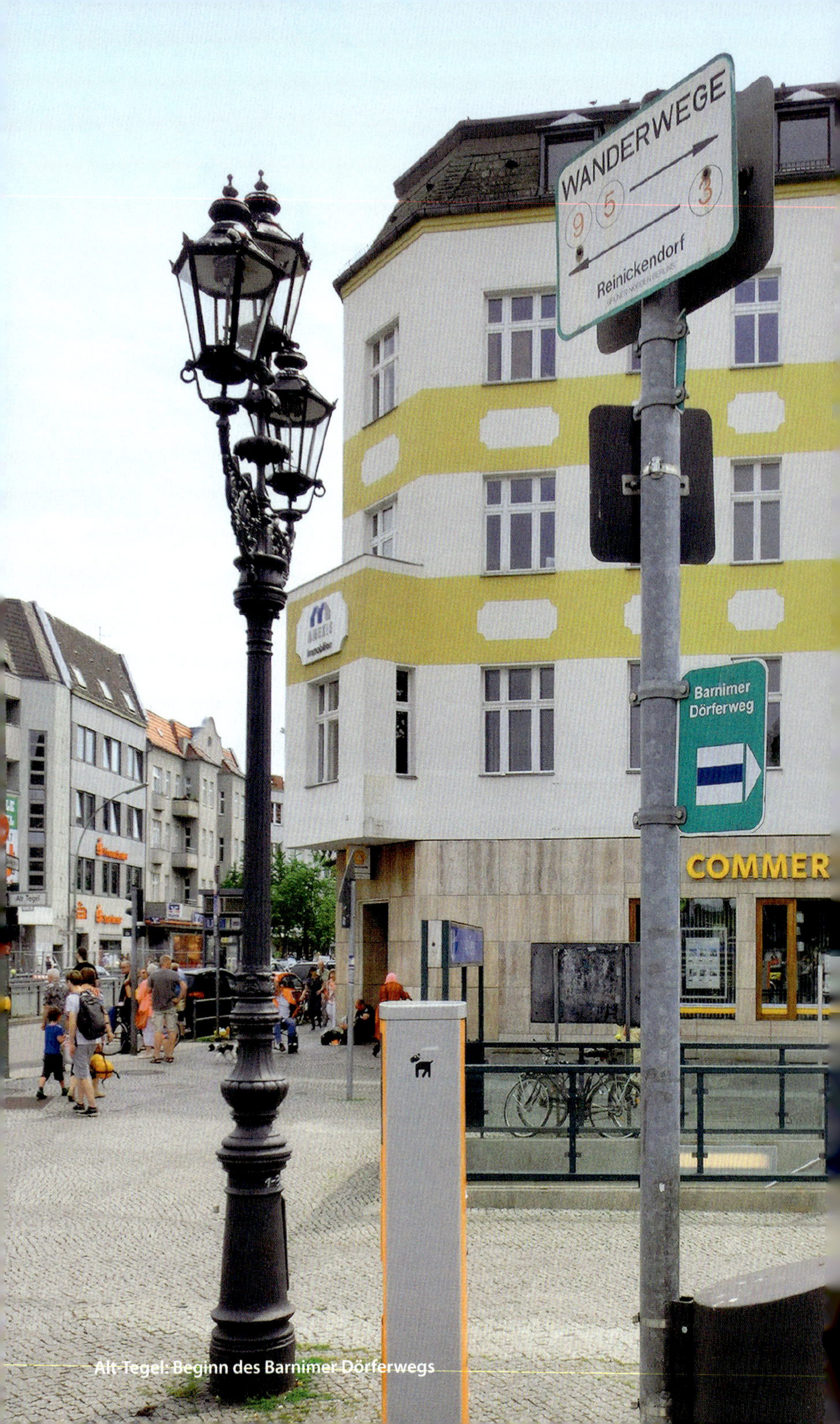

Alt-Tegel: Beginn des Barnimer Dörferwegs

Vorwort

Wie ein Netz legen sich die 20 grünen Hauptwege über Berlin. Ihre Erfolgsgeschichte begann im Jahr 1994. Damals entstand die Idee, die in der Hauptstadt bereits vorhandenen Parks und Grünflächen miteinander zu verknüpfen und dabei mehrere grüne Korridore zu schaffen, die zum Wandern durch die ganze Stadt einladen. 2004 wurde das Projekt der 20 grünen Hauptwege als eine Koproduktion von BUND Berlin, FUSS e.V. und der Berliner Senatsverwaltung für Stadtentwicklung und Umwelt begonnen, um den Berlinern und ihren Gästen dieses Netz von Wanderwegen in der bzw. durch die Millionenstadt zur Verfügung zu stellen. 100 ehrenamtliche Flaneure probierten vorgeschlagene Wege aus. Nach diesem »Fußtest« wurde der Wegeplan optimiert und schließlich mussten die Trassen auch noch ausgeschildert werden – die wichtigste Arbeit nach der Planungsphase. Inzwischen durchziehen die 20 grünen Hauptwege auf einer Länge von ca. 535 Kilometern Berlin, markiert mit einem blauen Querbalken auf weißem Grund und der jeweiligen Wegenummer. Betreut werden die Wege durch den Berliner Wanderverband und die ihm angeschlossenen Vereine und Verbände – darunter sind nach wie vor BUND und FUSS e. V., aber inzwischen z. B. auch die NaturFreunde Berlin. Sie übernehmen die Nachbetreuung der markierten Wege, prüfen die Markierungen, schlagen – beispielsweise im Fall von Baustellen oder einer andauernden Unpassierbarkeit von Wegen – temporäre oder dauerhafte neue Wegeführungen vor.

Dieses Buch enthält fünf dieser Wanderwege, die grünen Hauptwege 1, 2, 7, 13 und 19. Sie tragen neben den Nummern auch Namen, die sich an den jeweiligen Landschaftsräumen orientieren. Bei den für diesen Band ausgewählten Trassen handelt es sich um den Spreeweg/Berliner Urstromtal, den Spandauer Weg, den Hönower Weg, den Barnimer Dörferweg sowie den Tiergartenring. Alle Wege sind in zwei Richtungen ausgeschildert und damit auch in beiden Richtungen begehbar – unsere Auswahl von Start- und Zielpunkt ist also in gewisser Weise willkürlich. Im Text wird immer wieder einmal an die Möglichkeit erinnert, auch in die andere Richtung zu wandern.

Auch die Etappeneinteilung ist kein Muss. Es handelt sich um Vorschläge, die möglichst sinnvoll die Erreichbarkeit der Start- und Zielpunkte mit öffentlichen Verkehrsmitteln berücksichtigen. Das bedeutet, jeder Wanderer und jede Wanderin kann sich auch eigene Etappen auswählen, mehrere Etappen kombinieren oder auch auf kreuzende grüne Hauptwege einbiegen, denn es handelt sich, wie gesagt, um ein Netz von Wegen mit vielen, vielen Kombinationsmöglichkeiten. Übrigens: Die Orientierung an der Erreichbarkeit mittels öffentlichen Verkehrsmitteln ist ein Grund für die mitunter sehr unterschiedlichen Längen einzelner Etappen.

In einer Tabelle am Ende jeder Etappenbeschreibung findet der Leser ein paar Tipps zu Sehenswürdigkeiten, gastronomischen Einrichtungen, Museen, manchmal auch Bademöglichkeiten oder Bootsverleihen und immer Verweise auf die Erreichbarkeit mit dem ÖPNV. Aus Platzgründen ist die Auswahl insbesondere im gastronomischen Bereich äußerst beschränkt, zumal dieses Buch ein Wander- und kein Gastroführer ist.

Im Übrigen konnte insbesondere im Bezirk Mitte auf viele bekannte Sehenswürdigkeiten und Museen nur kurz oder gar nicht eingegangen werden. Aber eben weil diese Highlights derart bekannt sind, widmen ihnen viele Reise- und Stadtführer ausreichend Aufmerksamkeit, sodass hier nur darauf verwiesen werden soll, dass man für Angaben, die den Rahmen dieses Buches sprengen, einfach noch andere Stadtführer konsultieren möge.

Damit alle Wanderfreundinnen und Wanderfreunde, die dieses Büchlein benutzen wollen, immer wissen, worauf sie sich einlassen, wurden die Wege von mir exakt ausgemessen (ich habe dafür die App ViewRanger benutzt). Das bedeutet allerdings, dass die Entfernungsangaben mitunter von denen auf Wegweisern oder Karten abweichen. Jedem muss es überlassen bleiben, wem er nun vertraut. Im Übrigen können die 20 grünen Hauptwege auch als digitale Wanderkarte sowie als kmz- oder GPX-Daten von der entsprechenden Seite des Berliner Senats (www.berlin.de/senuvk/umwelt/berlin_move/de/hauptwege/index.shtml) heruntergeladen werden, oder man benutzt eine analoge Karte aus dem Buchhandel. Denn leider kommt es immer wieder vor, dass Wegemarkierungen entfernt oder überklebt werden, sodass es klug und nützlich ist, sich nicht allein auf die Markierungen zu verlassen. Und natürlich sollte man auch dieses Buch in der Tasche haben.

Die 20 grünen Hauptwege sind ein Wanderwegenetz in einer Millionenstadt. Das bedeutet, sie sind weder auf jedem ihrer Abschnitte grün noch immer schön. In einer so großen und dicht bebauten Stadt kann das niemand erwarten. Mangels Alternativen muss ein Weg eben auch mitunter für 300 oder 400 Meter durch ein Gewerbegebiet geführt werden – aber auch das ist ja Teil der städtischen Realität. Immer aber gibt es etwas Interessantes zu entdecken und das Besondere der Wege ist: Man begibt sich auf ihnen in Regionen, die man sonst vielleicht nie aufsuchen würde. Und genau diese Möglichkeiten – Neues, Fremdes und Interessantes zu entdecken – machen den besonderen Reiz der 20 grünen Hauptwege aus.

Ich wünsche viel Spaß und Erkenntnisgewinn zugleich bei diesen anregenden Touren!

Frank Goyke, im Februar 2019

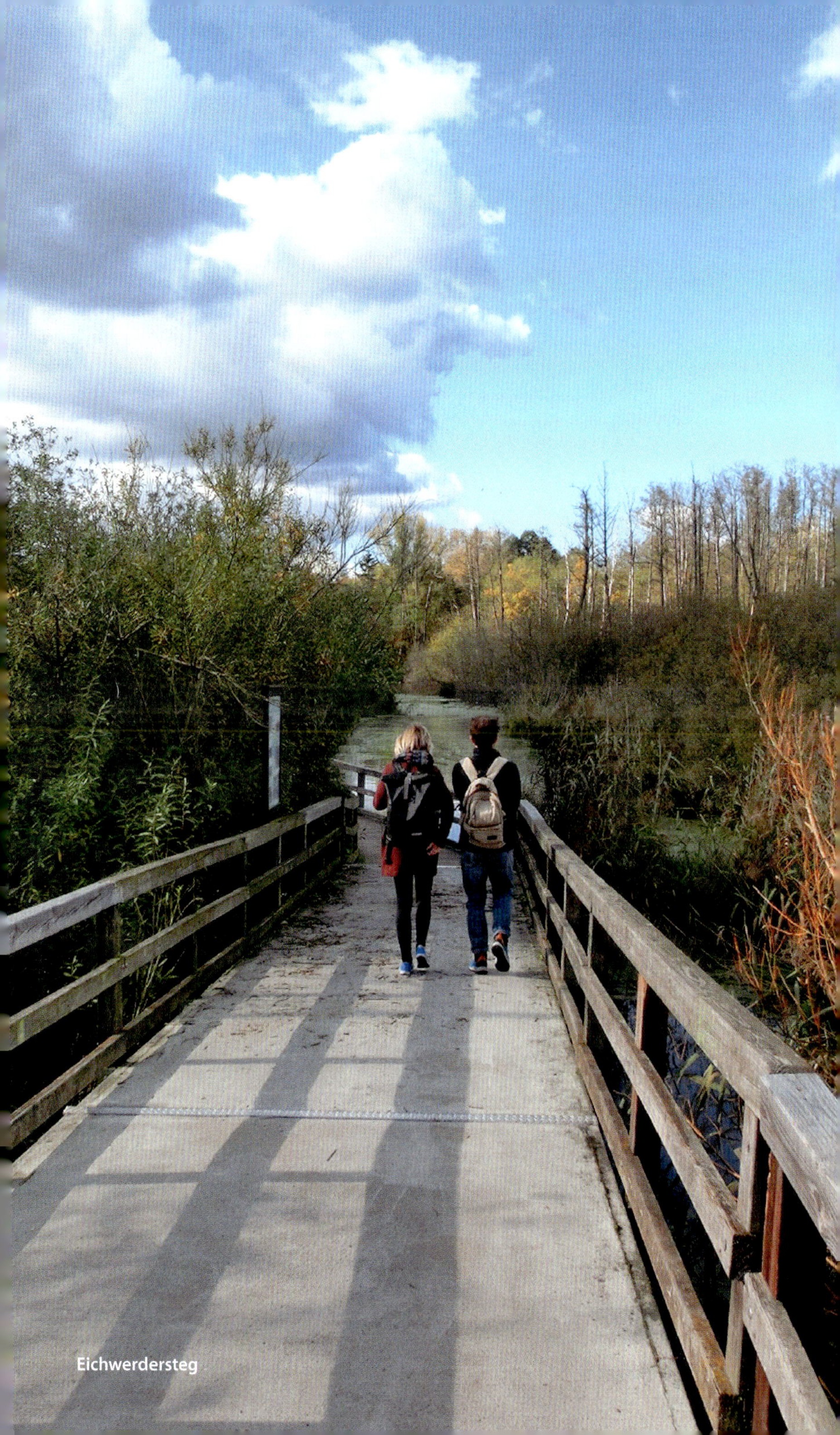
Eichwerdersteg

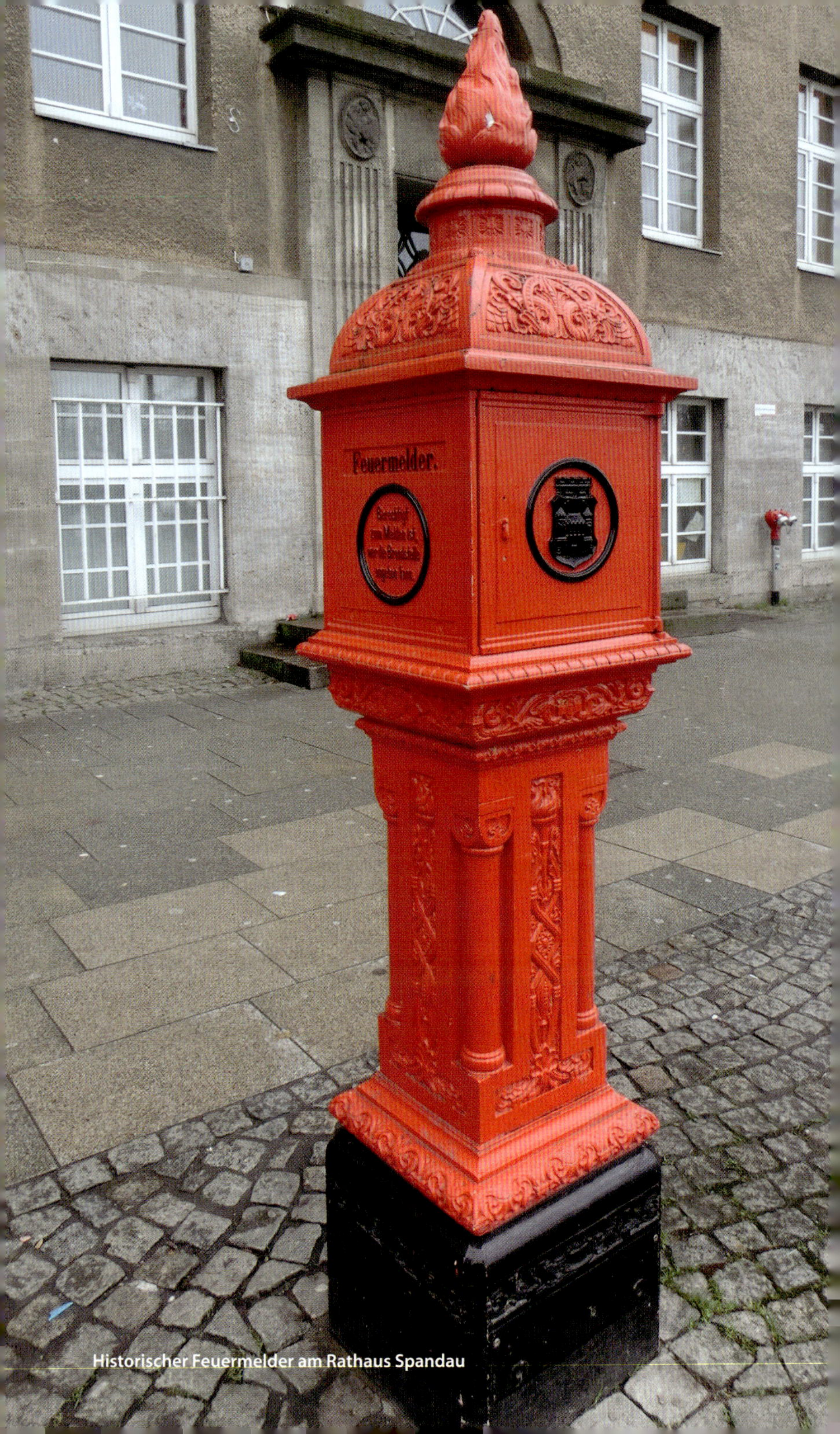

Historischer Feuermelder am Rathaus Spandau

Der Spreeweg – 1. Etappe

(Grüner Hauptweg Nr. 1)
Von Spandau die Spree entlang durch die Berliner City und Köpenick bis nach Erkner
Beginn des Gesamtweges: **Regionalbahnhof Albrechtshof** (RB 10, RB 14, RE 2, RE 6)
Ziel des Gesamtweges: **Stadtgrenze vor Erkner** (Bus 161, S Wilhelmshagen oder Erkner, RE 1 Erkner)
Gesamtlänge: 67,9 km

1. Etappe

Start: Regionalbahn-Haltepunkt Albrechtshof
Ziel: Rathaus Spandau
Länge: 6,7 km

Der durch das Berliner Urstromtal verlaufende Hauptweg Nr. 1, der Spreeweg, führt einmal mitten durch Berlin. Für historisch Interessierte bedeutet dies: Er verbindet die einstmals selbstständigen Städte Spandau, Charlottenburg, Berlin/Cölln und Köpenick miteinander, wobei Charlottenburg erst 1705 als Stadt gegründet wurde, während Spandau, Berlin, Cölln und Köpenick weitaus ältere Städte sind. Die wesentlichen stadtgeschichtlichen Daten folgen, sobald die entsprechenden Orte auf unserer Wanderung erreicht werden.

Ausgangs- oder auch Zielpunkt dieser Tour ist der Haltepunkt Albrechtshof. Diese unscheinbare Station an der (ehemaligen) Berlin-Hamburger Bahn ist ein geschichtsträchtiger Ort: Sie wurde am 1. April 1943 für den S-Bahnbetrieb von Staaken-West nach Nauen eröffnet, doch diese Streckenverlängerung der S-Bahn kam nicht mehr zustande.

Nach dem Zweiten Weltkrieg gehörten Staaken-West und damit auch Albrechtshof für viereinhalb Jahrzehnte nicht mehr zu Berlin, sondern zunächst zur Sowjetischen Besatzungszone (SBZ) und dann zur DDR. »Nach dem Zweiten Weltkrieg sollte Spandau Schauplatz einer Vielzahl von Gebietsveränderungen mit erheblicher politischer Brisanz werden. So wurde an der Berlin-Spandauer Stadtgrenze ein umfangreicher Gebietsaustausch vorgenommen, der einem Interessenausgleich zwischen Großbritannien und der Sowjetunion bezüglich der in Staaken und Gatow gelegenen Flugplätze diente. Mit Genehmigung der Alliierten Kommandatura Berlin vom 27. September 1945 wurde Staaken geteilt und dabei der geographisch westliche Teil (›West-Staaken‹) unter sowjetische Kontrolle gestellt«, schreibt Henry Alex in

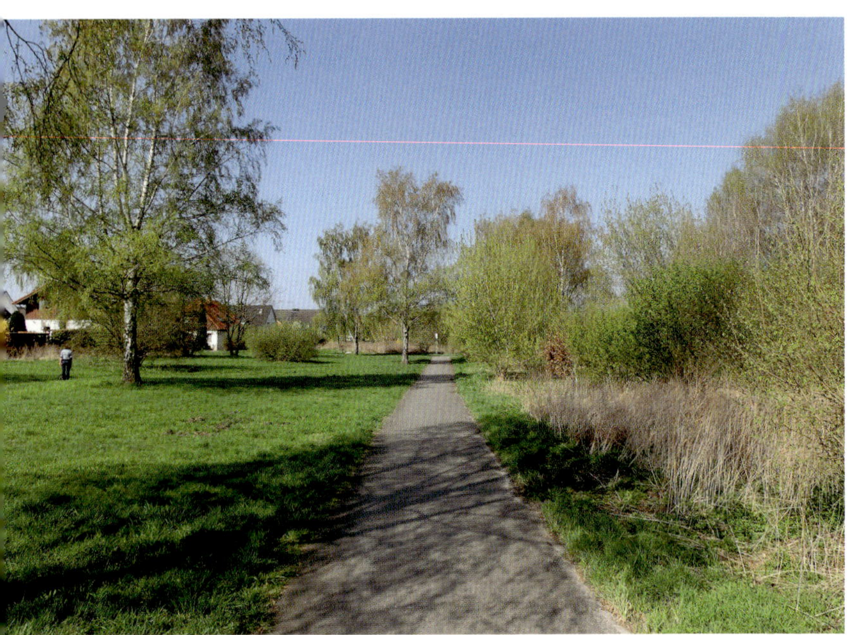

Luch bei Albrechtshof

Band 2 der »Spandauer Forschungen«. Der Zweck dessen: »Auf diese Weise war der Flugplatz Staaken, der einst ohne Rücksicht auf die Groß-Berliner Grenze angelegt worden war, vollständig in das Interessengebiet der Sowjetunion überführt. Im Gegenzug wurde der westliche Teil des Flugplatzes Gatow, der bei seiner Anlage ebenfalls die Groß-Berliner Grenze überschritten hatte, dem Britischen Sektor zugeschlagen.«

Diese Teilung hatte auch für die Station Albrechtshof Konsequenzen. 1950 wurde das Ferngleis mit einer Stromschiene ausgerüstet, sodass tatsächlich ein S-Bahnverkehr möglich war, wenn auch nur bis Falkensee. Nach dem Mauerbau gab es diesen Verkehr nicht mehr. Zeitweilig endete hier der legendäre Regionalzug »Sputnik«, der West-Berlin auf der Strecke Ostbahnhof/Karlshorst-Potsdam-Werder/Havel umfuhr. 1990 änderte sich wieder alles: In einem Protokoll zum Einigungsvertrag wurde erklärt, »dass alle Gebiete, in denen nach dem 7. Oktober 1949 eine Wahl zum Abgeordnetenhaus oder zur Stadtverordnetenversammlung von Berlin stattgefunden hat, Bestandteil der Bezirke von Berlin sind. Nach diesen Kriterien gehörte West-Staaken wieder zum Land Berlin …« (H. Alex)

Der Weg führt zunächst in westliche Richtung durch den Seegefelder Weg und biegt dann in die Alfons-Loewe-Straße; sie trägt den Namen des jüdischen Justizrates Loewe (1868–1938), der sich beispielsweise für die Auswan-

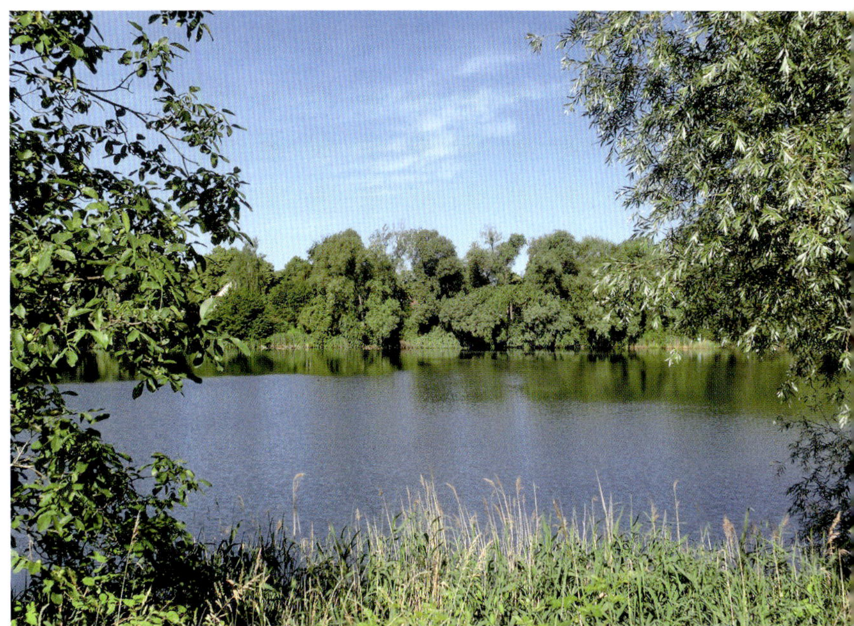

Spektesee

derung der bekannten Spandauer Kaufhausbesitzerfamilie Sternberg einsetzte, nach der wiederum die Sternbergpromenade an der Havel benannt ist. Nachdem ihm 1938 vom Reichsjustizminister die Zulassung als Rechtsanwalt entzogen worden war, wählte Alfons Loewe den Freitod.

Wir biegen nach rechts in den Albrechtshofer Weg, dann in die nächste Straße nach links (Luchweg) und gelangen so zu einem Grüngürtel an der »Grenze« zwischen Berlin und Brandenburg. Hier halten wir uns rechts und erreichen nach ca. 200 m den Berliner Mauerweg, hier zugleich Grüner Hauptweg Nr. 2. Nach dem historischen Exkurs über die Nachkriegsgeschichte Staakens wird sich niemand wundern, dass der Mauerweg entlang des Finkenkruger Weges genau durch den Ort führt: Von unserem nördlichen Standpunkt aus betrachtet, befand sich einst rechts die DDR, links West-Berlin. Knapp 180 m haben die Hauptwege 1 und 2 in östlicher Richtung eine gemeinsame Trasse, eben den Mauerweg, dann teilen sie sich. Unser Weg geht nach Süden zur Spektelake und an deren nördlichem Ufer entlang zu den Spektewiesen. Bei dem Spektegrünzug handelt es sich um eine öffentliche Grünanlage Spandaus. »Dieser Niederungsbereich ist Teil des eiszeitlichen Fließrinnensystems des Warschau-Berliner Urstromtales und blieb aufgrund der geologischen Beschaffenheit in großen Teilen unbebaut. Mit dem Kiesabbau seit 1950 kam es zu schwerwiegenden Veränderungen. Ab 1974 begann

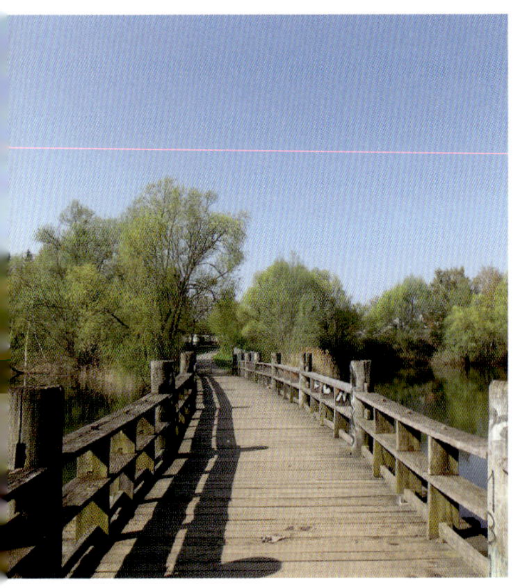

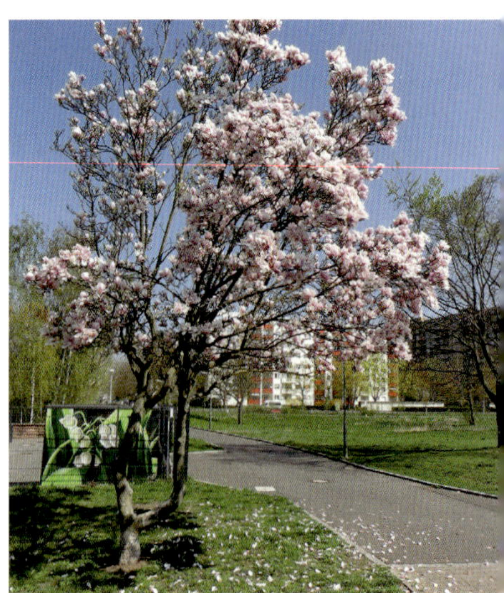

Steg über den Spektesee (li.) und Am Spektefeld

der Bezirk mit der Wiederherstellung der ursprünglichen Talsituation. Es entstand ein landschaftlich gestalteter Grünzug mit zwei größeren Gewässern, wertvollen Naturräumen und vielfältigen Angeboten für die Erholung«, heißt es auf der Webseite des Senats.

Die Spekte war einst ein Bach, der im Havelland seine Quelle hatte und bei Spandau in die Havel mündete. Die Spektewiese hingegen gehörte zu den Wiesenländern der Stadt Spandau. Dazu schreibt Henry Alex: »Das Kernstück des städtischen Landbesitzes bildeten die drei Hufenländer, das Hauptackerland der Stadt. Die Einteilung in drei Bereiche resultierte aus der im Zuge der deutschen Ostsiedlung eingeführten Dreifelderwirtschaft, bei der die drei Hauptfelder im Wechsel als Sommerfeld, Winterfeld und Brache genutzt wurden. Die drei Hauptfelder Spandaus mit den Bezeichnungen ›Falkenhagener Feld‹, ›Spektefeld‹ und ›Neues Feld‹ erstreckten sich westlich der Altstadt nebeneinander als lange Geländeriegel. Unmittelbar am Südrand des Spektefelds zog sich von der Altstadt gen Westen das Band der Spektewiesen, die schließlich Spektefeld und Falkenhagener Feld an ihrem westlichen Ende umfassten und dort die Grenze der Spandauer Feldmark bildeten.«

Durch Bau- und Entwässerungsmaßnahmen ist die Spekte inzwischen verlandet. Die beiden Seen hingegen, die Spektelake und der Große Spektesee, sind keine natürlichen Gewässer, sondern durch den Kiesabbau entstanden. Am von den Spandauern zumeist nur Kiesteich genannten Großen Spektesee gibt es eine Badestelle sowie einen Kletterturm des AlpinClub Berlin.

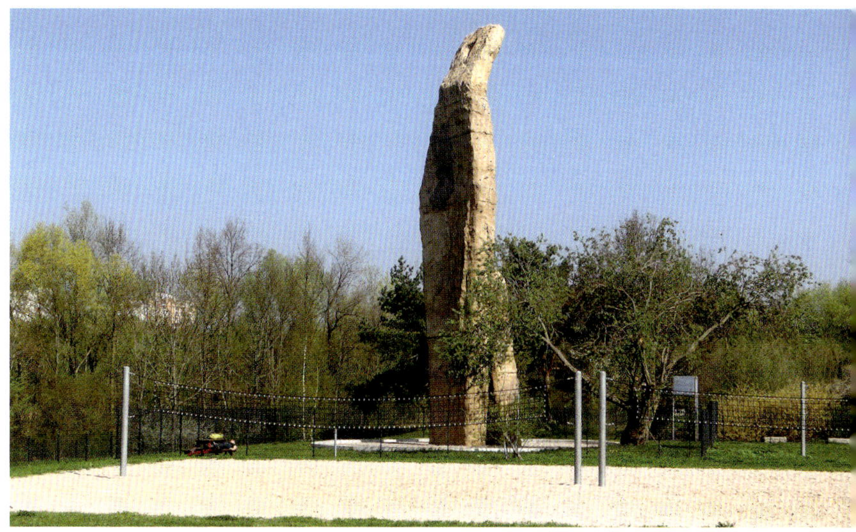

Kletterfelsen am Großen Spektesee

Wenige Meter nach dem Großen Spektesee überqueren wir ein Bahngleis, das den Eindruck macht, nicht mehr oder kaum noch benutzt zu werden. Fernbahnanschluss hatte Spandau seit 1846 an die Hamburger und seit 1871 an die Lehrter Bahn; den Anschluss an die Industriegebiete besorgte später die sogenannte Bötzow-Bahn. Zunächst zweigte von der Bahnstrecke der Osthavelländischen Eisenbahnen (OHE) Nauen-Velten eine Strecke nach Spandau-Johannisstift ab (1908), ab 2012 wurden die Gleise dann zum Kleinbahnhof Spandau-West geführt. Nach dem Zweiten Weltkrieg wurde der Verkehr ins Land Brandenburg bald eingestellt (1950), später dann der Güterverkehr auf den Abschnitt Spandau-Johannesstift beschränkt. Diese Strecke ist nach wie vor in Betrieb, und zwar durch die Havelländische Eisenbahn (HVLE), deren Lokomotiven oder Güterzüge man durchaus hier noch begegnen kann.

Immer weiter geht es den Grünzug entlang und vorbei am Rodelberg im Spektefeld sowie durch ein Wohngebiet zur Galenstraße. Nach ihrer Überquerung erreicht man den Münsingerpark; mit der Benennung ehrt man den SPD-Politiker Gottlob Münsinger (1873–1949), der von 1922 bis 1933 Stadtrat in Spandau war, ehe ihn die Nationalsozialisten vor die Tür setzten. Von 1946 bis zu seinem Tod war er dann Bezirksbürgermeister.

Der Park endet am Altstädter Ring. Von hier sieht man sofort das wuchtige Gebäude des Spandauer Rathauses mit seinem alles überragenden Turm. Nachdem man die Straßenunterführung passiert hat, die zugleich Zugang zur U-Bahn ist, steht man direkt davor und muss seinen Kopf in den Nacken legen, um die »Turmspitze« sehen zu können. Seine Entstehung verdankt das Gebäude der Raumnot der städtischen Behörden am Anfang des 20. Jhs., denn natürlich hatte eine eigenständige Stadt wie Spandau bereits früh ein Rathaus (älteste Nachricht aus dem Jahr 1439), und ebenso natürlich befand es sich am Markt. Infolge des städtischen Wachstums genügte das Alte Rathaus trotz einer Aufstockung den Anforderungen bald nicht mehr, also entschied man sich für einen Neubau. Da Spandau jedoch Festungsstadt war, durfte vor den Bastionen kein Hochbau errichtet werden. Erst mit einer Kabinettsordre vom 27. Januar 1903 wurde der durch die Entwicklung der Militärtechnik weitgehend sinnlose Festungsstatus aufgehoben, und die Spandauer machten sich mit Eifer daran, die Festungsanlagen zu schleifen (1907–09). Vor dem ebenfalls »geopferten« Potsdamer Tor (bis 1747 Klostertor) entstand endlich das Neue Rathaus: Baubeginn war am 20. September 1910, die Einweihung erfolgte am 15. September 1913. Der Bau wurde zuvor ausgeschrieben, den Zuschlag erhielten die Charlottenburger Architekten und Professoren Heinrich Reinhardt und Georg Süßenguth, denen auch die Entwürfe für die Rathäuser in Steglitz und Charlottenburg zu verdanken sind. Recht professoral mutet denn auch das Bauwerk an: Die Fassade ist vollkommen symmetrisch mit dem Turm als Symmetrieachse, der Grundriss beschreibt ein Rechteck, eingeschlossen sind vier rechteckige Binnenhöfe in ebenfalls symmetrischer Anordnung. Sowohl an der Vorder- als auch an der Rückfront gibt es – exakt in der Mitte natürlich – hervortretende Baukörper, sogenannte Risalite, wobei jener an der Vorderfront von einem Segmentgiebel überfangen wird. Die Inschrift in antikisierender Form verweist auf die Erbauung unter Kaiser Wilhelm II. – und als wilhelminische Architektur ist der Bau wohl auch anzusehen. Wenig überraschend, dass die Fassadengestaltung einem der zeitüblichen Neostile folgt, nämlich dem Neuklassizismus, wofür vor allem die ionischen Pilaster in Kolossalordnung sprechen. Allerdings fehlen – außen wie innen – auch neobarocke Elemente nicht. Auch das Spandauer Rathaus wurde im Zweiten Weltkrieg massiv zerstört. Es wurde bis 1957 wiederhergestellt, der Turm in vereinfachter Form. Ob man dieses Bauwerk nun mag oder nicht, auf jeden Fall bestimmt es Spandaus Innenstadt allein durch seine Größe, und es beherrscht auch die Silhouette. Sehenswert ist das neobarock ausgestaltete Vestibül mit seiner beeindruckenden Treppenanlage.

Mit dem Rathaus verbindet sich ein Aspekt der Ortsgeschichte, der nicht unerwähnt bleiben soll: Verordnete einer selbständigen Stadt tagten im Bürgersaal nur bis 1920. Bereits bei der Grundsteinlegung reimte der Maurermeister und Stadtrat Emil Müller (1853–1912) den über Spandaus Grenzen populären Spruch »Mög schützen uns des Kaisers Hand vor Groß-Berlin und Zweckverband«. Vielleicht hatte Müller nicht bedacht, dass der linke Arm des

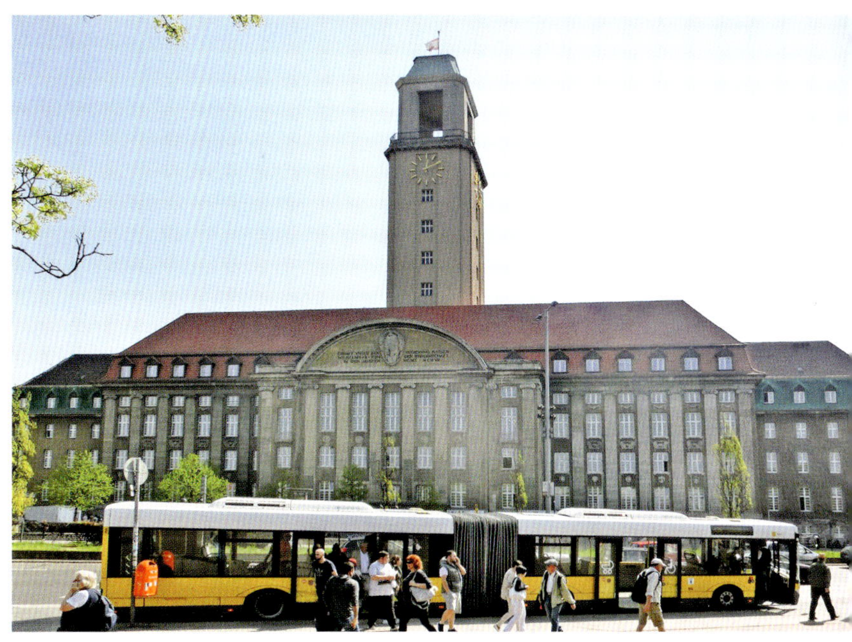

Rathaus Spandau

Kaisers ja verkrüppelt war, oder er hatte an die rechte Hand appelliert – wie auch immer, der Kaiser war entweder zu schwach oder nicht willens, diesen Schutz zu gewähren. Und so kam dem monumentalen Rathaus auch eine symbolische Funktion zu, quasi die eines Abwehrzaubers: »Zugleich wollte er (der Spandauer Magistrat – F. G.) angesichts der drohenden Eingemeindung nach Berlin den Willen der aufstrebenden Stadtgemeinde zur kommunalpolitischen Unabhängigkeit demonstrieren. Obwohl diese durch den 1911 zur Bebauungs-, Grünflächen- und Verkehrsplanung geschaffenen Zweckverband Groß-Berlin kaum beeinträchtigt wurde, hat die Stadt sich gegen die Mitgliedschaft gewehrt. Auch in den Wohnungsverband Groß-Berlin wurde sie 1918 zwangsweise einbezogen«, heißt es in den »Grundlinien der Spandauer Geschichte. Begleitheft zur ständigen Ausstellung im Stadtgeschichtlichen Museum«. Und dann kam auch noch das Groß-Berlin-Gesetz vom 27. April 1920 (»Gesetz über die Bildung einer neuen Stadtgemeinde Berlin«), das am 1. Oktober in Kraft trat. In einer einstimmig beschlossenen Stellungnahme der Stadtverordneten vom 17. Juli 1919 heißt es sachlich, wobei die Indignation nicht zu überlesen ist: »In der Groß-Berliner Frage hat die Stadt Spandau von vornherein stets denselben Standpunkt eingenommen, den sie noch heute vertritt. Als im Jahre 1911 der Verband Groß-Berlin gebildet wurde, hat sie sich gegen ihre Einbeziehung gewehrt, ist aber trotz ihres wohlbegründeten Widerspruchs hineingezogen worden. Die sechsjährigen Erfahrungen im Zweckverband, dessen Aufgaben in keiner Weise die Stadtgemeinde Spandau berühren, veranlaßten im März 1917 den Magistrat … dahin wirken zu wollen: 1. daß Spandau aus dem Zweckverband ausgeschieden wird; 2. daß die Aufgaben des Zweckverbandes Groß-Berlin nicht erweitert werden; 3. daß die Stadtgemeinde Spandau weder ganz noch zum Teil in die Stadtgemeinde Berlin eingemeindet wird.« Der seit 1886 wirkende Oberbürgermeister Friedrich Koeltze (1852–1939) war aus Protest gegen die Eingemeindungsbestrebungen bereits am 31. April 1919 zurückgetreten, aber alles Widerstreiten half nichts. Anlässlich der 700-Jahr-Feier schrieb Koeltze in der »Spandauer Zeitung« vom 15. März 1932: »Ich hoffe und wünsche, dass das Gebilde von Groß-Berlin einmal wieder auseinanderfällt und die Stadt Spandau zu neuem Leben erwacht.« Bisher ist dies nicht passiert, und mittlerweile will es wohl auch kaum jemand mehr.

Das Rathaus ist durch einen zweigeschossigen Übergang, den der Volksmund »Beamtenlaufbahn« getauft hat, mit einem Nebengebäude verbunden, dem einstigen Polizeigebäude. Vor diesem Gebäude steht ein alter Feuermelder, der wegen seines roten Anstrichs sofort ins Auge fällt. Dahinter an der Hauswand befindet sich eine Schautafel für das abgerissene Potsdamer Tor. Diese Tafel soll uns Anlass sein für ein paar Anmerkungen zur Spandauer Geschichte. Bekannt ist der Spandauer Raum vor allem auch für seine slawische Besiedlung, wovon allerdings die jetzige Altstadt ausgenommen war: Es gab eine Burg, wo sich heute die Zitadelle befindet, sowie eine Wohnsiedlung südlich der Altstadt, auf dem sogenannten »Burgwall«. Siedlungsgeschichtlich gibt es eine Verbindung mit einem weiteren Ort auf unserer Route. So schreibt Eberhard Bohm im 1. Band der »Geschichte Berlins« Folgendes: »Vor allem nutzte man die vielfältigen Möglichkeiten aus, die die an Gewässern, an Seen und Flüssen so reiche Mark Brandenburg bietet, um Burgen zu errichten, die sich eines natürlichen Schutzes erfreuen durften. Diese hervorragende Schutzlage auf Landzungen oder Inseln verband sich häufig mit einer außerordentlich günstigen Stellung im Verkehrssystem: Burgen lagen am Zusammenfluss schiffbare Gewässer und schützten zugleich den Übergang von Straßen über Flüsse. Geradezu glänzende Beispiele bieten Spandau an der Mündung der Spree in die Havel und Köpenick, wo die Burg auf einer Insel in der Dahme kurz vor ihrem Einfluss in die Spree errichtet worden ist.« Dabei ist zu beachten, dass die Mündung der Spree in die Havel sich weiter südlich befand als heute. Die slawische Besiedlung des Spandauer Raumes erfolgte wohl Ende des 7. oder zu Beginn des 8. Jhs. Die Bedeutung der Ansiedlung nahm rasch zu, was damit zusammenhing, »dass bei Spandau eine der wohl bedeutendsten Ost-West-Straßen der Tiefebene zwischen Rhein und Weichsel die Havel überschritt. Aus Flandern und den Rheinlan-

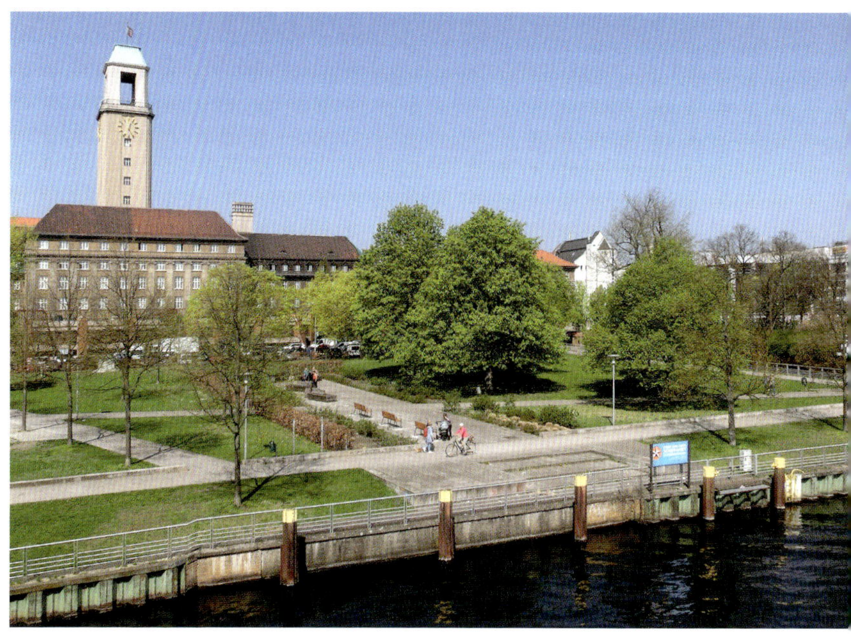

Spandauer Havelufer mit Rathaus

den kommend, verlief sie zunächst am Nordrand der Mittelgebirge. Der Forschung ist es gelungen, ihre Route zwischen Magdeburg über Brandenburg, Spandau und Köpenick nach Lebus, dann weiter nach Posen und in die anschließenden östlichen Landstriche genauer festzulegen.« (E. Bohm) Spandau überflügelte daher bald Köpenick und spielte in einer Liga mit sehr bedeutenden Orten: »Köpenick hat sich aber auch trotz seiner günstigen Lage an der großen Straße Magdeburg-Lebus im Schnittpunkt mit Wasserstraßen nicht zu einer jener Burg- bzw. Frühstädte entwickelt, als die uns Brandenburg, Alt-Lübeck und auch Spandau bekannt sind.«

Um 1200 wurden die slawische Burg und die Siedlung verlassen. Die Askanier waren nun Herren der Mark und hatten ihre eigene Burg errichtet, und zwar dort, wo sich heute die Zitadelle erstreckt. In deren Schutz entstand eine neue, deutschrechtliche Siedlung: Spandau. Die erste urkundliche Überlieferung stammt aus dem Jahr 1197, als ein Vogt von Spandau als Zeuge auftrat. Das Stadtrecht verliehen dann 1232 die gemeinsam regierenden Markgrafen Johann I. und Otto III.

Spandau entwickelte sich zu einer wichtigen Stadt für Handel und Gewerbe im Havelland, allerdings, so lesen wir im Begleitheft zur Stadtgeschichtlichen Sammlung: »Schon in der Mitte des 13. Jahrhunderts, als sich der Aufstieg Berlins abzuzeichnen begann, verlor Spandau seine Bedeutung für den Handel in der Mark Brandenburg und spielte nur noch als Handelszentrum des östlichen Havellandes eine Rolle. Spandau wurde zu einer Stadt von Ackerbürgern, Handwerkern und kleinen Kaufleuten, die sie bis in das 19. Jahrhundert blieb.«

Ristorante La Tavernetta, Spekteweg 66 (nahe am Großen Spektesee), tgl. ab 13 Uhr (im Winter Mo Ruhetag), Tel.: 030/37 15 12 75
Zahlreiche gastronomische Einrichtungen in der Altstadt Spandau

Altstadt Spandau, Zitadelle Spandau

Zitadelle Spandau, Am Juliusturm 64, mit Stadtgeschichtlichem Museum, Tel.: 030/35 49 440, zitadelle-berlin.de

Buchhandlung Thalia in den Spandau-Arcaden, Klosterstraße 3, Tel.: 030/33 93 830
Dorotheenstädtische Buchhandlung, Carl-Schurz-Str. 53 (Altstadt), Tel.: 030/33 60 79 46

Badestelle am Großen Spektesee

Bhf. Albrechtshof: Bus 237, Rathaus Spandau: Buslinien 130, 134, 135, 136, 137, 236, 237, 337, 638, 671, M32, M36, M37, M45, X33

Bhf. Albrechtshof: RE 2, RE 6, RB 10, RB 14
U-Bhf. Spandau: U7
Bahnhof Spandau: S 3 nach Erkner, S 9 nach BER T1–2, Regional- und Fernbahnlinien

1. Etappe: Von Albrechtshof nach Spandau

Der Spreeweg – 2. Etappe

Start: Rathaus Spandau
Ziel: U-Bahnhof Ruhleben
Länge: 6,4 km

Vor dem Rathaus Spandau beginnt unsere zweite Etappe – oder man setzt den Weg einfach fort. Er führt uns durch den Torbogen – unter der »Beamtenlaufbahn« hindurch – und über die Straße Am Wall in den Stabholzgarten. Linker Hand ist mit dem Batardeau am Mühlengraben, der Stauanlage der Festung, noch ein Rest der alten Fortifikation erhalten. Denn wie erwähnt, war Spandau eine Festungs- und damit auch eine Militärstadt. Die erste Festungsanlage mit Bastionen und Wällen wurde bis 1646 geschaffen, im Zusammenhang mit den Napoleonischen Kriegen erfolgte eine Erweiterung. Die Bauvorschriften vor allem für das Umland der Festung, die sogenannte Rayonordnung, hemmte die Entwicklung außerordentlich. Dennoch siedelte sich Industrie an, und zwar vor allem Rüstungsindustrie – im 18. Jh. zunächst mit dem Spandauer Standort der Königlich Preußischen Gewehrfabrique, dann kamen im 19. Jh. ein Feuerwerkslaboratorium, eine Pulverfabrik, eine Geschützfabrik und schließlich die Artillerie-Werkstatt hinzu. Spandau wurde zu einer der Rüstungsschmieden Preußens, später des Deutschen Reiches. Von kriegerischer Tugend erzählt auch das Denkmal für die im Ersten Weltkrieg gefallenen Kameraden des Garde-Grenadier-Regiments Nr. 5 mit dem Titel »Die Wacht«: Auf einem steinernen Sockel sitzt mit ausgestreckten Beinen wie eine etruskische Grabfigur ein Stahlhelm tragender Soldat aus Bronze. Mit grimmig-entschlossenem »Kriegerblick« schaut er in eine Zukunft, die er nicht hat, und er sitzt da in heroischer Nacktheit, während sich ein Adler von ihm abwendet. Die Antike lässt grüßen, wobei an eine Anspielung auf Prometheus wohl nicht gedacht ist, denn der brachte das Licht, nicht die Finsternis. Der Dresdner Bildhauer August Schreitmüller (1871–1958) ist der Schöpfer dieses 1922 enthüllten Werkes.

Der Stabholzgarten selbst war schon vor dem Denkmal da. Bereits 1721 wurde ein Platz zur Lagerung von Holz erwähnt, das für Salztonnen bestimmt war, und diese Hölzer nannte man Stabholz. Die Grünanlage stammt aus dem Jahr 1913 und wurde als eine Fortsetzung des Grünzuges am Lindenufer geschaffen.

Auf einem Steg neben den Bahngleisen überqueren wir die Havel. Jenseits der Bahnanlagen, auf dem Gelände der inzwischen abgerissenen Hauptpost, erstreckte sich einstmals das Benediktinerinnenkloster Sankt Marien. Dieses war 1239 gegründet worden und entwickelte sich bald zu einem großen

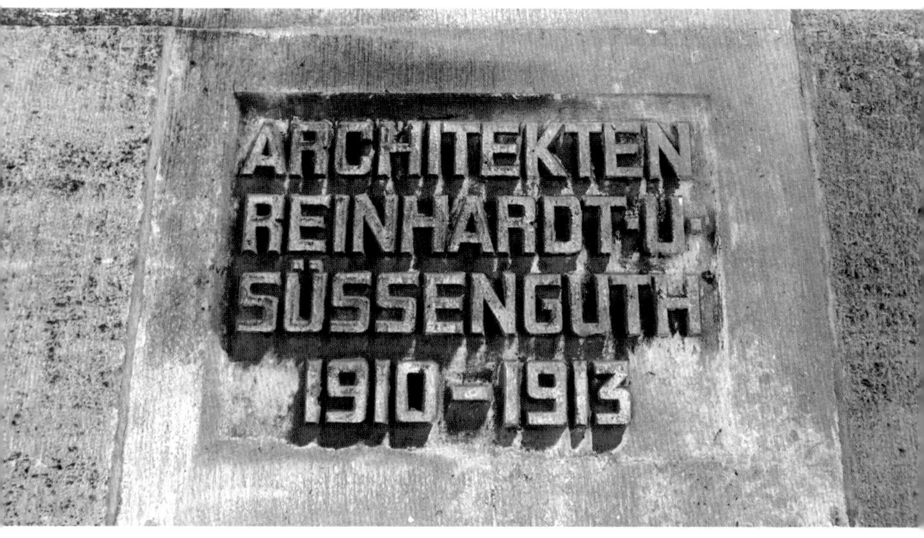

Inschrift am Rathaus Spandau

Grundbesitzer: Es erwarb nach und nach die Dörfer Gatow, Kladow, Rohrbeck, Seeburg, Lankwitz, Lübars, Tegel, Dalldorf (Wittenau), Lietzow (Charlottenburg) und Falkenhagen. Nach der Reformation wurden die Klostergüter 1558 säkularisiert, 1636 wurden sämtliche Gebäude abgerissen. Nach 21-jährigem Leerstand und Verfall hat dieses Schicksal heute auch die Hauptpost erreicht. Investoren wollen hier nun hoch hinaus – hoffentlich ist der Ort mit seiner Historie von Abrissen nicht verflucht!

Jenseits der Eisenbahnbrücke beginnt der 1330 erstmals urkundlich erwähnte Stresow. Im Mittelalter war er die einzige Vorstadt Spandaus, damals vor dem Stresower Tor (später Charlottenburger Tor) gelegen und durch eine Brücke verbunden. Sie befand sich nicht an der Stelle der Eisenbahnbrücke, sondern der nördlich gelegenen Charlottenbrücke – einer denkmalgeschützten stählernen Bogenbrücke aus dem Jahr 1929, die eine mehrteilige Bogenbrücke von 1886 ersetzte. Auf einer historischen Postkarte kann man sehen, wie diese ältere Brücke von einer elektrischen Straßenbahn überquert wird. Deren Ziel könnte der Spandauer Hauptbahnhof gewesen sein, denn der befand sich auf dem Stresow. Am 5. Juni 1892 verkehrte die erste Pferdebahn zwischen Bahnhof und Fehrbelliner Tor, 1894 wurde eine zweite Linie eröffnet. 1896 begann dann der elektrische Betrieb. Natürlich gab es immer einen Wunsch nach einer Straßenbahnverbindung mit der Nachbarstadt Charlottenburg, doch scheiterten die Pläne zunächst am Festungsstatus. Als dieser fiel, konnte das für Straßenbahnen unpassierbare Charlottenburger Tor auf dem Stresow abgetragen werden, und die AEG baute eine am 1. Juli 1906 er-

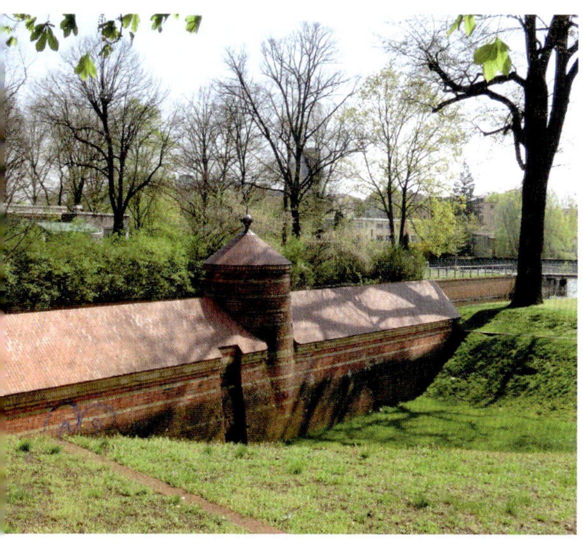

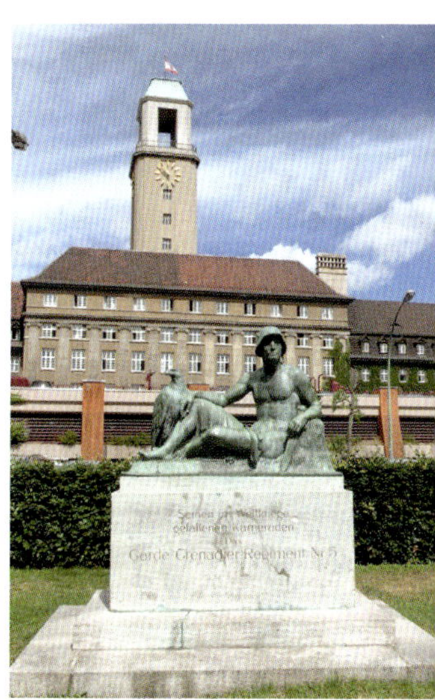

Der Batardeau (li.) und Kriegerdenkmal im Stabholzgarten

öffnete Normalspurlinie via Traberbahn zum Spandauer Bock. Hier musste man auf die Berlin-Charlottenburger Bahn umsteigen, für eine Verbindung der Netze waren die Investitionskosten zu hoch. Erst 1917 beseitigten russische Kriegsgefangene dieses Hindernis für den durchgehenden Bahnbetrieb, der dann auch bald zustande kam.

Dass der Spandauer Hauptbahnhof im Vorort Stresow gelegen war, hatte, wie so vieles in der Ortschronik, mit dem Militär zu tun. In dem Begleitheft zur Stadtgeschichtlichen Ausstellung heißt es dazu: »Militärische Zwänge sorgten auch für eine Behinderung des Eisenbahnverkehrs selbst. Nach der Verstaatlichung der Hamburger und Lehrter Bahn wurde 1890 jeweils ein Bahnhof für den Güter- und den Personenverkehr bestimmt. Das Militär setzte es durch, dass der Personenverkehr über den Hamburger Bahnhof, der östlich der Havel auf dem Stresow lag, abgewickelt wurde. Die Einsprüche der Bürgerschaft und des Magistrats gegen den ungünstig gelegenen späteren Hauptbahnhof blieben ohne Wirkung. Erleichterungen im Vorortverkehr traten erst ab 1910 mit der Eröffnung des Bahnhofes Spandau-West in der Nähe des für den Güterverkehr bestimmten alten Lehrter Bahnhofes und der neuen Anschlussstrecke nach Charlottenburg ein.« Der Lehrter Bahnhof bzw. der Bahnhof Spandau-West befanden sich an der Stelle des heutigen Bahnhofs Spandau, der Hauptbahnhof ist der jetzige S-Bahnhof Stresow.

Doch weiter auf unserem Weg: Nach Überquerung der Havel und Unterquerung der Bahnbrücke befinden wir uns unversehens auf einem schönen, ruhigen Platz mit dem seltsamen Namen Plantage. Hier wurde 1751 auf Be-

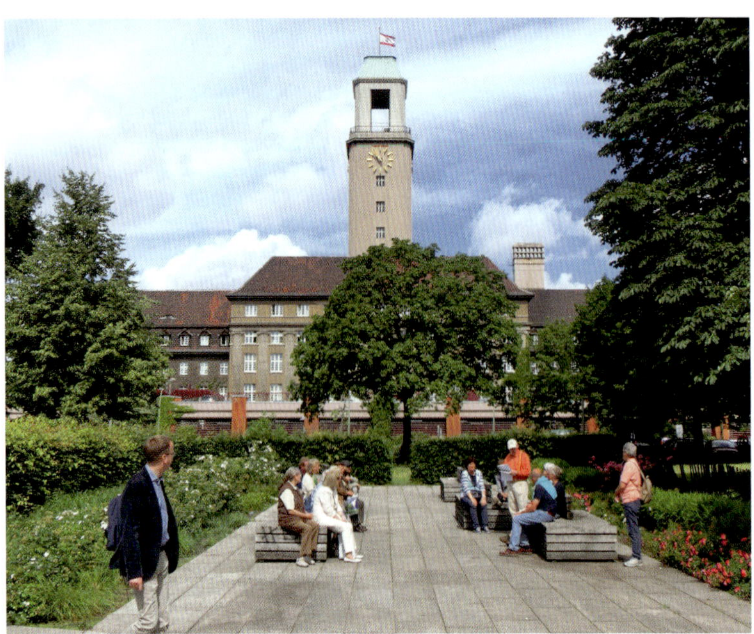

Im Stabholzgarten

fehl des Prinzen August Wilhelm ein Paradeplatz für die Spandauer Garnison geschaffen, der bis 1855 namenlos blieb. Nachdem der Platz auf Weisung des Magistrats von Spandau mit Linden bepflanzt worden war, erhielt er den Namen Plantage. Es handelt sich inzwischen um ein denkmalgeschütztes Ensemble, wobei neben Mietshäusern aus der Gründerzeit mit ihren Erkern und ihrem Stuck auch mehrere zweigeschossige Bauwerke auffallen, die aus dem 1850ern und 1860ern stammen. Es finden sich auch noch ein Mietshaus mit Seitenflügel und Fabrikgebäude (um 1870), ein Mietshaus mit Stall und Schuppen (1888) sowie die ebenfalls unter Denkmalschutz stehende Gasbeleuchtung. Durch eine Gasse kann man vom Platz zum Havelufer schlüpfen.

Auch in der Grunewaldstraße, durch die wir unsere Wanderung fortsetzen, gibt es mehrere Baudenkmale aus der Gründerzeit. Das bedeutendste ist das Mietshaus Nr. 12, das in den Jahren 1902/03 errichtet wurde. Die Prunkfassade mit den Kolossalpilastern, den eleganten Balkonen, dem Giebel und den Stuckaturen gilt als ein bedeutendes Bauwerk des wilhelminischen Neobarock.

Dort, wo die Grunewaldstraße in einem fast rechten Winkel zur Ruhlebener Straße abknickt, befindet sich ein Kirchenneubau: die Petruskirche. Sie wurde von dem Kirchenbaurat Streckenbach und dem Ingenieur Lichtfuß entworfen und 1964 eingeweiht. Wir gehen jedoch geradeaus weiter, an der

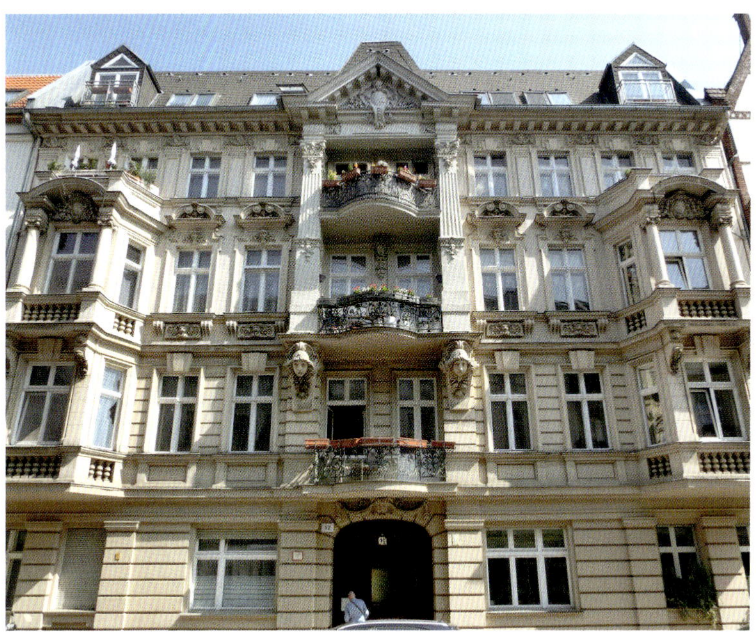

Wilhelminische Architektur in der Grunewaldstraße

Ernst-Ludwig-Heim-Grundschule vorbei, benannt nach dem Arzt und Berliner Ehrenbürger, der von 1747 bis 1834 lebte und die Pockenschutzimpfung einführte.

Nach dem Überqueren der Ruhlebener Straße geht es den Tiefwerderweg entlang. Ab der Schulenburgstraße gibt es etwa 100 m gemeinsame Wegstrecke mit dem Grünen Hauptweg Nr. 12, dem Havelseenweg. Wir biegen jedoch bald nach links ab und wandern hinter dem Fredy-Stach-Sportpark durch die Wiesen. Die Anlage ist nach dem Sport- und Jugendstadtrat benannt, der dieses Amt von 1989 bis 1999 ausführte und mit dem Bundesverdienstkreuz geehrt wurde. Stach war von Beruf Lehrer, er war SPD-Mitglied und lebte von 1936 bis 2007.

Nach 800 m durch die Wiesen kommen wir auf einen Spielplatz zu, halten uns hier links, überqueren die Teltower Straße und biegen in den Elsgrabenweg. Rechter Hand befinden sich Tennisplätze, die überragt werden von einer überwucherten Ruine: Hierbei handelt es sich um Reste der ehemaligen Teltower Schanze. Diese wurde während der Ausbaukampagne der Festung Spandau in der ersten Hälfte des 19. Jh. errichtet, und zwar von 1855 bis 1866. Grund für den Ausbau war die wachsende Bedeutung der Spandauer Rüstungsbetriebe, die auf diese Weise vor militärischen Angriffen geschützt werden sollten.

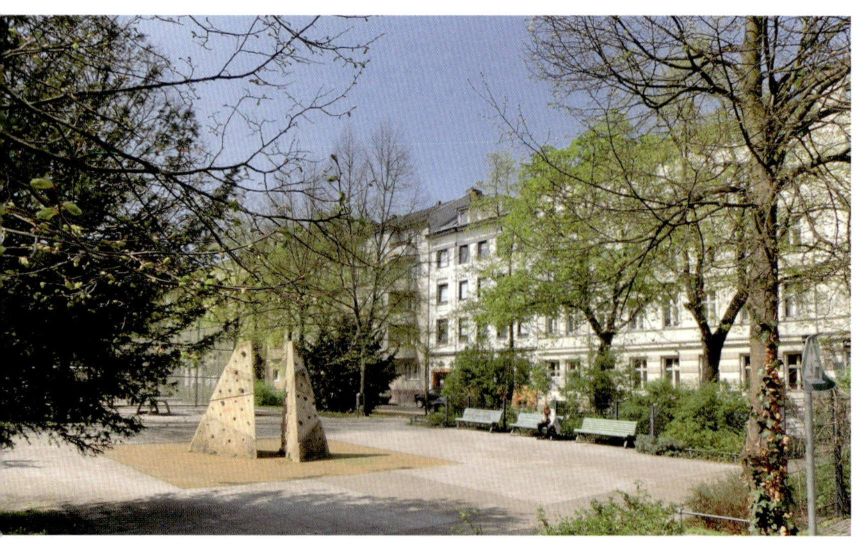

Plantage Stresow

Nach Unterqueren der S-Bahngleise erreichen wir schließlich zwei Naturschutzgebiete, zunächst das NSG Murellenschlucht und Schanzenwald, dann die Fließwiese Ruhleben. Die Oberflächengestalt von Murellenschlucht und -berg ist ein Ergebnis der Weichseleiszeit. Bis zu 30 m tief ist die Schlucht in die umgebende Landschaft eingeschnitten, der Murellenberg hat eine Höhe von 60 m über dem Meeresspiegel. Der sogenannte Schanzenwald hingegen ist ein Resultat der militärischen Nutzung des Geländes. 1840 wurden hier Kasernen und Schießplätze errichtet, und erst 1994 mit dem Abzug der Alliierten endete die Anwesenheit des Militärs – zuletzt nutzten die Briten den großen und den kleinen Schießplatz für Übungen. Zwischen 2004 und 2007 wurde das umzäunte Gelände geöffnet, es wurden Wege angelegt, Gebäude, Schießanlagen und versiegelte Flächen beseitigt, sodass sich auch hier langsam wieder die Natur ausbreiten konnte und der Wald zur Erholung bereitsteht. »Die langjährige militärische Nutzung und damit Unzugänglichkeit weiter Teile des Schanzenwalds ließen Raum für eine ungestörte Entwicklung des Waldes«, liest man auf einer Schautafel der Senatsverwaltung für Stadtentwicklung. »Unbeeinflusst von forstwirtschaftlichen und anderen Nutzungseinflüssen zeigt er einen relativ naturnahen Zustand mit einer ausgeprägten Schichtung. In der Baumschicht dominieren Kiefer, Stiel-Eiche und Birke, im Unterwuchs wachsen Spitz-Ahorn und die Spätblühende Traubenkirsche. Auf den Wällen der alten Schanzen finden sich auch mächtige Robinien. Lichter Eichenwald überzieht dagegen den Murellenberg.« Interessanterweise haben sich auf den Schießplätzen – als trockene und nährstoffarme

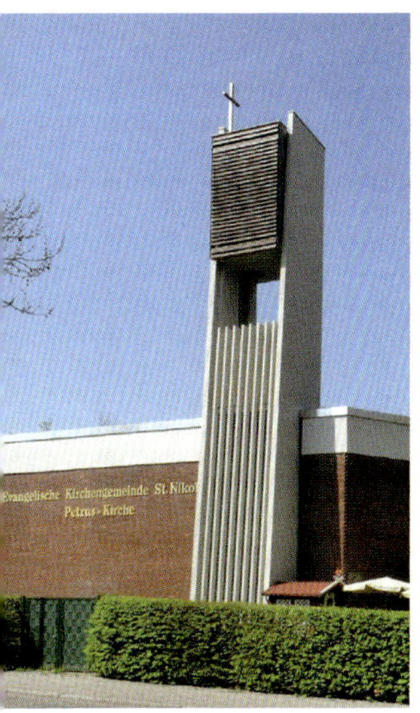

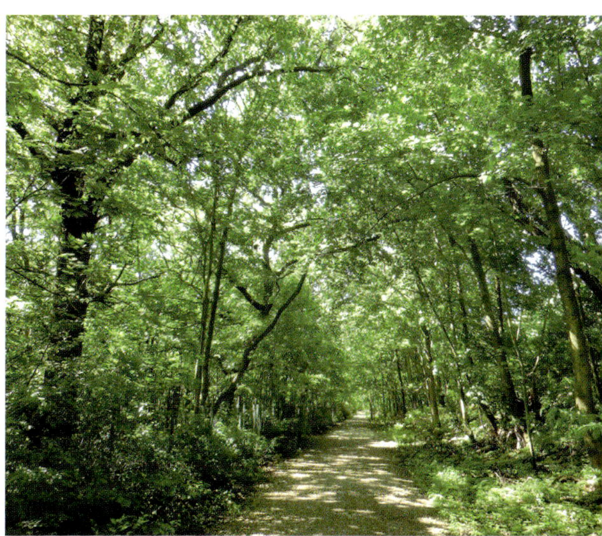

Petruskirche (li.) und im Schanzenwald

Standorte – inzwischen Sandtrockenrasen ausgebreitet, auf denen es eine regelrechte Steppenvegetation gibt. So wachsen hier z. B. Silbergras und die Steppen-Segge.

Unser Weg führt über den Kammweg zum Murellenberg. Er geht an der Rückseite der Waldbühne entlang, einer 1936 für die Olympischen Spiele errichteten Freilichtbühne, und weit über ihr sieht man auch den Olympia-Glockenturm. Ebenfalls mit der NS-Zeit hat das Denkzeichen auf dem Murellenberg zu tun, das die 1958 in Buenos Aires geborene argentinische Künstlerin Patricia Pisani 2001/02 geschaffen hat. Das leider etwas verwahrloste Mahnmal besteht aus 104 Verkehrsspiegeln und erinnert an die mindestens 232 Personen, die zwischen dem 12. August 1944 und dem 14. April 1945 wegen Fahnenflucht oder Wehrkraftzersetzung von der Wehrmacht ermordet wurden, die im Schanzenwald eine Erschießungsstätte betrieb.

Nun steigen wir hinab zur Fließwiese Ruhleben. Auch sie ist ein Naturschutzgebiet, aber nicht nur das: Sie ist auch ein sogenanntes Natura 2000-Gebiet.

Exkurs: Natura 2000-Gebiete

Wie überall auf der Welt ist auch in Europa die biologische Artenvielfalt bedroht. Auf unserem Kontinent betrifft das zum Beispiel allein ca. 3000 Pflanzenarten. Und bei den Tieren – egal ob Säugetiere, Reptilien oder Insekten – sieht es nicht besser aus. Um dem Rückgang der Arten und der Einschränkung von Lebensräumen entgegenzuwirken, wurden und werden überall in den EU-Ländern sogenannte Natura 2000-Gebiete als Schutzgebiete ausgewiesen. Der Einrichtung dieser Schutzgebiete liegen einerseits die

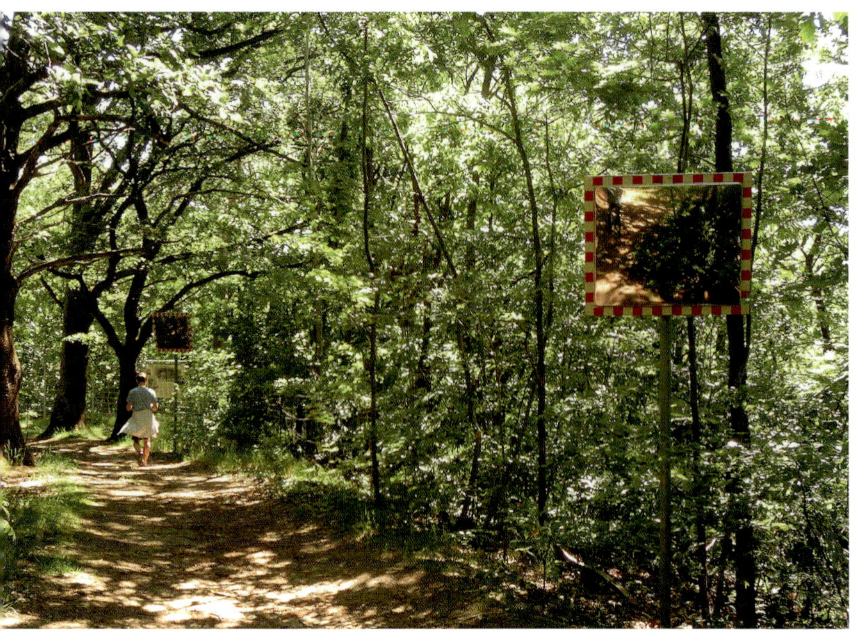

Mahnmal für ermordete Wehrmachtsangehörige

Fauna-Flora-Habitat-(FFH-)Richtlinie von 1992 sowie die Vogelschutzrichtlinie von 1979 zugrunde, die von allen Mitgliedstaaten der Europäischen Union verabschiedet wurden. Auf diese Weise entsteht nach und nach ein Natura 2000-Schutzgebietsnetz, zu dem alle Mitgliedstaaten beitragen.
In Berlin gibt es 16 Natura 2000-Gebiete. Für diese werden von den Berliner NaturFreunden nach und nach sogenannte »Natura Trails« entwickelt, die auch dazu dienen sollen, Wissen über den Naturschutz und die schutzwürdige Flora und Fauna des jeweiligen Gebietes zu vermitteln. Darüber hinaus sollen sie zum Aufenthalt in der Natur und zu eigenen Entdeckungen anregen.

Unter Naturschutz steht die Fließwiese Ruhleben bereits seit 1959. Geologisch handelt es sich hier um eine Schmelzwasserrinne aus der Weichseleiszeit. Zunächst entstand ein See, der zunehmend verlandete und ein sogenanntes Verlandungsmoor ausbildete. Meliorationsmaßnahmen des 19. Jhs. trugen zur weiteren Entwässerung bei. Von der Mitte des 19. bis zur Mitte des 20. Jh. bestimmte die Heumahd durch Landwirte die Entwicklung von Pflanzen- und Tierwelt, später trugen auch die Wasserfördermengen der umliegenden Wasserwerke ihr Scherflein dazu bei. Dank der Naturschutzmaßnahmen steigen die Wasserstände wieder, die Fließwiese ist ganzjährig überflutet.

Auf den Sandebenen haben sich alte bodensaure Eichenwälder entwickelt, daneben gibt es Erlen-Eschen- und Weichholzauenwälder. Ausgedehnte Röhrichte und vor allem südlich des Querweges entstandene Erlensümpfe bilden wertvolle Lebensräume. Die Fließwiese hat große Bedeutung als Laichgewässer für Amphibien: So leben hier u. a. der Kamm-Molch, die Knoblauchkröte und der Moorfrosch, bei dem die Männchen in der Balzzeit eine blaue Färbung annehmen. Durch die Luft schwirrt die streng geschützte Große Moosjungfer, eine Libellenart. Kranich, Mittelspecht und Rohrweihe sind die nach der Vogelschutz-Richtlinie geschützten Arten. Bei den Pflanzen soll zumindest die Wasser-Schwertlilie erwähnt werden.

Der Weg geht nach Norden, führt östlich am Friedhof Ruhleben vorbei und dann nach Osten durch den Hempelsteig zum U-Bhf. Ruhleben, dem Ziel dieser Etappe.

- Indisches **Restaurant Gandhi,** Stresowplatz 11, Tel.: 030/35 10 34 35 (Mo Ruhetag)
- Plantage, Grunewaldstraße, Murellenschlucht und Schanzenwald, Fließwiese Ruhleben
- Mahnmal Ehemalige Wehrmachtserschießungsstelle Murellenberg
- U-Bhf. Ruhleben: Bus 130, 131, M45, X37
- U-Bhf. Ruhleben: U2

2. Etappe: Vom Rathaus Spandau zum U-Bahnhof Ruhleben

Der Spreeweg – 3. Etappe

Start: U-Bahnhof Ruhleben
Ziel: S-Bahnhof Tiergarten
Länge: 10,2 km

Vom U-Bahnhof Ruhleben geht es zunächst auf etwas verschlungenen Pfaden zur Spree und dann immer am Fluss entlang in Richtung Osten, anfangs kilometerweit durch Kleingartenanlagen. Vom Wiesendamm, wo man in die Gartenanlagen abbiegt, erstreckt sich am nördlichen Spreeufer auf ca. 1,5 km Länge das Landschaftsschutzgebiet Faule Spree, hinter der Rohrdammbrücke beginnt dann der Technopark Berlin. Nach ungefähr einem weiteren Kilometer geht es unter einer Autobahnbrücke hindurch, der Rudolf-Wissell-Brücke: Wissell (1869–1962) war SPD-Mitglied und Politiker. In der Weimarer Republik hatte er mehrmals Ministerposten inne (Wirtschaft, Arbeit), zog sich dann aber während der NS-Zeit zurück ins sogenannte »innere Exil«. Nach 1945 war er am Wiederaufbau der Berliner SPD beteiligt und ein Gegner der Vereinigung mit der KPD.

Unter der Autobahnbrücke fällt ein inselartiges Gebilde in der Spree auf: die Schleuseninsel Charlottenburg. Das Fabrikgebäude auf der Insel gehörte einst der Firma Urban & Lemm, die Schuh- und Metallputzmittel herstellte, und ist inzwischen ein Atelierhaus für bildende Künstler (Nonnendamm 17).

Weg an der Spree

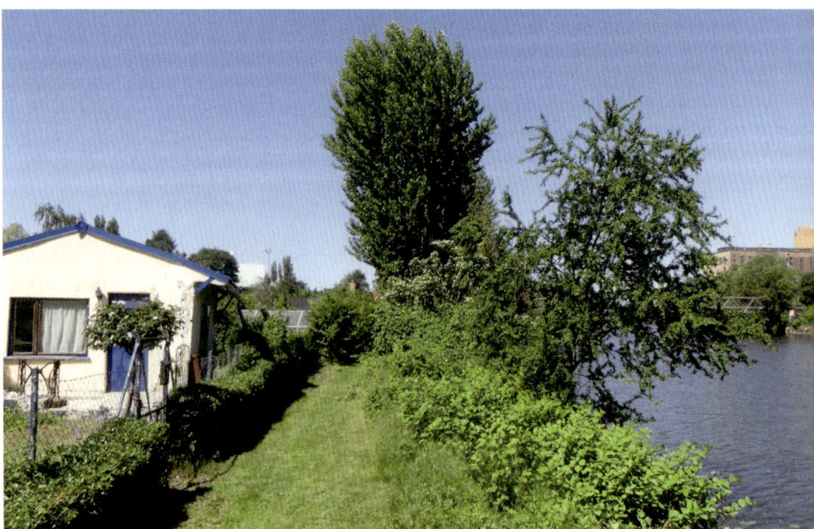

Die erste Charlottenburger Schleuse – heute Alte Schleuse genannt – wurde 1882–85 unter der Leitung des Wasserbauinspektors Eugen Mohr (1839–1898) erbaut. Heute wird die alte Doppelschleuse nicht mehr benutzt. Eine neue Schleuse wurde als Teil des Verkehrsprojektes Deutsche Einheit (Nr. 17) – Ausbau der Wasserstraße Hannover-Magdeburg-Berlin – im Jahr 2003 eröffnet.

Unser Weg folgt weiterhin der Spree – gegen die Fließrichtung übrigens – und biegt nach Süden. Es geht unter einer Eisenbahnbrücke hindurch, und wir haben den Schlossgarten des Schlosses Charlottenburg erreicht. Hier begegnet uns auch der Grüne Hauptweg 18, der Innere Parkring, und bis fast zur Schlossbrücke verlaufen beide Wege gemeinsam.

Die Stadt Charlottenburg ist aus jenem Dorf Lietzow (oder Lützow) hervorgegangen, das bereits als Besitz des Benediktinerinnenklosters Spandau erwähnt worden ist. 1542 wurde es durch Kurfürst Joachim II. eingezogen, mithin war es nunmehr kurfürstlicher Besitz. Seine eigentliche Bedeutung erhielt der Ort erst durch den Bau des bekannten Schlosses: Sophie Charlotte, die Ehefrau des Kurfürsten Friedrich III., später als Friedrich I. der erste König in Preußen, erhielt 1695 Lietzow und das Vorwerk Ruhleben von ihrem Mann übereignet. Für die Kurfürstin und spätere Königin wurde ein Lustschloss erbaut, das zunächst Lützenburg hieß, aber bald nach ihr benannt wurde. Unter Einbeziehung eines Dorfes namens Casow wurde 1705 die Stadt Charlottenburg gebildet, Lützow wurde 1720 eingemeindet.

»Die Bauten in und um Berlin verschlangen große Geldsummen«, schreibt Felix Escher in der »Geschichte Berlins«. »Schon vor der Thronbesteigung als

Schlosspark Charlottenburg

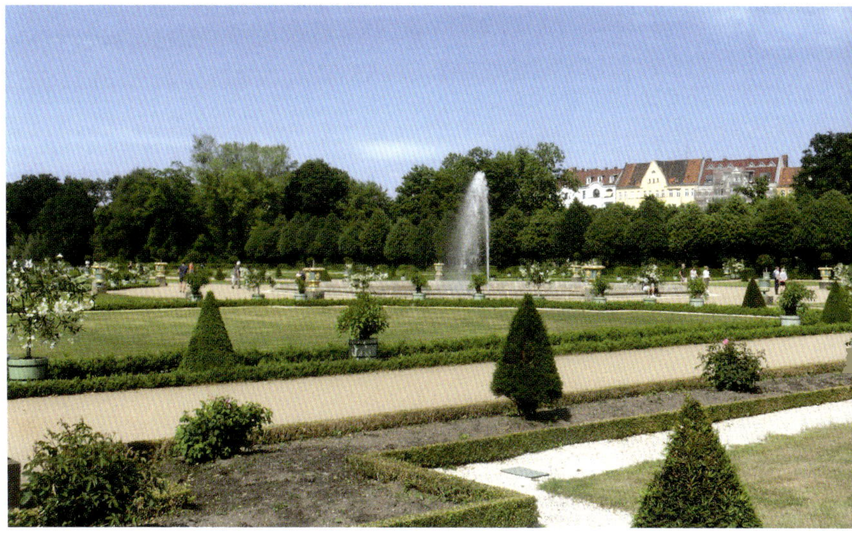

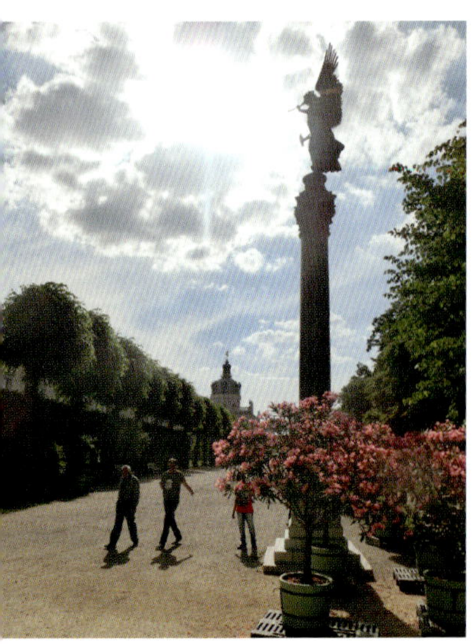

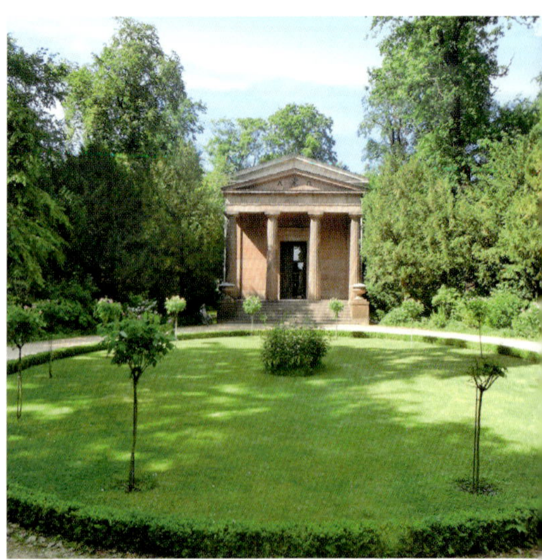

Schlosspark Charlottenburg (li.) und Luisentempel im Park

König in Preußen musste Friedrich den laufenden Fortgang der Bauten aus teilweise unregelmäßig einkommenden Staatseinkünften finanzieren; so bewilligte er 1698 für den Bau des Schlosses Lützenburg (Charlottenburg) aus den Stempelgeldern (Einkünfte aus Beurkundungen für Rechtsgeschäfte und amtliche Schreiben) 8 000 Taler …« Oft »sah der Kurfürst und spätere König sich gezwungen, nach jedem Mittel zu greifen, um seine finanzielle Misere zu lindern. Dazu gehörte etwa die 1698 eingeführte Perücken- und Karossensteuer … Ein weiteres Mittel war der Verkauf von Ämtern …«

Das Schloss zählt heute neben dem Zeughaus in Mitte zu den bedeutendsten erhaltenen Barockanlagen Berlins. Viele Baumeister haben an der sukzessiven Entstehung der Gebäude mitgewirkt; genannt seien Johann Arnold Nering, Johann Friedrich Eosander, Georg Wenzeslaus von Knobelsdorff und Carl Gotthard Langhans, der Schöpfer des Brandenburger Tores. Ebenso beachtenswert ist der vermutlich ab 1697 entstandene und mehrfach umgestaltete Park mit seinen Bauwerken wie dem Belvedere, der Kleinen Orangerie, dem Mausoleum für die Königin Luise oder dem sogenannten Schinkel-Pavillon. Zur Schlossanlage und zu Charlottenburg wollen wir eine Stimme aus dem 19. Jh. hören, nämlich die des Schriftstellers und Musikkritikers Ludwig Rellstab (1799–1860). Dieser veröffentlichte 1854 eine Beschreibung von Berlin und Umgebung, in der es zum Schlosspark heißt: »Der Garten ist einer der schönsten unter den königlichen; in Beziehung auf die Ausdehnung, den großen Stil der Anlagen, entschieden noch die Potsdamer übertreffend …« Charlottenburg war inzwischen zur Sommerfrische geworden: »Sonntags

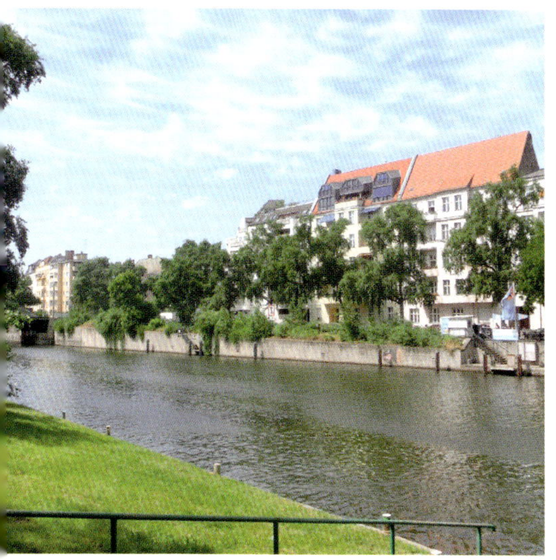
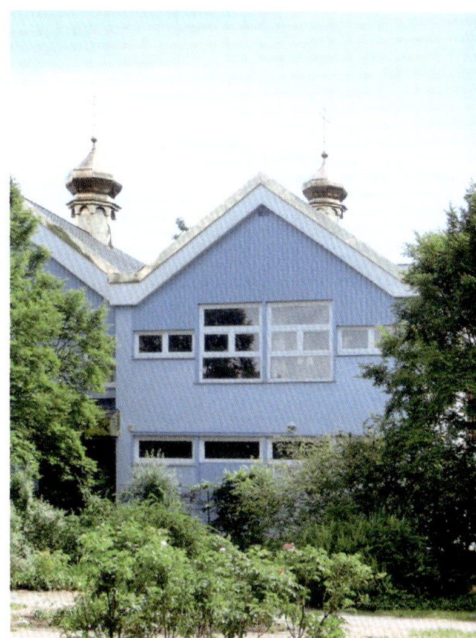

Partie an der Spree (li.) und Russisch-Orthodoxe Kirche

pflegt Charlottenburg von Tausenden von Berlinern besucht zu sein. Eine eigene Gattung von Wagen, die C h a r l o t t e n b u r g e r genannt, befördert den Verkehr zwischen beiden Städten, zu äußerst billigen Fahrpreisen. Doch gehen seit einigen Jahren auch O m n i b u s s e hin und her, die Droschken haben ihren Bereich bis dorthin ausgedehnt, und zahlreiche Lohnwagen, elegante Privatequipagen, und die Wagen des königlichen Hofes, bedecken die Chaussee fast immer, so daß sie mehr einer verlängerten Straße Berlins selbst, die von Gärten umgeben ist, als einer Landstraße gleicht.«

Unser Weg geht weiter am südlichen Ufer der Spree entlang. Bereits von der Schlossbrücke aus sieht man am Nordufer einen riesigen hellen Kubus und links neben ihm drei Schornsteine: das Kraftwerk Charlottenburg, das seit 1900 als »Städtisches Electrizitätskraftwerk« die selbstständige Gemeinde Charlottenburg mit Energie versorgte. Und bereits vor der nächsten, der Caprivibrücke, entdeckt man verwundert drei goldene Zwiebeltürme rechts vom Wege. Die Brücke ist nach dem 1831 in Charlottenburg geborenen Graf Leo von Caprivi benannt, der Otto von Bismarck als Reichskanzler ablöste und 1899 starb. Die Zwiebeltürme gehören zu der Russisch-Orthodoxen Kirche »Schutz der Gottesmutter«, die architektonisch kein Meisterwerk ist, doch legt sie Zeugnis ab von der Vielfalt der Glaubensbekenntnisse in der Weltstadt Berlin. Schon in den 1920er Jahren lebten über 200.000 Russen in Berlin, die zumeist vor der Revolution und dem anschließenden Bürgerkrieg geflohen waren. Arme Flüchtlinge, die alles verloren hatten, siedelten sich häufig in den Arbeiterbezirken wie Wedding oder Mitte an, aber die Favoriten der

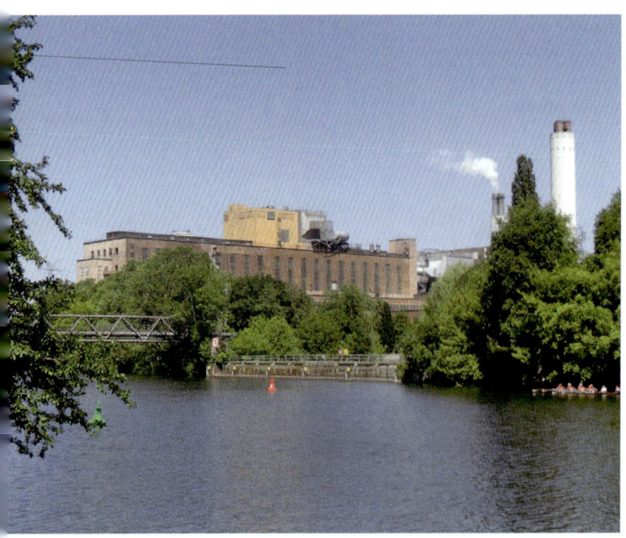
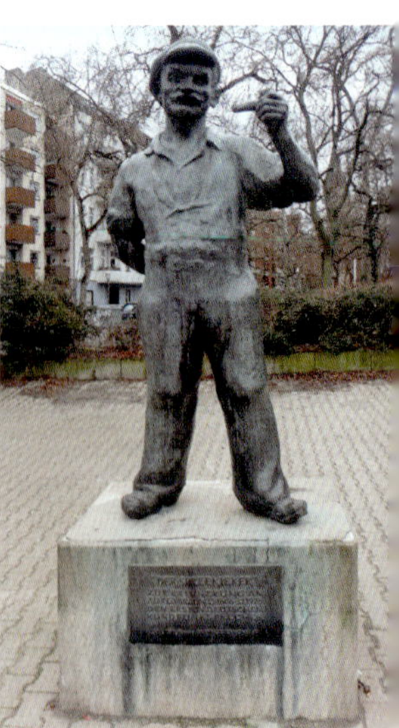

Kraftwerk Reuter West (li.) und Spreekieker

Emigranten waren doch Charlottenburg und Wilmersdorf: So war das Hotel am Steinplatz ein beliebter Treffpunkt in Charlottenburg, und um den Prager Platz in Wilmersdorf siedelten sich etliche Intellektuelle, Schriftsteller, Buchhändler und Verleger an. In Wilmersdorf entstand auch die russisch-orthodoxe Christi-Auferstehungs-Kathedrale (1936–38). Nach 1945 und insbesondere nach dem Mauerbau 1961 gab es in West-Berlin nur eine kleine Gemeinde, doch änderte sich dies mit dem Zerfall der Sowjetunion, denn anschließend kamen ca. 3 Millionen russischsprachige Übersiedler nach Deutschland. Mehr als 200.000 von ihnen leben wieder in Berlin, sodass ein großer Bedarf nach Gotteshäusern entstand: In diesem Zusammenhang steht auch der Bau der Kirche an der Caprivibrücke. Die Kirche wurde 2008 an die Gemeinde übergeben, die Zwiebeltürme stammen aus dem Kiewer Höhlenkloster.

Wir befinden uns nun am Iburger Ufer, und keine 150 m nach der Kirche erblicken wir eine Plastik auf einem Sockel, den »Spreekieker«. Die von Gertrud Bergmann (1910–1985) geschaffene Skulptur stellt den Berliner Alfred Braun (1888–1978) dar, der zu den Pionieren des deutschen Rundfunks zählt. Er war Sprecher und später auch Regisseur der legendären »Funk-Stunde Berlin« (ab 1924), nach 1933 wurde er von der Gestapo verhaftet, verbrachte mehrere Wochen im KZ und ging dann ins Exil. Von 1954 bis 1956 war er Intendant des Senders Freies Berlin (SFB) und betreute die sehr populäre Sendung »Spreekieker«.

Hinter der Skulptur ragt der Turm des Rathauses von Charlottenburg auf: Der Monumentalbau wurde von 1899 bis 1905 nach Plänen der schon vom

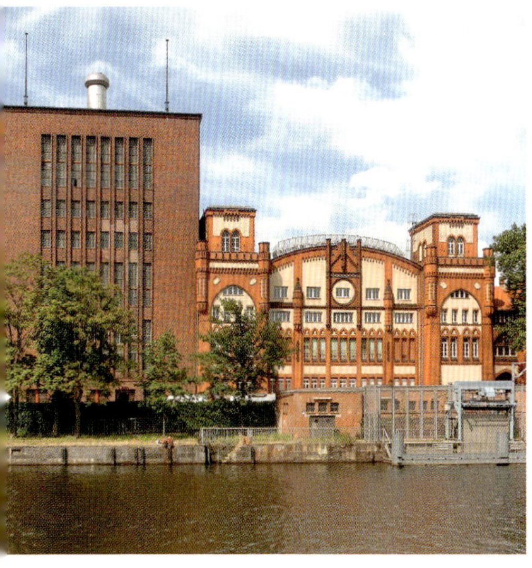
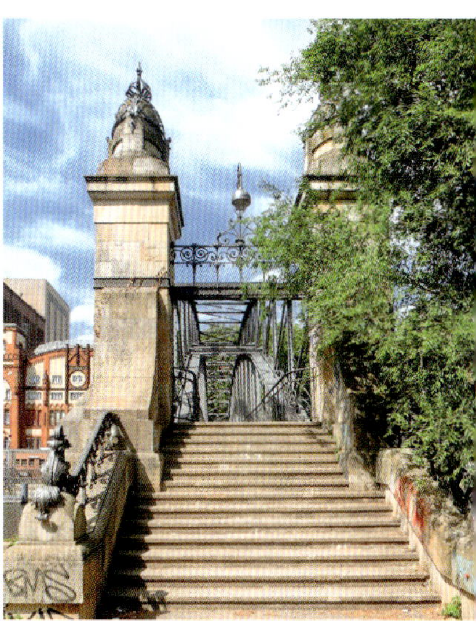

Kraftwerk Charlottenburg (li.) und Siemens-Steg

neuen Spandauer Rathaus bekannten Architektengemeinschaft Reinhardt & Süßenguth geschaffen, und zwar in einem Stilgemisch aus historistischen und Jugendstilelementen.

Das neue Rathaus mit dem hoch aufragenden Turm, eingeweiht zur 200-Jahr-Feier der Stadt, war mehr als ein Zweckbau. Es drückte auch das Selbstbewusstsein der Charlottenburger aus: 1893 war Charlottenburg zur Großstadt geworden, hatte also mehr als 100.000 Einwohner. Eine solche Entwicklung war bei der Stadtgründung nicht abzusehen gewesen, im Gegenteil, der Ort entwickelte sich lange Zeit so geringfügig, dass der »Soldatenkönig« Friedrich Wilhelm I., der einer verfeinerten Hofkultur eher feindlich gegenüberstand und vor allem ins Militär investierte, ihr schon den Status einer Stadt aberkennen wollte. Im 19. Jh. kam dann aber Schwung in die Entwicklung. Diese Dynamik führte dazu, dass Charlottenburg bei der Volkszählung im Jahr 1910 auf etwa 306.000 Einwohner kam.

Ein Symbol dieser Progression ist auch das Kraftwerk, das heute als Gesamtanlage unter Denkmalschutz steht. Beim Näherkommen kann man erkennen, wie der Komplex nach und nach gewachsen ist. Der älteste Teil befindet sich in der Nähe des Siemensstegs: Es handelt sich um die ehemalige Maschinenhalle und das Wohngebäude des Direktors, entstanden nach Plänen des Chefkonstrukteurs Georg Klingenberg (1899/1900) im Heimatstil, einer Art adoptierter märkischer Backsteingotik mit viel Zierrat und hellen Putzfeldern. Links davon erhebt sich der Stahlbetonskelettbau des Kesselhauses von 1955/56, der ebenfalls mit Ziegeln verkleidet wurde. Noch weiter

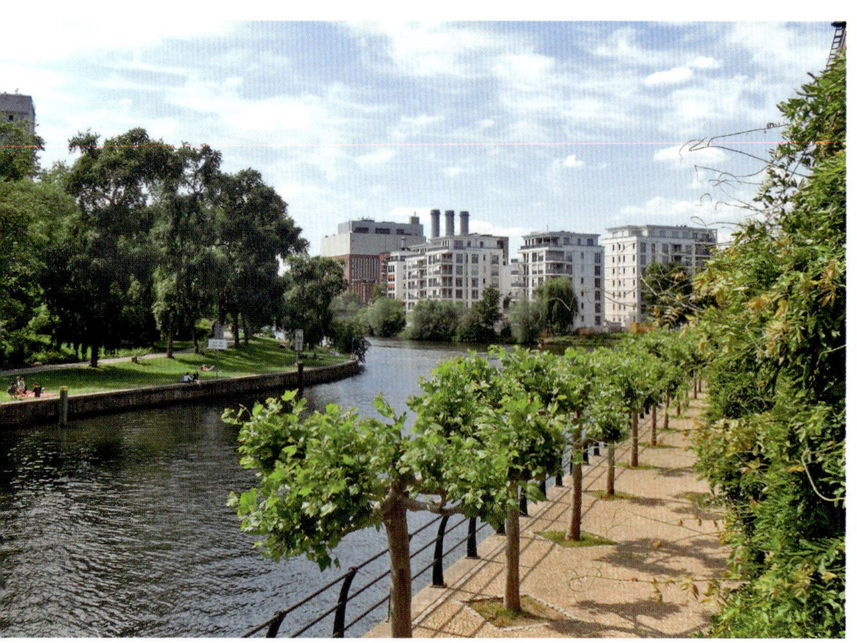

Spreepartie

links und sich an die moderne Rauchgas-Reinigungsanlage fast anschmiegend: das 1926 im Stil der Neuen Sachlichkeit erbaute 30kV-Schalthaus. Der Siemenssteg, der das nördliche mit dem südlichen Spreeufer verbindet, wurde am 1. August 1900 eingeweiht und 1902 nach dem in der Nähe wohnenden Werner von Siemens benannt. Er diente seinerzeit nicht nur als Fußsteig, sondern führte auch die elektrischen Leitungen. Auch Charlottenburg traf 1920 der Schicksalsschlag und es wurde Teil von Groß-Berlin.

Wenige Schritte nach dem Kraftwerk scheint sich der Fluss in drei Arme zu teilen; es sind allerdings keine natürlichen Arme, und es erfolgt auch keine Teilung, sondern quasi ein Zusammenfluss. Die Spree kommt aus nordöstlicher Richtung. In sie mündet fast lotrecht aus Norden kommend der Charlottenburger Verbindungskanal und verbindet den Westhafenkanal mit der Spree. Von Südosten hingegen kommt der berühmte, 1850 eingeweihte Landwehrkanal, der hier in die Spree mündet und der an jene Landwehr aus Gräben und Wällen erinnert, die einst das Vorfeld Berlins (genauer: Cöllns) schützte.

Wir überqueren den Landwehrkanal und wandern weiter am Südufer der Spree, die im anschließenden Verlauf zunächst regelrecht mäandriert. Ein schiffsähnliches Bauwerk aus Klinkern direkt an der Spree fällt ins Auge: Es handelt sich hierbei um die 1936 von Paul Baumgarten entworfene Müllver-

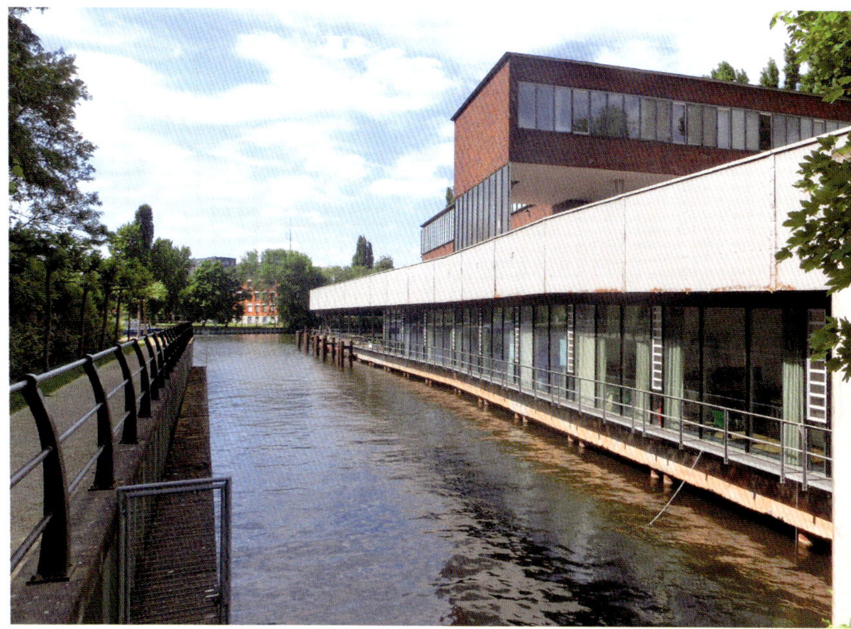

Ehemalige Müllverladestation

ladestation, die bis 1954 in Betrieb war und dem Verladen des Hausmülls auf Kähne diente. Heute hat hier das Architektenbüro Kleihues & Kleihues sein Domizil. Durch die sogenannten Neuen Spreeanlagen, die seit 1992 am Flussufer entstehen, gehen wir an verschiedenen modernen Forschungsinstituten vorbei zur Gotzkowskybrücke. Nördlich des Flusses fallen immer wieder alte Lager- und Fabrikgebäude auf, teilweise in Neubauten integriert: Es handelt sich um Bauten in Moabit, das ja ein altes industrielles Herz von Berlin war und wo heute oft noch die alte Arbeiter- und Industriegeschichte sicht- und spürbar ist. Die 1716 gegründete Siedlung mit dem biblischen Namen Moabit wurde zunächst mit französischen Exilanten bestückt, die Maulbeerbaumplantagen anlegen sollten, auf dass die preußische Seidenindustrie blühe. 1719 gab es 16 Kolonistenstellen, aber die Siedlung entwickelte sich zunächst kaum – bis zur Industrialisierung ging es nur langsam voran.

Die Gotzkowskybrücke müssen wir überqueren; sie ist nach dem Berliner Kaufmann und Fabrikbesitzer Johann Ernst Gotzkowsky (1710–1775) benannt, der sich im Siebenjährigen Krieg um Berlin verdient gemacht hat und gern als »Patriotischer Kaufmann« bezeichnet wird. Aus seiner 1761 gegründeten Porzellanfabrik ging die weltberühmte Königliche Porzellan-Manufaktur (KPM) hervor. Schon lange hatten wir die Kirche mit Doppelturmanlage im Blick, die zwischen Levetzowstraße und Wikingerufer aufragt. Es handelt

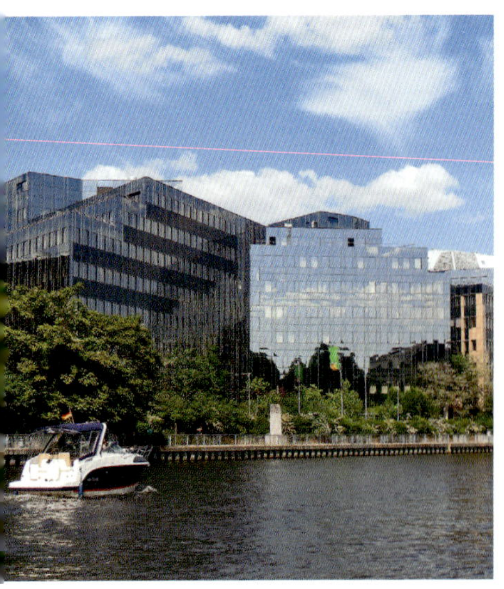
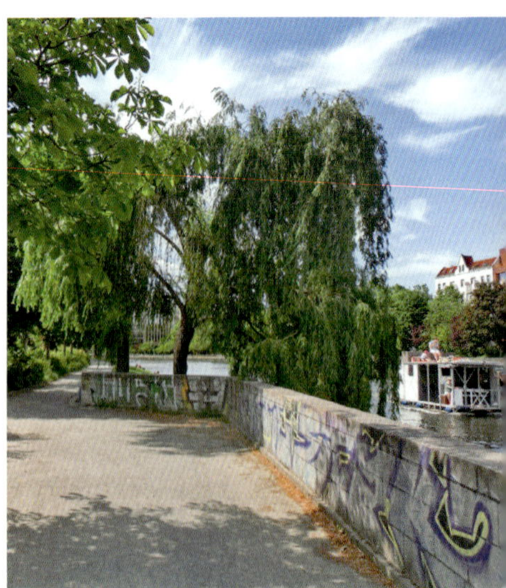

Blick nach Moabit (li.) und an der Spree

sich um die denkmalgeschützte Erlöserkirche, die 1909/12 nach Entwürfen der Moabiter Architekten August Dinklage, Ernst Paulus und Olaf Lilloe errichtet wurde. Die Fassade, die Anleihen bei der märkischen Backsteingotik nimmt, ist mit Backsteinen verkleidet, sie weist auch einige helle Putzflächen auf, ist insgesamt aber nur sparsam dekoriert. Von den gleichen Architekten stammt das hinter der Kirche am Wikingerufer gelegene fünfstöckige Gemeindehaus.

Unmittelbar gegenüber der Brücke steht ein historisches Schulgebäude, die heutige Miriam-Makeba-Grundschule. Bei ihrem Anblick wollen wir ein wenig verweilen, ist sie doch ein Werk des Berliner Stadtbaurates Hermann Blankenstein (1829–1910), der sein Amt von 1872 bis 1896 innehatte und dem sehr viele Kirch- und Schulbauten dieser Zeit zu verdanken sind. Dabei zeichnen sich diese Werke durch eine gewisse Uniformität aus, wobei man positiv auch von einer Typisierung oder Standardisierung sprechen könnte, wie sie ja im 20. Jh. dann gang und gäbe wurde. Insofern ist Blankenstein sowohl altmodisch als auch modern. An dem spätklassizistischen Backsteinbau in der Levetzowstraße, der 1894/95 für die 199. und 205. Gemeindeschule errichtet wurde, kann man viele für Blankenstein charakteristische Merkmale studieren, wie die Gliederung der Fassade durch Schmuckbänder, die Friese unterhalb der Dächer, die Terrakotta-Medaillons u. a.

Weiter geht es am Wikingerufer entlang, nun also nördlich des Flusses und auf Moabiter Seite. Auf dem gegenüberliegenden Ufer fällt eine alte Fabrikanlage ins Auge, die in der typischen Ziegelbauweise des 19. Jhs. errichtet wor-

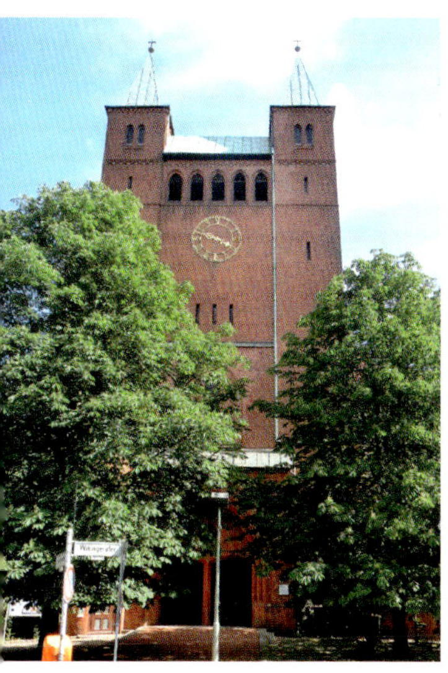
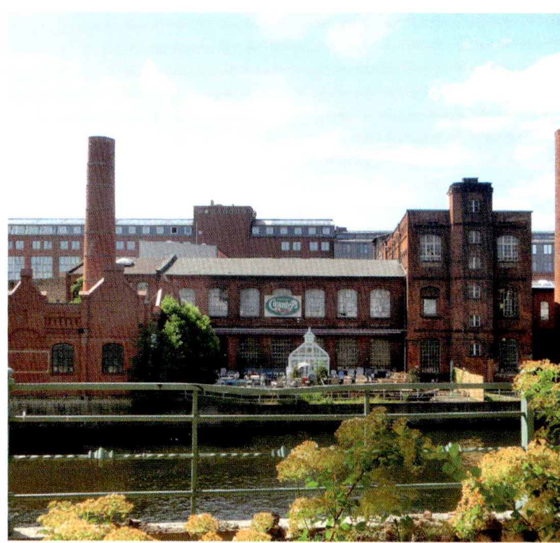

Erlöserkirche (li.) und die Gebauer-Höfe

den ist und von gedrungenen Schornsteinen überragt wird. Diese Anlage wurde für die »Bleicherei und Maschinenfabrik Fr. Gebauer« ab 1865 geschaffen und bis 1910 baulich erweitert. Das unter Denkmalschutz stehende Ensemble dient heute unter dem Namen »Gebauer Höfe« Einzelhandels- und Dienstleistungsunternehmen als Sitz. Auch Gastronomie ist vorhanden.

Abermals überqueren wir die Spree: auf dem Wullenwebersteg. Am Ende des Steges, wo sich Siegmunds Hof und Schleswiger Ufer begegnen, befindet sich ein Denkmal aus rostigem Stahl, das aus zwei Teilen besteht: einem stilisierten siebenarmigen Leuchter (Chanukkaleuchter) und einer Stahlplatte mit durchbrochenen Buchstaben, die einen dreisprachigen Text bilden (hebräisch, englisch, deutsch) – das Mahnmal erinnert an die Israelitische Synagogen-Gemeinde. Adass Jisroel, eine 1869 gegründete aufgeklärte orthodoxe jüdische Gemeinde, hatte 1924 an Siegmunds Hof Nr. 11 eine Synagoge eingeweiht und 1926 eine Schule eröffnet. 1941 verbot die Gestapo die Nutzung des Gotteshauses, das im Zweiten Weltkrieg zerstört wurde. Das Denkmal des in Berlin lebenden Bildhauers Georg Seibert (1939–2017) erinnert an die Gemeinde und entstand 1986.

Bei dem Mahnmal begegnen sich die Grünen Hauptwege Nr. 1 und Nr. 19 und verlaufen gemeinsam an der Spree entlang bis zum Steg am Ende der Otto-von-Bismarck-Allee, der den Fluss zwischen den Bundestagsgebäuden Paul-Löbe- und Marie-Elisabeth-Lüders-Haus überspannt. Bis dorthin sind es allerdings ca. 3,7 km. Der S-Bahnhof Tiergarten liegt vom Mahnmal für Adass Jisroel ca. 300 m entfernt.

Restaurant Samowar, Luisenplatz 3, tgl. geöffnet, Tel.: 030/34 14 154, restaurant-samowar.de
Brauhaus Lemke am Schloss Charlottenburg, Luisenplatz 1, tgl. geöffnet (Mo–Do ab 16 Uhr, Fr ab 13 Uhr, Sa–So ab 12 Uhr), Tel.: 030/30 87 89 79, www.schloss.lemke.berlin
CapRivi (Biergarten am Spreeufer, Nähe Kraftwerk), Am Spreebord, Saison Apr–Okt tgl. geöffnet, Tel.: 0176/53 61 78 63, www.caprivi-berlin.com
Schnitzelei Charlottenburg, Röntgenstr. 7b, tgl. geöffnet (Wochenende ab 12 Uhr), Tel.: 030/34 70 27 77, schnitzelei.de/charlottenburg
Einstein Kaffee in den Gebauer Höfen, Franklinstr. 12, Mo–Fr geöffnet, 030/93 93 12 85, www.einstein-kaffee.de/de/cafe/berlin/roesterei
Tiergartenquelle, Altberliner Speisewirtschaft mit Biergarten, Bachstr., S-Bahnbogen 482, tgl. geöffnet ab 17 Uhr, Tel.: 030/39 27 615, www.tiergartenquelle.de

Schloss und Schlosspark Charlottenburg

Schloss Charlottenburg, Spandauer Damm 10–22, Tel.: 0331/96 94 200, www.spsg.de | Museum Berggruen (klassische Moderne), Schloßstraße 1, Tel.: 030/26 64 24 242, www.smb.museum/museen-einrichtungen/museum-berggruen/e | Bröhan-Museum (dekorative Kunst Anfang 20. Jh.), Schloßstr. 1a, Tel.: 030/32 69 06 00, www.broehan-museum.de | Sammlung Scharf-Gerstenberg (phantastische Kunst, Surrealismus), Schloßstr. 70, Tel.: 030/26 64 24 242, www.smb.museum/museen-einrichtungen/sammlung-scharf-gerstenberg/ | Villa Oppenheim – Museum Charlottenburg-Wilmersdorf, Schloßstr. 55, Tel.: 030/90 29 24 108, www.villa-oppenheim-berlin.de

S-Bhf. Tiergarten: S3, S5, S7, S9, S75

3. Etappe: Vom U-Bahnhof Ruhleben zum S-Bahnhof Tiergarten

Der Spreeweg – 4. Etappe

Start: S-Bahnhof Tiergarten
Ziel: Ostbahnhof
Länge: 11,0 km

Vom Mahnmal für Adass Jisroel geht es auf dem Uferweg bis zur nächsten Brücke, der Lessingbrücke. Am gegenüberliegenden Ufer direkt an der Brücke fällt – wenn die Sicht nicht vom Grün der Bäume eingeschränkt ist – ein mächtiges Wohnhaus ins Auge, auf dessen Dreiecksgiebel steht: Haus Lessing. Es wurde 1912/13 nach dem Entwurf von Georg Jacobowitz als eine aus Vorderhaus, Seitenflügel und Quergebäude bestehende Wohnanlage gebaut, und zwar im Stil des Neoklassizismus.

Nach Unterqueren der Brücke erreicht man das Holsteiner Ufer. Hier hat sich eine nahezu intakte, geschlossene Bebauung vom Ende des 19. Jhs. erhalten, die einen Eindruck vom alten Hansaviertel vermittelt. Zunächst ist das unübersehbare Eckhaus Holsteiner Ufer 14/16 an der Ecke zur Claudiusstraße zu nennen, »das mit seiner roten Backsteinverkleidung, den verputzten Wandflächen und dem Bauschmuck aus Stuck und Sandstein einen farbigen Akzent im Stadtbild setzt« (»Denkmale in Berlin«). Besonders hervorzuheben ist die Ecklösung, die zwischen den beiden Straßen vermittelt. Das Haus entstand 1891/92 nach Entwürfen von Hugo Maaß. Weitere bemerkenswerte und denkmalgeschützte Wohnhäuser grenzen an diesen Eckbau an, und zwar nicht nur am Holsteiner Ufer, sondern auch in der Claudiusstraße. Überhaupt lohnt es sich für die Fans der bürgerlichen Baukultur am Ende des 19. Jh., das Quartier zu durchstreifen.

Wenn man vom Holsteiner Ufer zu dem gegenüber schaut, entdeckt man dort ein altes Industrieviertel, dessen noch erhaltene Bauten in ein Neubauquartier integriert wurden. An dieser Stelle befand sich einst die Meierei C. Bolle, die eine Berliner Institution war: 1886 gründete Carl Andreas Julius Bolle (1832–1910) ein Milchverarbeitungsunternehmen. Anhand von Bolles Leben lässt sich eine Vom-Tellerwäscher-zum-Millionär-Geschichte erzählen, die hier nur angedeutet werden kann: In Milow bei Rathenow in einer kinderreichen Familie geboren und früh verwaist (der Vater ertrank in der Havel), musste Bolle später den Besuch des Gymnasiums in Brandenburg/Havel abbrechen und Maurer werden. Als junger Mann durchwanderte er halb Europa, erkrankte schwer und musste daheim in Rathenow gesund gepflegt werden. Hier las er erbauliche Bücher und fand zu einem festen christlichen Glauben. Nach der Maurermeisterprüfung gründete er in Berlin ein Bauunternehmen, lieh sich Geld, errichtete Mietshäuser und gründete

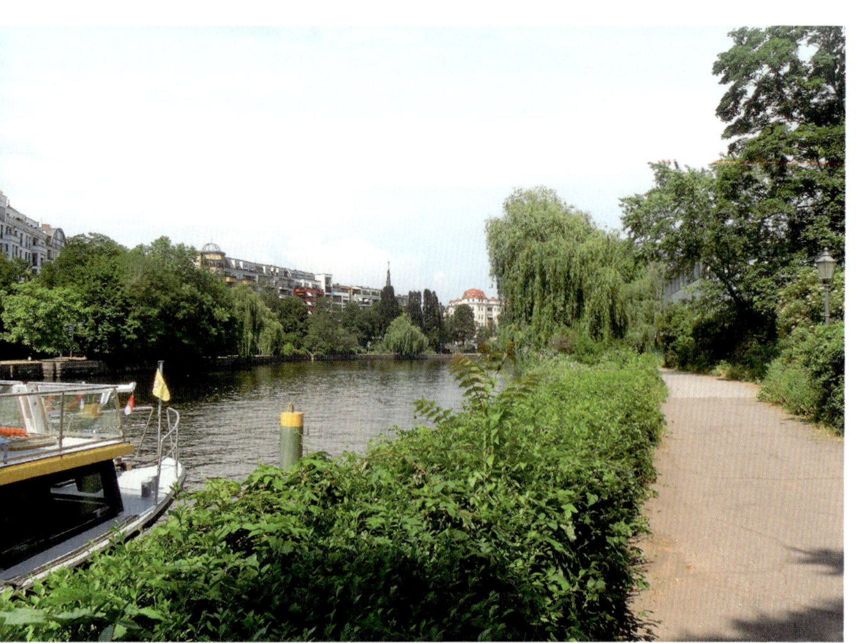

Schleswiger Ufer

schließlich die Norddeutsche Eiswerke AG in der Köpenicker Straße (an ihr bzw. ihren Ruinen wird unser Weg später vorbeiführen). Bis heute bekannt ist Bolle aber für die 1881 gegründete Meierei. Seine Milchprodukte wurden mit den berühmten Bolle-Wagen ausgeliefert und hatten einen guten Ruf, was Hygiene und Qualität anbetraf. Nach dem Zweiten Weltkrieg stieg die Firma in den Lebensmittelhandel ein und gründete eine Supermarktkette. 1969 stellte die Meierei ihren Betrieb ein, und auch die Supermärkte von Bolle verschwanden aus dem Stadtbild. Von der Fabrik ist nur noch eine langgestreckte Produktionshalle (1886/87) erhalten. Weitere historische Gebäude sind die Wäscherei Heinrich Bergmann (1911/12) und der Ladeturm der Dampfmühle Schütt direkt am Wasser (1939/40).

Die nächste Brücke ist die Moabiter Brücke, 1893/94 von Otto Stahn und Karl Bernhard errichtet. Sie besteht aus drei flachen Bögen; für die Pfeiler, die Wandverkleidung und das Geländer wurde Basaltlava aus dem Rheinland verwendet. Die dekorativen Elemente verweisen auf den Burgenstil, der mit allerlei Zitaten – wie Zinnen, Mauerkronen, Zahn- und andere Friese – spielte, der in der Entstehungszeit en vogue war und dem Historismus zugeordnet werden kann. In Berlin gibt es noch etliche andere Bauten dieses Stils. Eine Institution ist die in der Nähe des südlichen Brückenkopfs (Holsteiner Ufer/ Ecke Bartningallee) gelegene Konditorei Buchwald. Hervorgegangen aus der

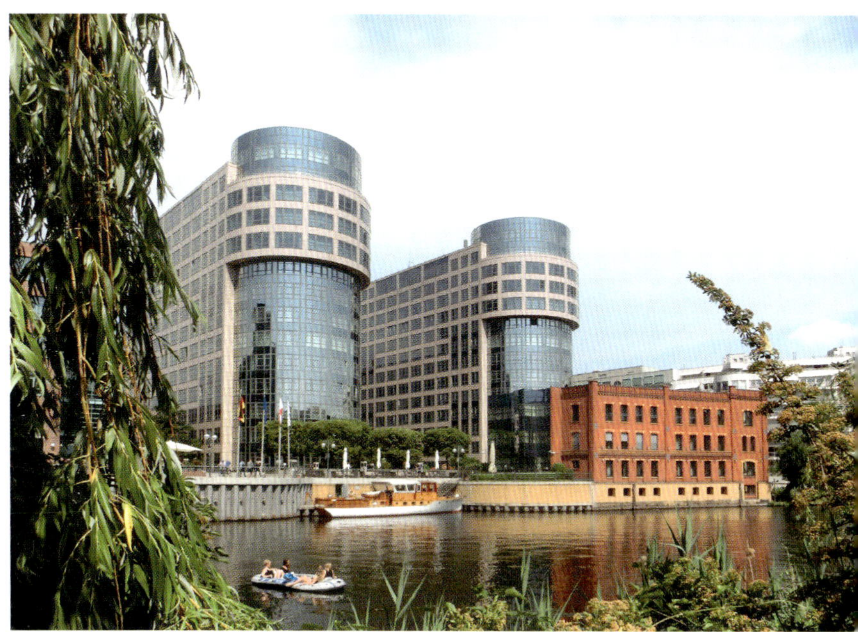

Das ehemaliges Bolle-Gelände

1852 von Gustav Buchwald in Cottbus gegründeten »Baumkuchenfabrikation-Konditorei und Café«, bietet Berlins ältesten Konditorei mehr als nur jene Baumkuchenspezialitäten, für die sie aber nun einmal berühmt ist.

180 m weiter überspannt mit kühnem Schwung der Gerickesteg die Spree, auch er ein historisches Denkmal. Die Eisenkonstruktion wurde 1913/14 erbaut, die Planungen stammen von Friedrich Krause, Fritz Hedde und Bruno Möhring. (Ebenfalls am Wasser, wenn auch am Berlin-Spandauer Schifffahrtskanal, befindet sich das zu Ehren des Ersten benannte Friedrich-Krause-Ufer.)

Nach der S-Bahnbrücke erstrecken sich zwei Parks links und rechts der Spree: der Park am Präsidentendreieck und der Park des Schlosses Bellevue. Wir haben inzwischen jenen Teil der City erreicht, der in jedem Stadt- bzw. Reiseführer breiten Raum einnimmt. Wie bereits im Vorwort dargestellt, kann nicht jedem Bauwerk oder jeder Sehenswürdigkeit die gebührende Aufmerksamkeit geschenkt werden – insbesondere bezüglich der Innenstadt verweisen wir daher auf die ausführlichere Darstellung an anderen Orten und widmen uns hier nur dem weniger Bekannten umfänglicher.

Zunächst kommen wir am Schloss Bellevue vorbei. Die ursprüngliche Dreiflügelanlage wurde 1786 für den jüngsten Bruder Friedrichs II., Prinz Ferdinand von Preußen, errichtet. Sie war ab 1939 Gästehaus der Reichsregierung und ist heute repräsentativer Amtssitz des Bundespräsidenten, wobei es sich dabei um eine Rekonstruktion aus der Nachkriegszeit (1959) handelt. Auf der anderen Flussseite befindet sich auf dem Moabiter Werder u.a. die sogenannte Serpentine, ein im Zusammenhang mit dem Umzug der Bundesregierung nach Berlin errichteter schlangenförmiger Wohnbau. Die Promenade hier heißt Magnus-Hirschfeld-Ufer, sie ist also nach dem bekannten Sexualwissenschaftler benannt, dem wir gleich noch einmal begegnen werden. Zunächst aber soll uns der Großfürstenplatz mit seinem Skulpturenschmuck interessieren: Der Platz wurde 1776 auf Wunsch des soeben genannten Königsbruders Ferdinand angelegt. Die Namensgebung geht auf die Hochzeit des russischen Großfürsten und späteren Zaren Paul I.(ermordet 1801) mit der Prinzessin Sophie Dorothee von Württemberg (1759–1828) zurück, die nach dem Übertritt zum russisch-orthodoxen Glauben den Namen Maria Fjodorowna annahm und Mutter zweier Kaiser wurde: Alexander I. und Nikolaus I. Dieser wiederum ehelichte Charlotte von Preußen, die Tochter der ach so geliebten Königin Luise und Schwester des Preußenkönigs Friedrich Wilhelm IV., des (angeblichen) Romantikers auf dem Thron … Wie dem auch sei, all diese Blaublütler sind lange tot, aber der Platz, der seit 1832 Großfürstenplatz heißt, existiert noch immer.

Die heutige dekorative Platzgestaltung entstand in den Jahren 1880–88. Zunächst wurde das Ensemble »Vier deutsche Ströme« aufgestellt, dessen Skulpturen von verschiedenen Bildhauern geschaffen wurden und Allegorien der Weichsel, der Oder, des Rheins und der Elbe sind. Sie bilden einen Halbbogen um den 1888 von Joseph von Kopf (1827–1903) geschaffenen Tritonbrunnen.

Südlich unseres Weges befindet sich der Tiergarten. Es handelt sich hierbei ursprünglich um ein Jagdrevier des Landesherrn vor den Toren der Stadt, das im Zuge der Neugestaltung Berlins durch den Großen Kurfürsten selbst eine Umformung erfuhr. Vorbild für die Um- und Neubaumaßnahmen des Kurfürsten war übrigens die Residenz Kleve. Sie gab den Impuls dafür, dass der Wald 1657 mit einem Staketenzaun eingefasst wurde und dass ein Wildpark entstand, in dem man Hirsche aus der Gegend südlich von Berlin und Auerhähne aus Preußen ansetzte. Der Tiergarten wurde in der Folgezeit häufig umgestaltet, ab Ende des 18. und zu Beginn des 19. Jhs. in einen Landschaftspark.

Weiter geht's! Kurz vor der Anlegestelle der Reederei Riedel sieht man eine Stele vor Blumenrabatten, in die eine Gedenktafel eingearbeitet ist. Sie erinnert an das Institut für Sexualwissenschaften, das sich in der Nähe befand, und an dessen Gründer Magnus Hirschfeld (1868–1935). Die Stele wurde von Georg Seibert geschaffen, den wir ja bereits kennen. Sie ist eines von zwei Denkmalen für Hirschfeld, der von den Nazis ins Exil getrieben wurde, so wie sie auch sein Institut zerstörten und dessen Bibliothek verbrannten. Nicht

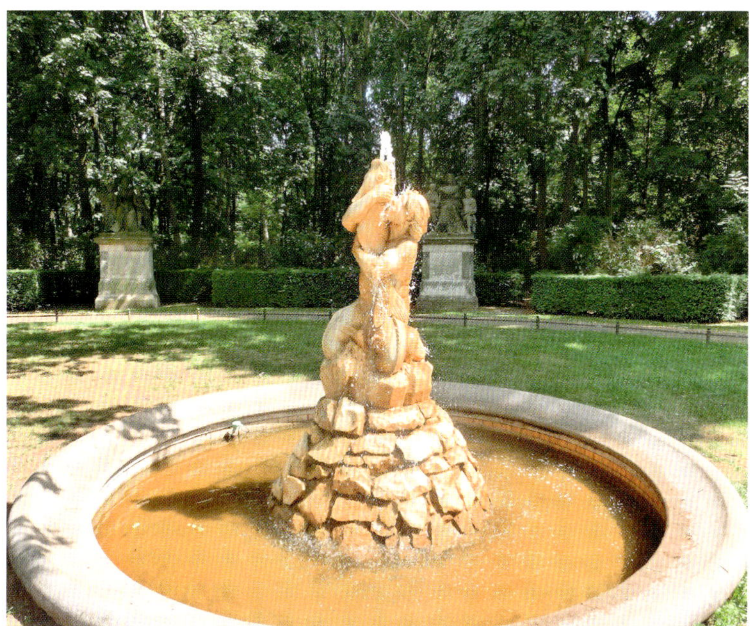

Großfürstenplatz

verhehlt werden soll die Geschichte dieser beiden Denkmale, die auf Initiative der Magnus-Hirschfeld-Gesellschaft aufgestellt wurden. Auf der Webseite dieser Gesellschaft ist dazu zu lesen: »Auslöser für die Entstehung der beiden Denkmale für Magnus Hirschfeld und das Institut für Sexualwissenschaft war der Streit um eine Gedenktafel, die die Magnus-Hirschfeld-Gesellschaft im Rahmen des Gedenktafelprogramms der Berliner Sparkasse 1987 an Hirschfelds früherem Wohnhaus in Charlottenburg anbringen lassen wollte. Nachdem die Hauseigentümer Einwände gegen die Erwähnung der Bedeutung Hirschfelds für die Homosexuellenbewegung auf der Tafel erhoben und die Anbringung der Tafel nicht genehmigt hatten, zog sich die Diskussion um eine andere Form des Gedenkens lange hin.« Inzwischen ist die Diskussion beendet und hat zwei Gedenkorte gezeitigt.

Und nun im Schnelldurchlauf: Es folgen rechter Hand das Haus der Kulturen der Welt, ursprünglich die Kongresshalle, die den amerikanischen Beitrag zur Internationalen Bauausstellung »Interbau« 1957 darstellte und im Volksmund »Schwangere Auster« genannt wird. Danach erscheint das Bundeskanzleramt, ein nach den Entwürfen der Berliner Architekten Axel Schultes und Charlotte Frank 1997 bis 2001 errichtetes, betonsichtiges Bauwerk. Auch hier war der Volksmund schöpferisch und nennt es »Kanzlerwaschmaschine«.

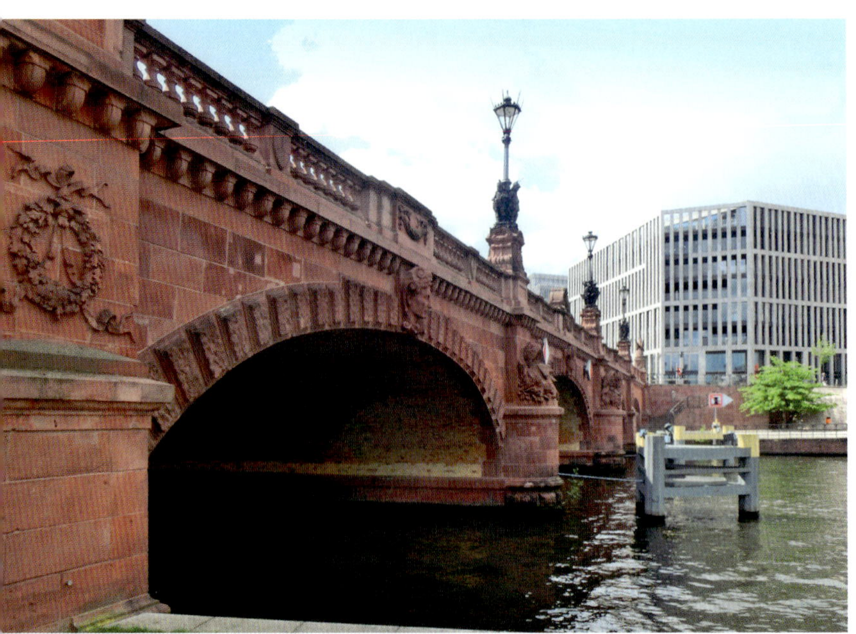

Moltkebrücke

Beachtung verdient die Moltkebrücke kurz vor dem Spreebogenpark. Das steinerne Denkmal entstand 1888–91 (Otto Stahn und Karl Bernhard), wobei vor allem die Farbgestaltung auffällt: Alle Sichtflächen sind mit rotem Mainsandstein verkleidet. Ebenso ins Auge fällt der Schmuck, der aus Skulpturen und Kandelabern besteht. Die Schlusssteine der Brückenköpfe sowie die Gestaltung der Brückenbalustrade stammen von Carl Begas (1845–1916), den man getrost als einen der führenden Bildhauer des Wilhelminismus bezeichnen kann.

Der Spreebogenpark wurde schon erwähnt. Ihm gegenüber erhebt sich die imposante Stahl-Glas-Konstruktion des Berliner Hauptbahnhofs, der am 26. Mai 2006 eröffnet wurde. Er ist ein Werk des 1935 in Riga geborenen Architekten Meinhard von Gerkan, von dem eine Reihe von Verkehrsbauten stammen, darunter auch der skandalgeschüttelte Flughafen BER.

Der Spreebogenpark endet an der Kronprinzenbrücke. Hier nun beginnt Alt-Berlin. Die Brücke ist unübersehbar ein Neubau, der in etwa an der Stelle der historischen Bücke errichtet wurde. Zunächst hatte hier seit 1709 eine hölzerne Klappbrücke gestanden, die 1828 verlegt und umgebaut wurde. Ihr Name: Unterbaumbrücke. Denn ungefähr auf Höhe der ersten Brücke befand sich einst der Unterbaum – quasi das Gegenstück zum Oberbaum, dessen Bezeichnung im Namen der Oberbaumbrücke erhalten geblieben ist. Ihr wer-

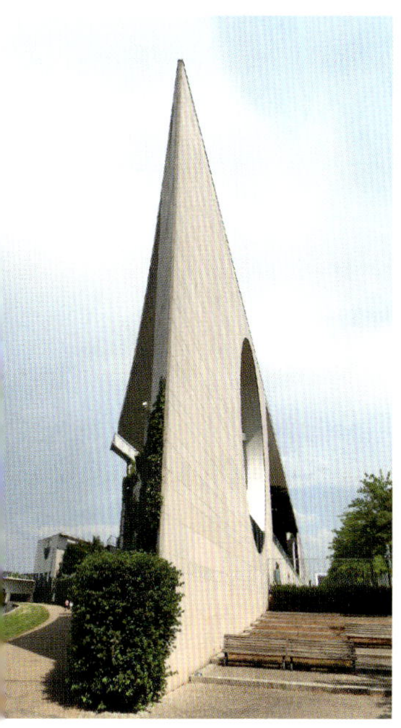

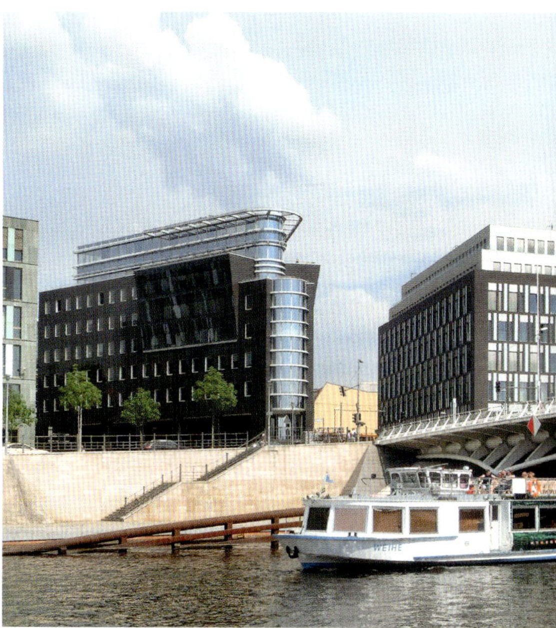

Bundeskanzleramt (li.) und Regierungsgebäude an der Kronprinzenbrücke

den wir auf unserem Weg noch begegnen. Als Bestandteile der Zollmauer sperrte der Oberbaum die Spreezufahrt nach Berlin, der Unterbaum die Spreeausfahrt; es handelte sich tatsächlich um Baumstämme, die eine Barriere bildeten. Der Brückenneubau von 1877/79 wurde nach dem Kronprinzenufer benannt, das wiederum dem Kronprinzen Friedrich Wilhelm seinen Namen verdankt. Die alte Kronprinzenbrücke wurde im Weltkrieg schwer zerstört; sie verlor mit dem Mauerbau ihre Funktion, da die Grenze mitten durch den Fluss ging, und wurde abgerissen. 1996 wurde der Neubau eröffnet. Entwurf und Planung stammen von dem bekannten, 1951 geborenen spanischen Architekten Santiago Calatrava, dessen Werke vor allem durch ihre organischen Strukturen auffallen. Rechts hinter der Brücke erscheint das hellblaue Gebäude des Bundestagskindergartens, eine Arbeit des österreichischen Architekten Otto Peichl, dem wir in Tegel (Wanderweg 13) wiederbegegnen werden.

Anschließend kommen weitere monumentale betonsichtige Bundestagsgebäude mit großen Fensterfronten. Das viele Glas soll natürlich Transparenz ausdrücken – Architekturklischees lassen grüßen.

Wir erhaschen einen Blick auf den Reichstag mit der modernen Kuppel von Sir Norman Foster, es folgen abermals Bundestagseinrichtungen, dann die Marschallbrücke, danach das ARD-Hauptstadtstudio und – Bauwerke für

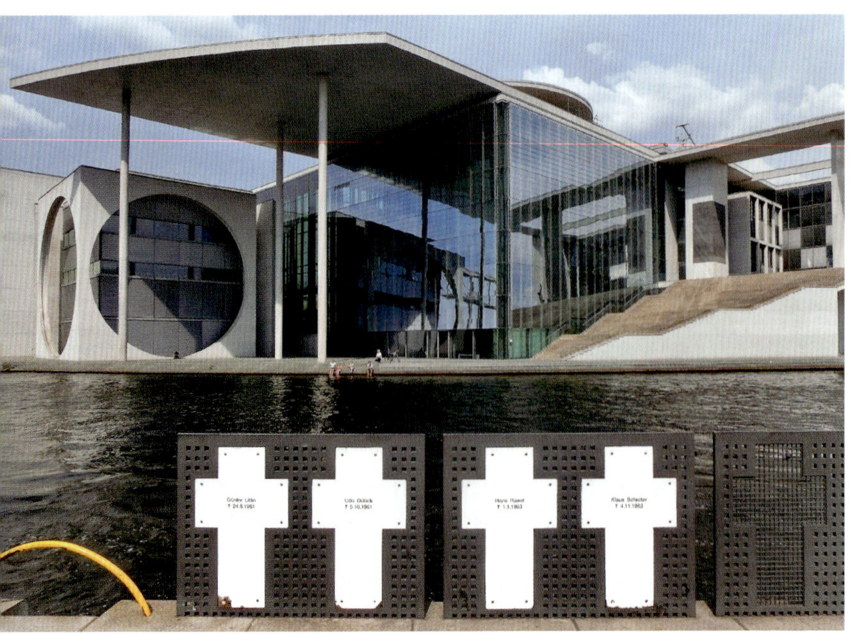

Regierungsviertel: Gedenkkreuze für Maueropfer und Marie-Elisabeth-Lüders-Haus

den Bundestag (Bundespresseamt). So erreichen wir schließlich den denkmalgeschützten Bahnhof Friedrichstraße. Einen Bahnhof gibt es hier bereits seit 1882, doch »wurde seit 1906 die Erweiterung um einen dritten nördlichen Bahnsteig geplant und 1919–25 mit dem Neubau der zweischiffigen, lichten, von einer Binderkonstruktion in Form eines flachen Tudorbogens überspannten Halle auf dem Viadukt der alten Anlage durch Carl Theodor Brodführer realisiert«, heißt es in dem Buch »Denkmale in Berlin. Ortsteil Mitte«.

Für Aussteiger: Vom Ausgangspunkt S-Bahnhof Tiergarten bis zum S-Bhf. Friedrichstraße sind es 5,8 km.

Nach Unterqueren der Eisenbahnbrücke befindet sich rechter Hand der sogenannte »Tränenpalast«. Es handelt sich um die einstige Ausreisehalle von der DDR nach West-Berlin, in der sich heute eine sehenswerte Ausstellung befindet, die kostenlos besucht werden kann. Am gegenüberliegenden Ufer ist der schindelgedeckte Turm mit dem Schriftzug »Berliner Ensemble« nicht zu übersehen. Heute kaum noch zu erkennen ist, dass es sich um ein neobarockes Bauwerk des Architekten Heinrich Seeling handelt, das 1892 als Neues Theater eröffnet wurde. Die Namen wechselten. Als Theater am Schiffbauerdamm wurde es 1954 vom Berliner Ensemble übernommen, einer Theatergründung von Bertolt Brecht und Helene Weigel, und unter diesem Namen ist es bis heute weltberühmt, wobei es Theaterfreude liebevoll nur »BE« nennen.

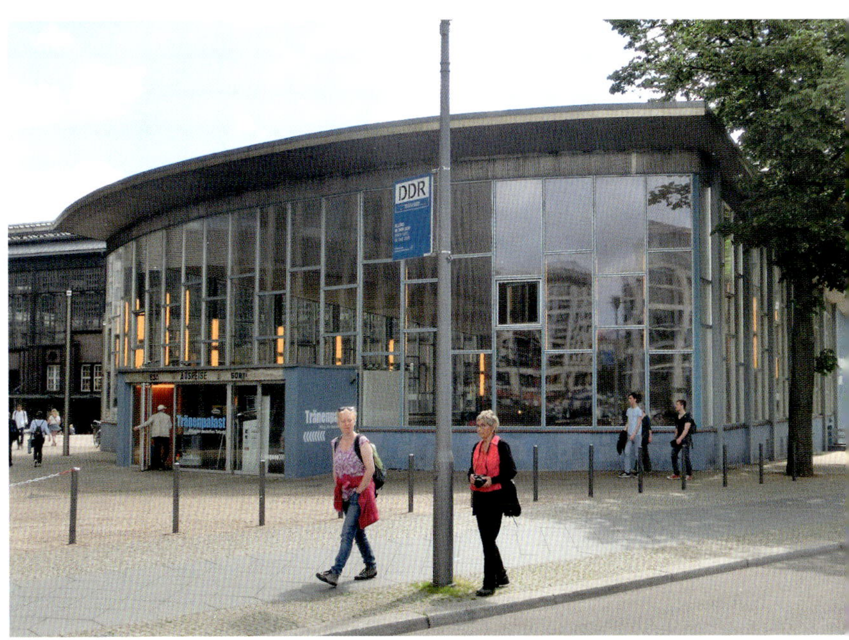

Tränenpalast

Es heißt ja, Berlin habe mehr Brücken als Venedig, und so erscheint erneut eine: die Weidendammer Brücke. Auch hier gab es Vorgängerbauten mit verschiedenen Namen; das jetzige Bauwerk enstand 1895–97, der Architekt war Otto Stahn. Auffallend ist die repräsentative Gestaltung der schmiedeeisernen Geländerbrüstungen und Laternenmasten in neubarocker Formensprache. Die Weidendammer Brücke sah (mindestens) ein prominentes Liebespaar: Am 8. Mai 1845 verlobten sich hier Theodor Fontane und Emilie Rouanet-Kummer. Fontane zählte damals 25, seine künftige Frau 20 Jahre, die Verlobungszeit war lang (bis 1850). Die Ehe hielt – mit vielen Höhen und noch mehr Tiefen – bis an Fontanes Lebensende. Mit anderen Worten: Erst der Tod schied sie.

Etwa 400 m nach der Brücke kommt man an eine Insel, was vielen vielleicht gar nicht so bewusst ist. Diese Insel wird von der Spree und dem Spreekanal gebildet und beherbergt einen Teil von Berlins bedeutendsten Sehenswürdigkeiten. Historisch gesehen gehörte die Spreeinsel – als sie noch keine Insel war – nicht zu Berlin, sondern zu Cölln: Ursprünglich existierten an den Ufern der Spree zwei getrennte Stadtgemeinden, nämlich im Norden Berlin und im Süden Cölln. Bereits 1307 schlossen sie sich zu einer »Union« zusammen und bildeten einen gemeinsamen Rat, der seinen Sitz in einem ebenfalls gemeinsamen Rathaus zwischen beiden Städten auf der Neuen bzw. Langen

Brücke hatte (in etwa die heutige Liebknechtbrücke). Diese Brücke stellte eine der beiden Verbindungen zwischen den Städten dar, die zweite war der Mühlendamm, heute die Mühlendammbrücke. Trotz der Union blieb die Selbstverwaltung der beiden Städte für die meisten inneren Belange bestehen, der gemeinsame Rat kümmerte sich vor allem um die äußeren Angelegenheiten und den Schutz der Städte. Allerdings wuchsen die unüberbrückbaren Gegensätze, die es den Hohenzollern erleichterten, die städtische Autonomie dauerhaft zu zerschlagen. Zwar kam es am 28. Juni 1432 unter Vermittlung der verbündeten Städte Brandenburg/Havel und Frankfurt/Oder zum Abschluss eines Vertrages über die Vereinigung von Berlin und Cölln, der »ausdrücklich zur Beilegung bisheriger und zur Vermeidung künftiger Zwistigkeiten abgeschlossen« wurde, so Knut Schulze in der »Geschichte Berlins. Erster Band«. Aber bereits zehn Jahre später nutzte Friedrich II. eine innerstädtische Opposition der Handwerker (sogenannte Viergewerke), um die Vereinigung aufzulösen, und von da an war Berlin-Cölln dauerhaft eine landesherrliche Stadt. Bald darauf entstand auch das sichtbare Zeichen dieser Herrschaft: das Stadtschloss auf der Cöllner Seite. Berlin war fürstliche Residenzstadt geworden. Das hatte auch Einfluss auf die wirtschaftliche Entwicklung.

Es folgten zwar schlimme Zeiten wie der Dreißigjährige Krieg, aber: »Stärker als die Mehrzahl der deutschen Städte hatte Berlin Anteil an der wirtschaftlichen Erholung nach dem Dreißigjährigen Krieg. Wichtigste Triebkraft waren in diesem Zusammenhang zweifellos die stets wachsenden Bedürfnisse des Hofes«, schreibt Felix Escher in seiner »Geschichte Berlins«. Ausbau und Verschönerung der Stadt unter dem Kurfürsten Friedrich Wilhelm, genannt der Große Kurfürst, führten auch zu einer Verbesserung der innerstädtischen Infrastruktur. Dazu Felix Escher: »Der Verkehr auf den nun breiten und repräsentativen Straßen wurde ebenfalls zum Gegenstand der kurfürstlichen Sorge: 1683 erfolgte ein Verbot schnellen Fahrens von Fuhrwerken in den Berliner Straßen. … Diese Verkehrsvorschriften wurden nicht immer eingehalten.« Auch die Mitverantwortung der Einwohner für die Sauberkeit ihrer Stadt war damals schon ein Thema. Abermals Escher: »… ob der vom Kurfürsten bestallte Gassenmeister, der den Straßenkot wegfahren sollte, tatsächlich jedem Bürger, der nicht vor seinem Haus gekehrt hatte, den Gassenkot in das Haus werfen konnte (1676), bleibt dahingestellt. Doch in ihrer Gesamtheit trugen diese Maßnahmen zum Ruhme Berlins als einer sauberen, freundlichen Stadt bei.«

Unser Weg führt am nördlichen Spreeufer um die Spreeinsel herum, deren nördlicher Teil die Bezeichnung Museumsinsel trägt, auch wenn es sich eigentlich nicht um eine eigenständige Insel handelt. Die Museumsinsel ist weltberühmt und gehört zum UNESCO-Weltkulturerbe. An der Inselspitze,

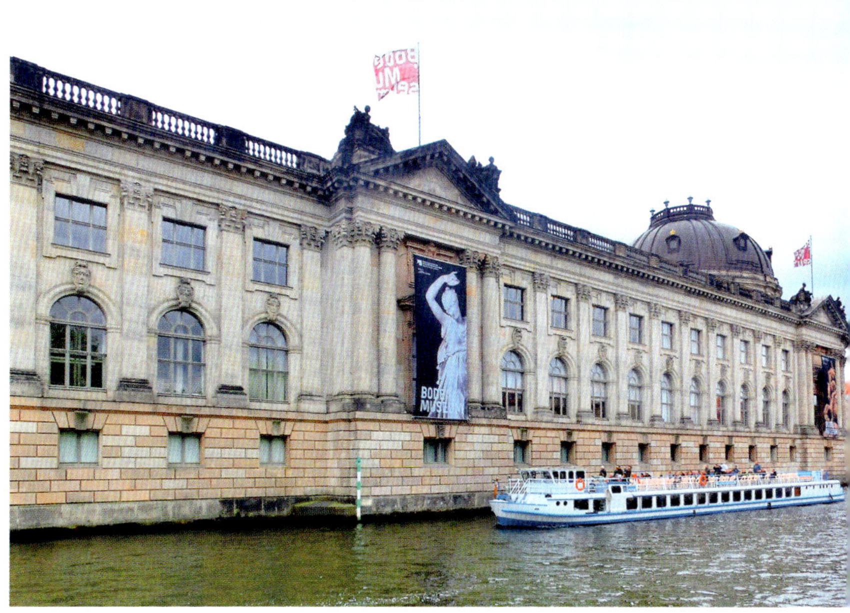

Bodemuseum

zwischen Monbijou- und Nördlicher Monbijoubrücke, liegt das Bode-Museum, 1904 als Kaiser-Friedrich-Museum eröffnet und 1956 nach dem Kunsthistoriker und Museumsdirektor Wilhelm von Bode (1845–1929) benannt. Es beherbergt vor allem die Skulpturensammlung der Staatlichen Museen zu Berlin – Preußischer Kulturbesitz, wie sie etwas sperrig heißen (kurz SMPK). Rechts daneben sieht man hinter der Eisenbahnbrücke die antikisierenden Giebel des Pergamon-Museums, ein Werk des bedeutenden Architekten Alfred Messel (1853–1909) und seines Freundes, des Stadtbaudirektors Ludwig Hoffmann (1852–1932), der Messels Arbeit nach dessen Tod fortsetzte. 1930 wurde das Museum eröffnet. Bekanntestes Ausstellungsstück ist zweifellos der Pergamonaltar, aber auch das Islamische Museum verdient Beachtung. Wir gehen am Monbijoupark vorbei, und abermals hinter der Bahnbrücke erkennt man die Rückfront des Pergamonmuseums und, nach Unterqueren der Bahnanlage, als nächstes Bauwerk die Alte Nationalgalerie. Das tempelartige Gebäude wurde in den Jahren 1867–76 erbaut, und zwar nach Plänen von Friedrich August Stüler (1800–1865) und Johann Heinrich Strack (1805–1880), die man durchaus zur ersten Garde der damaligen Baumeister rechnen kann. Die Malerei, aber auch Skulpturen des 19. Jhs. bilden den Schwerpunkt der Alten Nationalgalerie. Von unseren Standorten wenigstens zu erahnen sind das Neue Museum (1843–55, F. A. Stüler) mit dem Ägyptischen Museum und der Papyrussammlung, dem Museum für Vor- und Frühgeschichte und Teilen der Antikensammlung, dann auch das Alte Museum, ein Bauwerk aus der Feder Karl Friedrich Schinkels (1781–1841), das 1825–30 entstand und das älteste der hiesigen Museen ist. Heute befindet sich in ihm die Antikensammlung (Griechen, Etrusker, Römer). Und dann, wenige Meter nach der Friedrichsbrücke, erhebt sich vor uns das monumentale Bauwerk des Berliner Doms. (Alle bisher beschriebenen Bauwerke sehen wir auf der anderen Flussseite, die Museumsinsel selbst kann man nicht umrunden!) Der Dom könnte auch Neuer Dom heißen, denn bereits früh gab es Neubaupläne: So wurde schon einmal eine alte Domkirche abgetragen und anstelle des jetzigen Giganten entstand unter der Ägide Friedrichs II. ein spätbarocker Bau. Das Problem für die königlichen Nachfolger: Dieser Dom war ihnen nicht hoch genug. Zunächst einmal wurde das bestehende Gebäude unter Schinkel, wenig überraschend, klassizistisch umgestaltet. Auch immer abenteuerlichere Pläne für ein Höhenwachstum der armen Kirche kamen auf den Tisch. Und dann, so steht es in Herbert Schwenks »Lexikon der Berliner Stadtentwicklung«: »1867 ließ König Wilhelm I. (1797–1888, Kg. seit 1861, Kaiser seit 1871) einen Wettbewerb ausschreiben. Unter den eingereichten Entwürfen für einen Dank- und Siegesdom befand sich auch ein Vorschlag, einen etwa 175 m hohen Dom zu bauen, womit die Westtürme des Kölner Domes *St. Peter* … um 18 m übertroffen worden wäre. Kaiser Wilhelm II. (1859–1941, Ks. 1888–1918) berief Julius C. Raschdorff (1823–1914) zum neuen Dombaumeister. 1894–1905 wurde – nach Abriss des alten Domes – der neue erbaut, dessen Kuppel mit 114 m einen Meter höher war als der Hauptturm der 1895 fertig gestellten Kaiser-Wilhelm-Gedächtniskirche … Damit erreichte der Berliner Dom nicht nur den Höhenrekord für Berlin, sondern wurde zur unbestrittenen zentralen Höhendominante im Zentrum Berlins.«

Lassen wir ihn rechts liegen, den Dank- und Siegesdom mit seiner nationalistischen Konnotation, der seinen Rekord und seine Höhendominanz längst verloren hat, und unterqueren wir die Liebknechtbrücke. Linker Hand breitet sich das Marx-Engels-Forum mit der Denkmalanlage für Marx und Engels aus, dahinter sieht man den Turm des Roten Rathauses, das nicht wegen seiner Nähe zu diesen beiden so heißt, sondern wegen der Farbe seiner Klinkerfassade. Erbaut wurde es 1860–69, nachdem zunächst das alte Rathaus abgetragen worden war. Ein Grund für den Neubau war – in der immens wachsenden Stadt – der Platzmangel in den alten Gebäuden. Aber es spielte auch der Ausdruck eines neu gewonnenen kommunalen Selbstbewusstseins eine Rolle, wie man am hohen Turm sieht; Motive, die für viele Rathausneubauten in der zweiten Hälfte des 19. Jhs. gelten. Überragt wird der Turm um Längen vom Fernsehturm (1965–69), der ebenfalls eine stark symbolische Bedeutung hat. Das höchste Gebäude Deutschlands (368 m) war

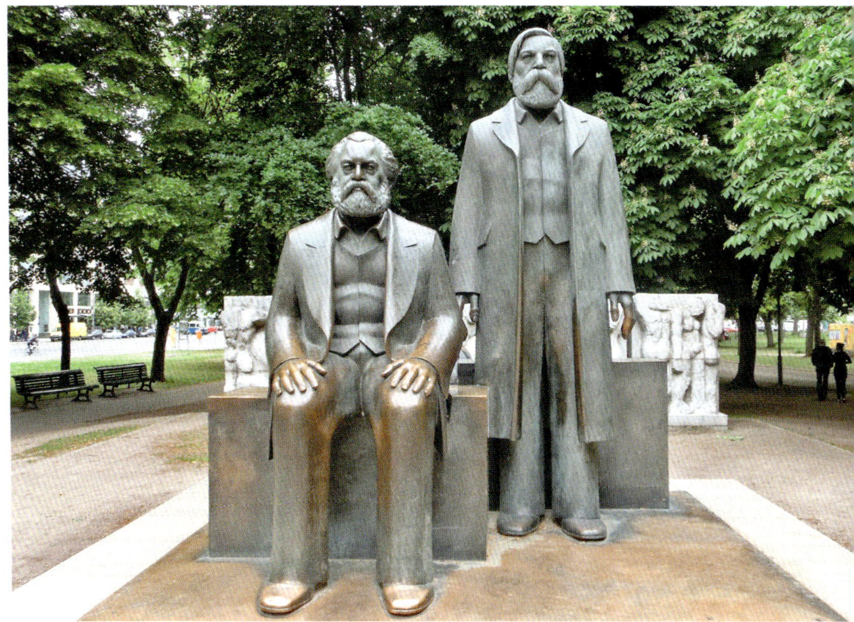

Marx-Engels-Denkmal auf der Lustwiese

zwar für die Ausstrahlung von Hörfunk- und Fernsehprogrammen gedacht, aber es fungierte auch als »sozialistische Höhendominante«, welche die Überlegenheit des Sozialismus weithin sichtbar zum Ausdruck bringen sollte. Diesen Sozialismus hat der auch »Telespargel« genannte Turm überlebt.

Auf der anderen Spreeseite befindet sich die glatte Wasserfront des Humboldt-Forums. Bekanntlich handelt es sich um den lange und bis heute umstrittenen Teilnachbau des in Krieg und Nachkrieg zugrunde gegangenen Hohenzollern-Schlosses, und im Zeitalter der Fake News kann man es getrost als »Fake Castle« bezeichnen. Architektonisch bedeutungslos, widmen wir ihm keine weitere Aufmerksamkeit, sondern schlüpfen unter der Rathausbrücke hindurch und erreichen das sogenannte Nikolaiviertel. Auch wenn man es kaum mehr zu erkennen vermag: Hier sind wir im Kern des mittelalterlichen Berlin. Die namengebende Nikolaikirche ist sowohl die älteste Pfarr- als auch die älteste Steinkirche Berlins, außerdem das älteste erhaltene Bauwerk der Stadt. 1944 wurde die Kirche schwer beschädigt, auch das Viertel erlitt erhebliche Verwüstungen. Im Zuge der (Ostberliner) Vorbereitungen auf das 750. Stadtjubiläum – wie viele solcher Jubelfeste eher Fiktion – wurde das Gebiet 1981–87 nach denkmalpflegerischen Gesichtspunkten ebenso wie die Kirche wiederaufgebaut: Erhaltene Bauten wurden restauriert, neue stilistisch angepasst. Ziel war, dass Berlin seinen altstädtischen Kern zurückerhalten sollte, und man kann das Ergebnis unumwunden als vorbildlich bezeichnen, gerade auch, weil die neu errichteten Gebäude als Betonplattenbauten zu erkennen sind, also einmal nichts vorgetäuscht wird. Von den restaurierten Gebäuden sehen wir das sogenannte Kurfürstenhaus Am Spreeufer 5: Es wurde 1895/97 nach Plänen des Baumeisters Carl Gause (1851–1907) errichtet und 1927 erweitert. Es handelt sich von Anbeginn um ein Bürogebäude, dessen Fassade aus rotem Sandstein im zeittypischen Stil der Neorenaissance gebildet wurde und überreich an Verzierungen ist. Weil in der hinter dem Haus liegenden Poststraße Nr. 4 Kurfürst Johann Sigismund (1572–1620) starb, erhielt das Bauwerk seinen Namen »Kurfürstenhaus«. Wenige Schritte weiter öffnet sich ein kleiner Platz mit einer Statue des Hl. Georg in seiner Funktion als Drachentöter. Schöpfer dieser Plastik, die einst im Hof des Stadtschlosses stand, ist der Bildhauer August Kiss (1802–1865). Von der Piazzetta kann man die Nikolaikirche und ihre beachtlichen Doppeltürme sehen, die allerdings kein Werk des Mittelalters sind, denn sie entstanden erst im Zuge der Restaurierung durch den Stadtbaudirektor Hermann Blankenstein (1829–1910). Es handelt sich also um weitere jener historisierenden »Fakes«, die das ebenso vergangenheits- wie fortschrittstrunkene 19. Jh. so liebte, wie die schon erwähnten Kölner Domtürme und den Turm des Ulmer Münsters (vollendet 1890) oder sogar die Fassaden des Florentiner Domes (bis 1887) und des Mailänder Doms, um nur einige wenige Beispiele zu nennen.

Beim Blick über die Spree gibt es eine Gebäudefront aus einem historischen und einem modernen Gebäude zu entdecken. Rechts sieht man die Wasserseite des Neuen Marstalls, den der Hofbaumeister Ernst von Ihne 1896–1901 in neobarocken Formen für die Kutschen und ca. 300 Pferde des Kaisers errichtete. Seine heutige Gestalt hat das kriegszerstörte Bauwerk allerdings nach 1945 erhalten. Als Zierde der vom Spreeufer sichtbaren Seite fällt der Giebel mit der Poseidon-Darstellung auf, den zwei Rossebändiger flankieren. Die plastische Gestaltung des Neuen Marstalls war ein Werk des Bildhauers Otto Lessing (1846–1912), übrigens ein Urgroßneffe von Gotthold Ephraim Lessing. Links vom Marstall erhebt sich das Haus der Deutschen Wirtschaft, das 1999 eingeweiht wurde und die drei Spitzenverbände der deutschen Wirtschaft beherbergt (BDA, BDI und DIHK). Die Architektur von Peter P. Schweger (geb. 1935) hebt sich in ihrer abwechslungsreichen Gestaltung wohltuend von der Schuhkarton- und Schießscharten-Bauweise der Nachwendezeit ab und soll daher ausdrücklich erwähnt werden.

Das Nikolaiviertel endet an der Mühlendammbrücke, im Mittelalter die zweite Spreeüberquerung zwischen Berlin und Cölln. Der Name verrät es: Hier standen einst Mühlen. Der Bau von Getreidemühlen war ein landesherrliches Regal (Vorrecht) und die Abgaben aus dem Mühlenbetrieb flossen in die Kassen der Markgrafen bzw. später der Kurfürsten. So wurden die Bewohner einer großen Zahl von Dörfern im Umkreis der Städte verpflichtet, hier zu mahlen (Mahlzwang). Im Zuge der Verschönerung seiner kurfürstlichen Residenzstadt ließ der Große Kurfürst 1682 Gewölbe auf dem Mühlendamm errichten, die so etwas wie die erste »Ladenpassage« Berlins wurden.

Auch diese Brücke unterqueren wir. Wir sind nunmehr am Rolandufer. Hier befand sich ab Ende des 19. Jhs. um die Gasse Am Krögel herum ein Armenviertel, dessen Elend auf historischen Fotos fast schon pittoresk wirkt – für heutige Betrachter, denn die Einwohner werden ihre Lebensverhältnisse kaum als malerisch empfunden haben. Insbesondere in den 1930er Jahren sollte das Gebiet saniert und zu einem städtischen Verwaltungsforum umgestaltet werden, und die inzwischen unter Denkmalschutz stehenden Gebäude strahlen auch den »Charme« jener Jahre aus. Da ist zunächst direkt an der Brücke die Münzprägestätte (1936–42), die auch Alte Münze genannt wird. »In seiner Entstehungs- und Baugeschichte dokumentiert der Bau der Münze die Prinzipien von Architektur und Stadtplanung in der Zeit des Nationalsozialismus«, heißt es in »Denkmale in Berlin. Ortsteil Mitte«. Bis zum Jahreswechsel 2005/06 wurden hier noch Münzen geprägt, dann gab die Staatliche Münze den Standort auf. Eine »Projekt030 GmBH« erschließt und vermarktet das Areal nunmehr unter der Bezeichnung »Spreewerkstätten«, wenig überraschend sollen sich hier vor allem »Kreative« tummeln.

Die erste Fassade endet an der Neuen Jüdenstraße, und beim Blick in diese Straße sieht man das Straßenschild »Am Krögel«. Die Bezeichnung Krögel oder Kröwel (oder Krowelstraße in Spandau) hat keinen slawischen Ursprung, sondern es handelt sich um eine häufige niederdeutsche Ortsbezeichnung mit der Bedeutung »krumm« oder »gebogen«. In der Regel werden damit die Nebenarme von Flüssen bezeichnet, sodass es sich beim Berliner Krögel um einen Nebenarm der Spree gehandelt haben dürfte, der bereits im Mittelalter zugeschüttet worden ist. Am bzw. im Krögel befand sich die älteste öffentliche Badestube Berlins, von der man weiß, dass sie von den Bürgern gern und häufig aufgesucht wurde.

Ein bedeutendes ingenieurtechnisches Bauwerk an dieser Stelle ist die Mühlendammschleuse. Erstmals wurde eine Schleuse 1578 im Köllnischen Stadtgraben erwähnt, dem heutigen Spreekanal, die sich aber für die Binnenschifffahrt der rasch wachsenden Reichshauptstadt am Ende des 19. Jhs. als Nadelöhr erwies. So entstand zwischen 1890 und 1893 eine Einkammer-Schleuse unterhalb der heutigen Einrichtung, die am 25. September 1894 dem Schiffsverkehr übergeben wurde. Mit den Bauarbeiten für eine neue, weiter flussaufwärts liegende Doppelschleuse wurde dann 1936 begonnen, doch wegen besonderer bautechnischer Schwierigkeiten wurde sie erst 1942 vollendet. Neben der oben beschriebenen Charlottenburger Schleuse ist die Mühlendammschleuse Voraussetzung für die Schiffbarkeit der Berliner Stadtspree.

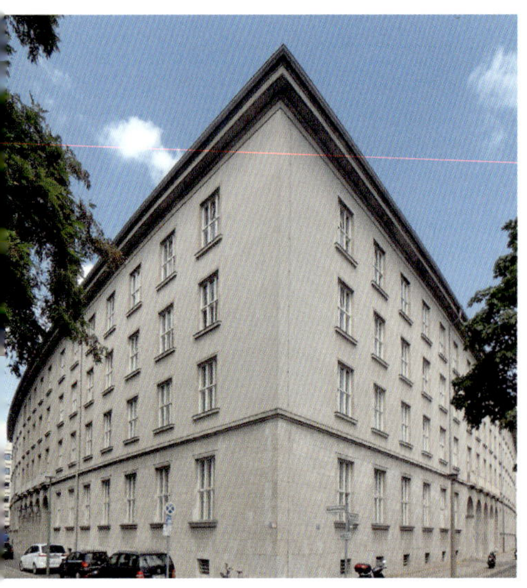
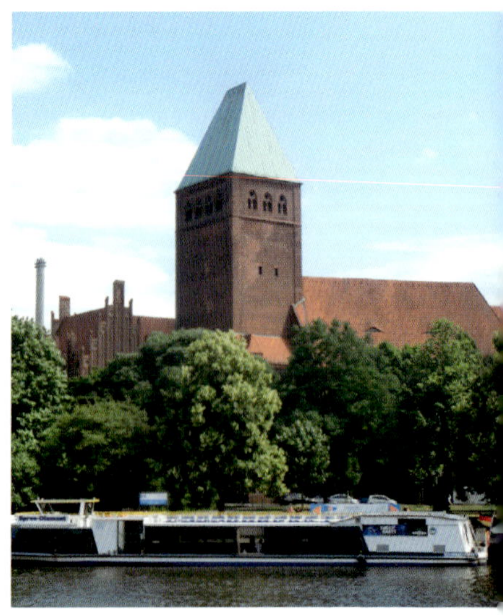

Rolandufer Architektur der NS-Zeit (li.) und das Märkische Museum

Jenseits der Schleuse erheben sich die Hochhäuser der Fischerinsel – diese ist der südliche Teil der Spreeinsel und damit quasi der Gegenpol zur Museumsinsel. Ursprünglich gehörte die Insel zur Stadt Cölln, und in diesem Bereich lebten wegen der Nähe zum Wasser auch zahlreiche Fischer und Schiffer. Es gab eine Fischerstraße, an der im 19. Jh. zahlreiche Speicher errichtet wurden, sodass die Gegend als Speicherinsel bezeichnet wurde. Der später auch verwendete Name Fischerkietz ist historisch nicht begründet. Das Viertel galt als Wohnort armer Leute, und auch wenn es wegen seiner Alt-Berliner Gaststätten wie dem berühmten »Nussbaum« Touristen zum Besuch empfohlen wurde, hatte es den Ruf, dass die moderne Entwicklung an ihm vorbeigegangen war. Durch den Abriss der alten Häuser und den Neubau von Hochhäusern schuf man während der DDR-Zeit ein neues Wohnquartier, das dann den Namen Fischerinsel erhielt. Am östlichen Ufer befindet sich der Museumshafen mit einer Sammlung historischer Schiffe.

Das große viergeschossige Gebäude an der Ecke Klosterstraße/Rolandufer, das die Krümmung des Rolandufers aufnimmt, ist ebenfalls ein für die Architektur der NS-Zeit typisches Bauwerk. Es entstand 1935–39 nach dem Entwurf von Richard Ermisch als Bürohaus der Stadtverwaltung und wird heute von der Senatsverwaltung für Finanzen genutzt. Die horizontale Gliederung des Baukörpers mit einer hohen Sockelzone aus Werkstein und den Fensterbändern lassen die Fassade besonders lang erscheinen. Eine vertikale Gliederung erfolgt durch Rundbogentore in der Sockelzone und darüberliegende Fenstertüren mit niedrigen Balkonbrüstungen. Insgesamt wirkt der Bau

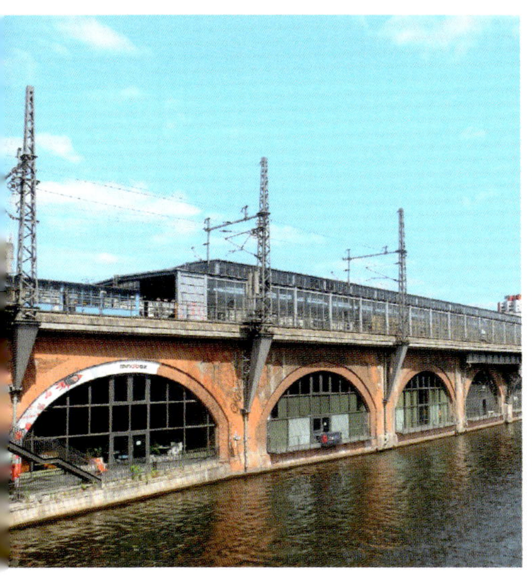

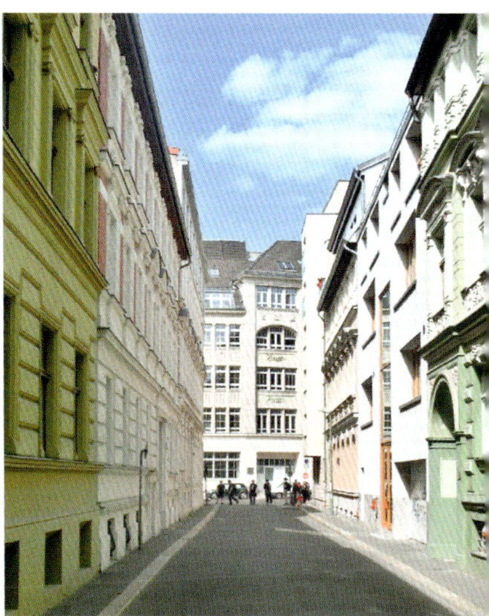

Bahnhof Jannowitzbrücke (li.) und die Ohmstraße

streng, aber in gewisser Weise nimmt er die Gliederung seines Nachbargebäudes auf, der 1906/09 entstandenen Verwaltung der Städtischen Gaswerke GASAG. Architekt dieses Viergeschossers in Bauformen der Neorenaissance mit reichem plastischem Schmuck war der ungeheuer produktive Stadtbaudirektor Ludwig Hoffmann (1852–1932), dessen in seiner Amtszeit 1896 bis 1924 errichtete Bauten Berlin bis heute prägen.

Wirft man nun einen Blick über das Wasser, sieht man hinter Bäumen ein Gebäude aufragen, das recht mittelalterlich aussieht, allerdings wie eine Mischung aus Kirche, Burg und Schloss wirkt. Hierbei handelt es sich um das Märkische Museum, das so mittelalterlich ist wie die U-Bahn, denn es wurde 1899–1908 erbaut. Architekt war ebenfalls Ludwig Hoffmann, der hier verschiedene Bauformen und -stile kombinierte – und auch kopierte, denn das Museum der Mark war bewusst als Zitateschatz von Bauwerken der märkischen und norddeutschen Backsteingotik und Renaissance konzipiert.

Unseren Weg fortsetzend erreichen wir ein wichtiges Verkehrsbauwerk, den Bahnhof Jannowitzbrücke. Christian August Jannowitz (1772–1839) stammte aus Triebel in der Niederlausitz, ließ sich aber in Berlin nieder und wurde durch Heirat einer Unternehmertochter zum Baumwollfabrikanten – auch eine Karrieremöglichkeit. Doch nachdem er die Fabrik 1822 verkauft hatte, widmete er sich einem ganz anderen Projekt, nämlich der Spreebrücke, die durch eine Aktiengesellschaft errichtet wurde und seit 1825 seinen Namen trägt. Die heutige Brücke ist allerdings längst nicht mehr das Original. Der Bahnhof entstand 1879–92 auf dem Stadtbahnviadukt und steht heute

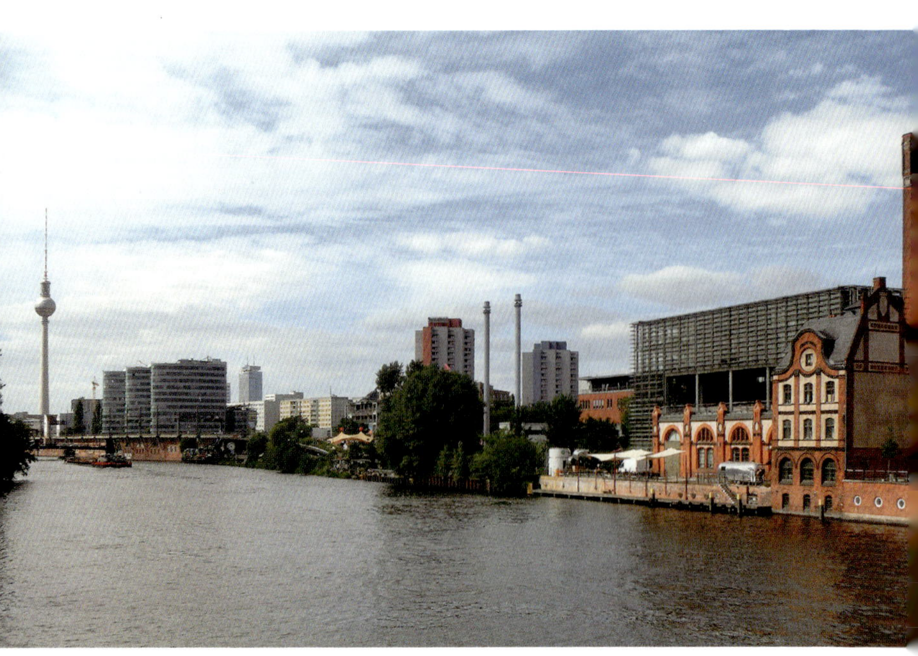

Spreeblick kurz vor dem Ostbahnhof

unter Denkmalschutz. Vor allem von der Spreeseite bietet die Bahnsteighalle, die 1927/32 umgestaltet wurde, einen imposanten Anblick. Auch die Empfangshalle ist architektonisch bemerkenswert.

Wir überqueren die Brücke und biegen nach ca. 250 m nach links in die Rungestraße. Auch hier finden sich einige interessante Werke der Gewerbearchitektur, unsere Aufmerksamkeit gilt aber mehr der Ohmstraße, in die wir nach etwa 100 m biegen, diesmal nach rechts, und die nicht nach dem Mann benannt ist, den wir alle aus dem Physikunterricht kennen, sondern nach dessen Bruder, dem Mathematiker Martin Ohm (1792–1872). Ihm verdanken wir den Begriff »Goldener Schnitt« sowie das erste Haus dieser inmitten der umgebenden Gewerbebauten überraschend altertümlich wirkenden Straße. Zum denkmalgeschützten Ensemble zählen die Häuser Nr. 4, 5, 7, 9 und 10, sie stammen aus den 1870er und 1880er Jahren. Dazu »Denkmale in Berlin. Ortsteil Mitte«: »Die Fassaden sind horizontal gegliedert und weisen Dekorationselemente in der Formensprache des Spätklassizismus oder der Neorenaissance auf. Das Mietshausensemble bezeugt mit seinen vielen überlieferten historischen Details die Wohnverhältnisse in einer kleinen und engen Vorstadtstraße Berlins …«

Klein und eng, das kann man von der Köpenicker Straße nicht sagen. Wegen ihrer Lage parallel zur Spree konnten hier gut Massengüter ausgeladen und gelagert werden, was zu einer frühzeitigen Ansiedlung von Gewerbe und Industrie führte. Zunächst erscheint das Heizkraftwerk Berlin-Mitte, wobei das an der Köpenicker Straße gelegene Kraftwerksgebäude stillgelegt wurde und anderen Zwecken dient: Es ist inzwischen als »Kraftwerk Berlin« ein international bekannter Veranstaltungsort. Unter anderem befindet sich hier seit 2007 der berühmte Technoclub »Tresor«, während »Kraftwerk Berlin« neben Konzerten auch Ausstellungen und Installationen bietet, alles in den Kulissen der Industriearchitektur mit ihrem rauen, teilweise auch morbiden Charme. Einige Hundert Meter weiter erstreckt sich das Gelände der Norddeutschen Eiswerke, die im Zusammenhang mit Bolle bereits erwähnt wurden und die sich trotz Denkmalsschutzes in einem beklagenswerten Zustand befinden. Womöglich droht der Abriss.

Gegenüber entdeckt man hinter einer Mauer den Wagenplatz Köpenicker Straße 133–136, ein immer wieder bedrohter Raum alternativen Lebens, und daneben (Nr. 137) ein altes unsaniertes, dafür aber von den Bewohnern dekoriertes Mietshaus, das selbstverwaltete Wohn- und Kulturprojekt KØPI. Das entmietete und zum Abriss bestimmte Haus Köpenicker Str. 137 wurde am 23. Februar 1990 besetzt. Trotz mehrerer Vertreibungsversuche gibt es diesen alternativen Ort immer noch, an dem nicht nur etwa 50 Menschen einschließlich ihrer Kinder wohnen, sondern wo auch eine Vielzahl von nichtkommerziellen Kulturveranstaltungen angeboten wird. Alle Gäste sind willkommen, auch jene, die nicht in alternatives Schwarz gehüllt sind (Nazis natürlich nicht).

Nach abermaligem Überqueren der Spree auf der Schillingbrücke erreichen wir schließlich unser Etappenziel, den Ostbahnhof.

Konditorei Buchwald, Bartingallee 29, tgl. 11–19 Uhr, Tel.: 030/391 59 31, www.konditorei-buchwald.de
Café & Restaurant weltwirtschaft, mit Außengastronomie, John-Foster-Dulles-Allee 10, So–Do 12 Uhr–0 Uhr, Fr&Sa 12 Uhr–open end, Tel.: 0175/2871985, https://weltwirtschaft.berlin
Im Sommer: **Capital Beach**, Am Hauptbahnhof, Ludwig-Erhard-Ufer (Liegestühle direkt an der Spree), Tel.: 0163/56 54 123
In der Berliner City gibt es so viele gastronomische Einrichtungen, dass hier nicht auf einzelne Restaurants, Cafés, Bars etc. eingegangen werden kann.

Schloss Bellevue, Haus der Kulturen der Welt, Museumsinsel, Dom, Nikolaiviertel
Tresor: 3-Etagen-Nachklub im ehem. Heizkraftwerk, Kraftwerk Berlin, Alternatives Kulturzentrum KØPI

Haus der Kulturen der Welt, John-Foster-Dulles-Allee 10, Ausstellungen Mi–Mo 12–20 Uhr, Tel.: 030/39 78 70, www.hkw.de

Tränenpalast, Dauerausstellung Ort der deutschen Teilung. Reichstagsufer 17, Di–Fr 9–19 Uhr, Sa/So 10–18 Uhr, Tel.: 030/46 77 77 9–11, www.hdg.de

Museumsinsel Berlin: Auf der als UNESCO-Welterbe ausgewiesenen Museumsinsel befinden sich das Bode-Museum, das Pergamonmuseum inkl. Museum für Islamische Kunst, das Neue Museum mit dem Museum für Ur- und Frühgeschichte, die Alte Nationalgalerie sowie das Alte Museum. Alle Infos zu diesen Museen und einem Museumsbesuch findet man auf der Webseite der Staatlichen Museen zu Berlin – Preußischer Kulturbesitz: www.smb.museum/museen-und-einrichtungen/alles-auf-einen-blick.html.

Stadtmuseum Berlin Museum Nikolaikirche, Nikolaikirchplatz, tgl. 10–18 Uhr, Museum Ephraim-Palais, Poststr. 16, zurzeit geschlossen, Wiedereröffnung geplant, bitte nach Öffnungszeiten erkundigen, Museum Knoblauchhaus, Poststr. 23, Di–So 10–18 Uhr, Märkisches Museum, Am Köllnischen Park 5, Di–Fr 12–18 Uhr, Sa–So 10–18 Uhr, Infoline: 030/24 002 162, www.stadtmuseum.de

DDR-Museum, Karl-Liebknecht-Str. 1, tgl. ab 9 Uhr, Tel.: 030/84 71 23 731, www.ddr-museum.de | **Hanf-Museum**, Mühlendamm 5, Di–Fr 10–20 Uhr, Sa/So 12–20 Uhr, Tel.: 030/242 48 27, www.hanfmuseum.de

ParlamentsBuchhandlung, Wilhelmstr. 68a, Tel.: 030/22 48 95 44
LangerBlomqvist, Reinhardtstr. 17, Tel.: 030/28 09 46 11, www.langer-blomqvist.de
Dussmann Kulturkaufhaus, Friedrichstr. 90, Tel.: 030/20 25 11 11, www.kulturkaufhaus.de
Buchhandlung Walther König an der Museumsinsel, Burgstr. 27, Tel.: 030/25 76 09 80, www.buchhandlung-walther-koenig.de

Ostbahnhof: Buslinien 140, 142, 147, 240, 300, 347

Ostbahnhof: S3, S5, S7, S9, Regional- und Fernbahnlinien

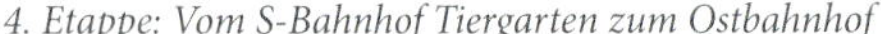
4. Etappe: Vom S-Bahnhof Tiergarten zum Ostbahnhof

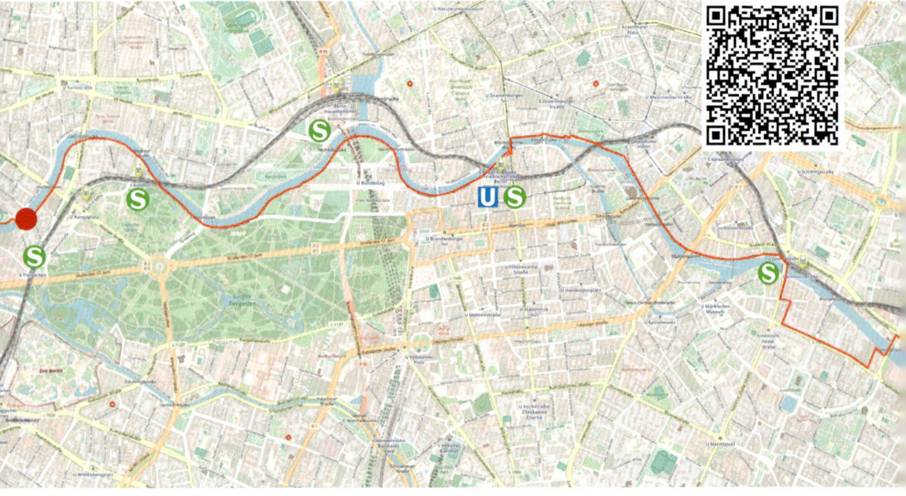

Der Spreeweg – 5. Etappe

Start: Ostbahnhof
Ziel: S-Bahnhof Spindlersfeld
Länge: 15,2 km

Der Ostbahnhof hat in seiner Historie mehrere Namenwechsel hinter sich. Zunächst entstand 1852 ein Kopfbahnhof der nach Frankfurt/Oder gehenden Eisenbahnlinie, der folgerichtig Frankfurter Bahnhof genannt wurde. Zum Durchgangsbahnhof wurde er mit der Eröffnung der Stadtbahn, 1881 erfolgte die Umbenennung in Schlesischer Bahnhof; diesen Namen hatte er bis 1950 inne. Das Viertel um den Bahnhof entwickelte sich zunehmend zu einem Arme-Leute- und Nachtjackenviertel mit den für solche Quartiere typischen Problemen wie Arbeitslosigkeit, Wohnungselend, Prostitution und Kriminalität. Mit Rücksicht auf polnische Empfindlichkeiten wurde der Bahnhof 1950 zum Ostbahnhof, 1987 – nach einem gründlichen Um- und Neubau aus Anlass der 750-Jahr-Feier – erhielt er den Namen Hauptbahnhof, was zweifellos auch damit zu tun hatte, dass die Hauptstadt der DDR natürlich einen Hauptbahnhof benötigte. Seit 1998 gab es wieder einen Umbau und eine Umbenennung zurück zu Ostbahnhof.

Die Mühlenstraße führt uns an der East-Side-Gallery vorbei, einem erhaltenen Abschnitt der Berliner Mauer, auf der 118 Street-Art-Künstler ein Gesamtkunstwerk zum Mauerfall geschaffen haben, eine vielbesuchte Berliner Sehenswürdigkeit. Wir erreichen die Oberbaumbrücke. Wie schon erwähnt, befand sich hier tatsächlich der Oberbaum, eine Sperrvorrichtung für die Spree-Schifffahrt, also quasi eine bewegliche »Stadtmauer«. Die gern fotografierte Brücke, die ein wenig nach Zuckerbäckerei und Hochzeitstorte aussieht, ist ein Werk des ausgehenden 19. Jhs., entworfen vom Architekten Otto Stahn, der uns schon mehrmals als Brückenspezialist begegnet ist. Der neugotische Bau zitiert Werke der Backsteingotik. Die Hochbahngleise der ersten Berliner U-Bahn werden seit 1902 über die Brücke geführt, die Friedrichshain und Kreuzberg verbindet, und unter den Gleisen gibt es eine Kolonnade für Fußgänger. Während der Mauerzeit war die Oberbaumbrücke eine Grenzübergangsstelle ausschließlich für Fußgänger.

Der Bahnhof der U-Bahn, die hier als Hochbahn beginnt, lag näher an der Brücke als der heutige U-Bahnhof Warschauer Straße und hieß zunächst Stralauer Thor, nach der Orthographischen Konferenz 1901 dann Stralauer Tor und ab 1924 Osthafen. Das Stralauer Tor war Teil der Stadtbefestigung, aber nicht der altstädtischen Stadtmauer, sondern der sogenannten Akzisemauer.

Exkurs: Akzisemauer

Diese Mauer diente nicht dem Zweck der Stadtverteidigung, sondern der Überwachung. Zum einen stellte sie eine Zollmauer dar, an ihren Toren wurden Abgaben auf Ein- und Ausfuhren erhoben (Akzise). Zum anderen sollte sie die Desertion von Soldaten verhindern und die Einreise von Fremden kontrollieren. Erbaut wurde die Akzisemauer auf Befehl von König Friedrich Wilhelm I. ab 1732 zunächst aus Palisaden, später wurde sie zumindest teilweise durch eine massive Steinmauer ersetzt. Zwölf, später dreizehn Tore (plus die beiden »Wassertore« Ober- und Unterbaum) als Kontrollstellen durchbrachen die Mauer, von denen nur noch eines erhalten ist: das Brandenburger Tor. Allerdings finden sich die Namen der anderen Tore noch heute als Ortsbezeichnungen, z. B. Frankfurter, Kottbusser oder Hallesches Tor. Ein Stralauer Tor gab es bereits im Mittelalter als eines der drei Berliner Stadttore (die Doppelstadt Berlin-Cölln hatte fünf Tore). Beim Bau der Akzisemauer wurde dann ein neues Stralauer Tor geschaffen. In den 1860er Jahren wurde die Akzisemauer abgerissen.

Die Gegend am Stralauer Tor hat Industriegeschichte geschrieben, denn hier entstand ab 1853 Berlins erstes Wasserwerk. Englischen Investoren ist die Schaffung der Berlin Waterworks Comp. zu verdanken, die ab 1856 vorgeklärtes und durch Sandfilter gereinigtes Spreewasser lieferte. Natürlich waren nicht alle Berliner in diese Wasserversorgung einbezogen.

Unschwer zu erkennen ist, dass unser direkt an der Spree entlangführender Weg ein ehemaliges Hafengelände quert: das des Osthafens. Und hier nun ein paar Worte zur Bevölkerungsentwicklung: Nach Überqueren der Jannowitzbrücke haben wir die beiden Berliner Quartiere Luisenstadt und das östliche Stralauer Viertel durchquert. Bereits vor 1871 hatte die Luisenstadt 180.000, das Stralauer Viertel 100.000 Einwohner. Das bedeutet: In diesen beiden Vorstädten lebte um 1870 ein Drittel der Berliner Gesamtbevölkerung. Berlin wuchs namentlich nach der »Reichseinigung« zu einer riesigen Agglomeration. 1913 besaß Berlin etwas mehr als zwei Millionen Einwohner, während sich in unmittelbarer Nähe sieben weitere Großstädte ausbreiteten: 1910 hatten Charlottenburg 309.000, Rixdorf (seit 1912 Neukölln) 252.000, Schöneberg 208.000, Lichtenberg 164.000, Wilmersdorf 123.000, Steglitz 117.000 und Spandau (1914) 100.000 Einwohner. Das heißt, allein in diesen sieben nahen Städten lebten fast 1,3 Millionen Menschen. Es ist jedem klar, was für eine Herausforderung die Versorgung dieser Massen mit Lebensmitteln, Heizmaterial, Verkehrs- und anderen Dienstleistungen bedeutete. Um diese Herausforderungen zu bewältigen, wurde u. a. der Hafenausbau forciert. Dabei entstand der Osthafen, der sich heute als ein architektonisches Gemisch aus Alt- und Neubauten darstellt, und auf dem verschiedene moderne Unternehmen, vor allem aus der Medien- und Modebranche, ihren Sitz haben; der Hafenbetrieb wurde Mitte der 1990er Jahre eingestellt. Zur baulichen Beschreibung des Hafens soll der notathafte Eintrag aus dem »Handbuch der Deutschen Kunstdenkmäler« (DEHIO) genügen – wobei wir einem

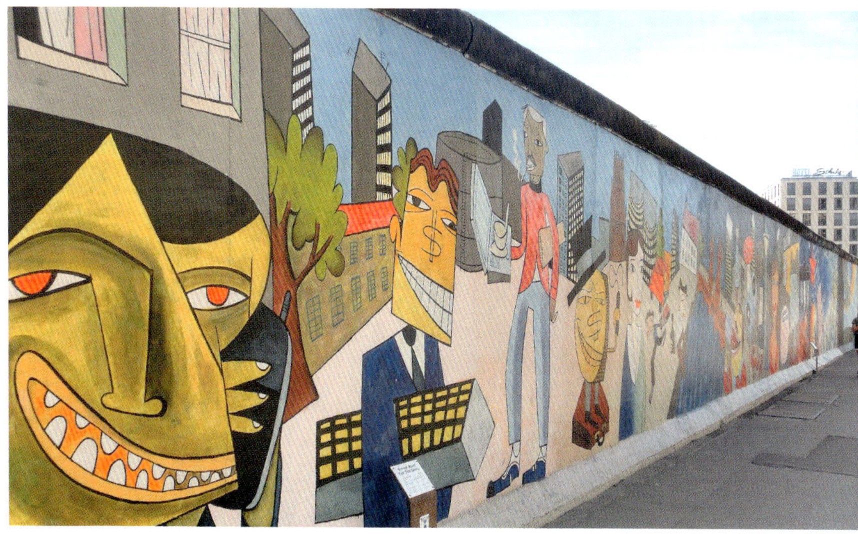

East Side Gallery

»alten Bekannten« begegnen: »… als einheitliche Anlage 1907–13 von *Friedrich Krause* (Gesamtanlage) und *Zaar & Henrici* (Hochbauten). Weitläufig gestaffelte, neubarocke Baugruppe aus gestreckten zweigeschossigen Lagerhallen und, in der Mitte, dreigeschossigen Verwaltungsbauten. Westlich anschließend sechsgeschossiger Getreide- und Warenspeicher, Stahlskelettbau mit Mauerwerksausfachung, Hausteinsockel, Lisenengliederung, Reliefs mit Hafen- und Transportszenen.«

Nachdem wir die Zufahrt zur Elsenbrücke (B 96a) überquert haben, passieren wir das frühere Kraftwerk des Osthafens. In dem sanierten Gebäude hatte 1993–2005 der Verlag »Neues Deutschland« seinen Sitz.

Anschließend passieren wir die Spreebrücke und erreichen Treptow, von 1920 bis 2001 eigenständiger Berliner Verwaltungsbezirk, seitdem Teil des Bezirkes Treptow-Köpenick. Ursprünglich war Treptow ein Dorf, das 1840 gerade einmal 82 Einwohner hatte. Auf Höhe der heutigen Insel der Jugend befand sich 1568 eine Fischerei, und Anfang des 17. Jhs. entstand ein kleines Vorwerk an dieser Stelle, das aus Wohnhaus, Stall und Scheune bestand. Im 19. Jh. gab es hier Wirtshäuser, so bereits vor 1831 ein Etablissement namens »Eierhaus«, und es entwickelte sich allmählich ein Ausflugsbetrieb für die Berliner, für die Treptow ja vor den Toren der Stadt lag.

Der Grüne Hauptweg 1 führt zunächst immer am Spreeufer entlang durch den Treptower Park. Dieser ist ein Ergebnis der baulichen Großprojekte in der zweiten Hälfte des 19. Jhs., die das Stadtbild Berlins mit Folgen bis in die Gegenwart verändert haben: Zu ihnen zählten auch große Parks für die Na-

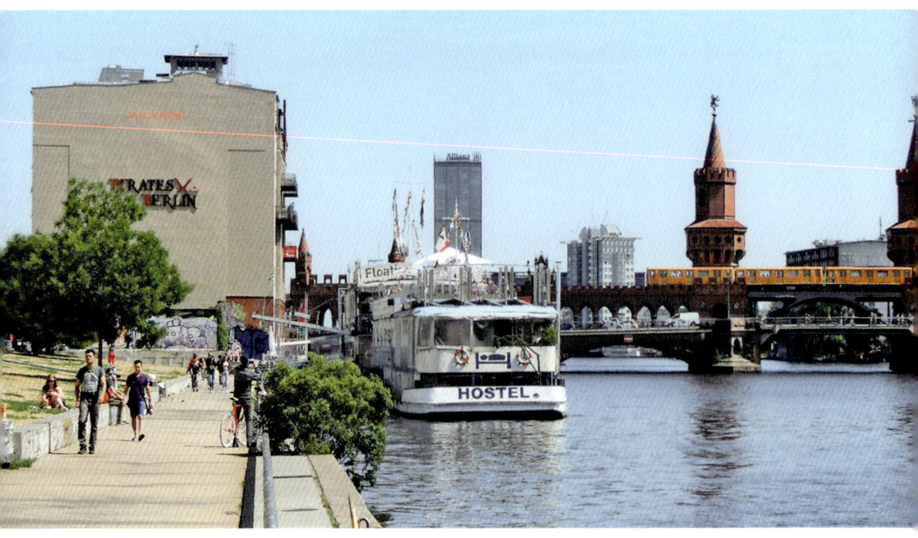

Spreeblick mit Oberbaumbrücke

herholung der Bevölkerung, die dem Gedanken der damals modernen »Sozialhygiene« verpflichtet waren. 1896 wurde der Treptower Park zum Schauplatz der Berliner Gewerbeausstellung, aber auch der Ersten Deutschen Kolonialausstellung, ein eher schmutziges Kapitel der deutschen Geschichte, dem das Museum Treptow eine Ausstellung widmet.

Kurz nach dem Hafen mit seinen kleinen gastronomischen Einrichtungen befindet sich rechts ein unscheinbarer Gedenkstein an ein Schiffsunglück und an den Schiffsführer Bernhard Langwaldt (1919–2005), der zahlreiche Kinder rettete. Am 5. Juli 1951 sollte das Binnenfahrgastschiff »Heimatland« mit 127 Kindern und ihren erwachsenen Betreuern an Bord auf Törn von Alt-Treptow nach Hessenwinkel gehen. Kaum hatte das Schiff abgelegt, explodierte der Benzinmotor aufgrund eines Vergaserdefekts, und die »Heimatland« ging in Flammen auf: Alle im Unterdeck sitzenden Kinder kamen um. Grund für das Unglück soll ein vom Eigner und Kapitän vorgenommener Umtausch des Diesel- gegen einen alten Benzinmotor gewesen sein. Für dieses Handeln wurde er zu 15 Jahren Zuchthaus verurteilt, aber es gibt Vermutungen, dass er den Wechsel auf staatliche Weisung vornahm. Besonders perfide: In den Zeiten des Kalten Krieges wurde die Katastrophe von beiden Seiten propagandistisch ausgeschlachtet. Nach wie vor unklar ist die exakte Opferzahl. Auf dem Gedenkstein auf dem Zentralfriedhof Friedrichsfelde werden 30 Tote, darunter 28 Kinder, angegeben, dem folgt der Stein am Treptower Ufer. Es könnten aber auch mehr Tote gewesen sein. Kapitän Langwaldt leitete seinerzeit mit seinem Schiff »Elfriede« eine sofortige Rettungsfahrt ein und konnte mehrere Kinder retten.

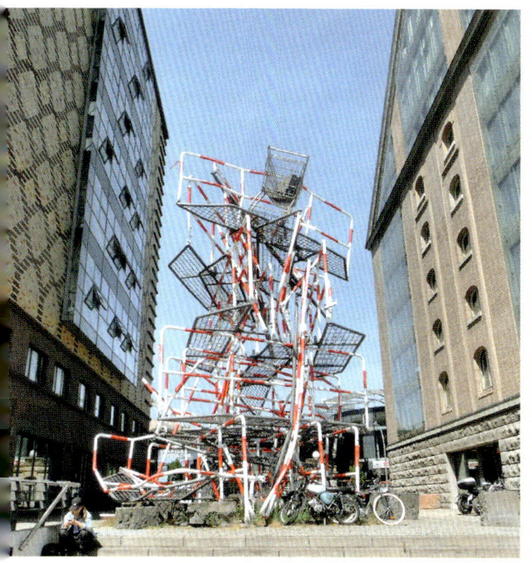
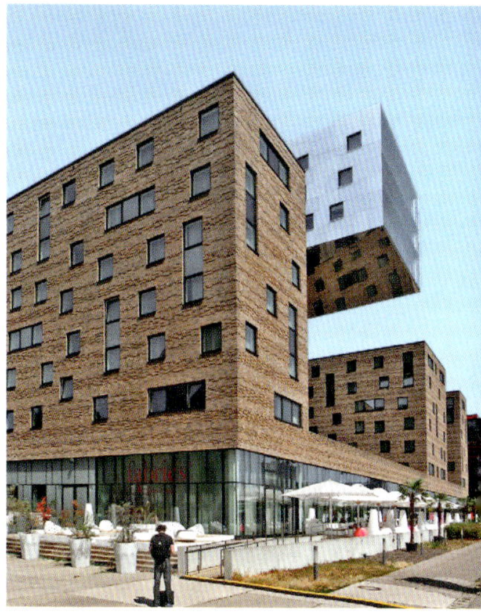

Media City im ehemaligen Osthafen

Das gegenüberliegende Ufer bildet die Halbinsel Stralau, die in den letzten Jahren eine sichtbare Umgestaltung zu einem exklusiven Wohngebiet erfahren hat, die noch nicht abgeschlossen ist. Neben all den Neubauten ist auch eine Kirche sichtbar: Es handelt sich um die 1464 fertiggestellte Dorfkirche von Stralau; der Turm stammt allerdings aus späterer Zeit (1823/24) und ist in der Folgezeit mehrfach erneuert worden. Die Stralauer lebten bis um die Mitte des 19. Jhs. vor allem vom Fischfang, und diesem Umstand ist es zu verdanken, dass eines der größten Volksfeste Berlins hier stattfand, der Stralauer Fischzug. Da dieser immer wieder in große Sauferei und Schlägereien ausartete, wurde er 1873 verboten. Es gab immer wieder Versuche zur Wiederbelebung, doch nur mit kurzzeitigem Erfolg.

Stralau und Treptow waren einstmals durch einen Straßenbahntunnel verbunden, der allerdings 1949 geflutet wurde. Das ist der Grund, warum der Platz beim »Zenner« Am Spreetunnel heißt. Womit wir beim »Zenner« wären, der bekannten Ausflugsgaststätte. Holger Lehmann schreibt in »Berliner Ausflüge« dazu: »Als traditionsreichstes unter all den Treptow Ausflugslokalen ist das bis heute unter dem Namen seines ehemaligen Inhabers bekannte Lokal ein Begriff in der Stadt und ein Wahrzeichen Treptows. Hier entstand im frühen 18. Jahrhundert mit einer ersten bescheidenen Gastwirtschaft die Basis des zukünftigen Ausflüglerstroms aus Berlin. Schon 1822 ließ der Magistrat ein stattliches Gasthaus neu errichten, das von der ›besseren‹ Gesellschaft der Stadt gern besucht wurde. Spektakuläre Feuerwerke … sorgten in zu dieser Zeit für gern besuchte Attraktionen.« Eine solche beschreibt Lud-

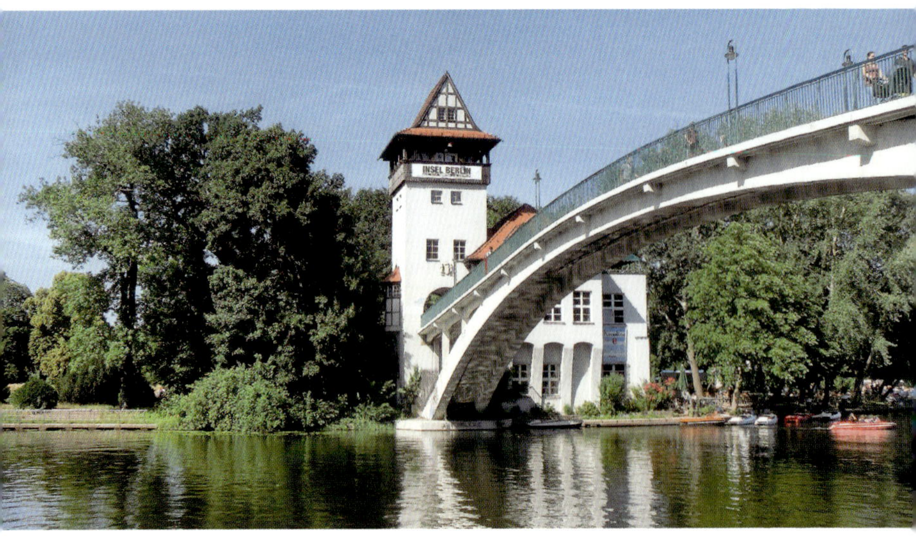

Brücke zur Insel der Jugend

wig Löffler in »Berlin und die Berliner« (1856): »Bleibt das Wetter schön, so zieht eine unglaubliche Menge von Volk zu Wagen, zu Ross und zu Fuß gegen Abend durch das Schlesische Tor hinaus. Das große schöne Etablissement von Zander wimmelt von Menschen. Die Begüterten haben ein Extrabillett zu der Plattform gelöst, die übrigen drängen sich auf Tischen und Stühlen umher. Drei Kanonenschläge kündigen den Anfang des Feuerwerks an; man stellt sich auf die Fußspitzen und reckt den Hals in die Luft, – Familienväter lassen ihre Kinder auf den Schultern reiten, – Straßenjungen bevölkern trotz der unvermeidlichen Konstabler die Kastanien- und Akazienbäume. Da bricht plötzlich eins der zu stark besetzten Gerüste von Tischen und Stühlen wie ein Kartenhaus zusammen – die Zuschauer stürzen herunter und fallen auf andere. Großer Lärm – Zank und Gelächter.«

Weiter bei Lehmann: »Mit Übernahme des Restaurationsbetriebs durch Rudolf Zenner begann um 1880 eine noch erfolgreichere Ära am Treptower Spreeufer. Umsichtig leitete er den Betrieb und lockte mit hochwertigen Musik-, Konzert- und Tanzveranstaltungen ein anspruchsvolles Publikum. Ein Tag bei Zenner war im damaligen Berlin ein besonderes, aber auch teures Vergnügen.« Im Zweiten Weltkrieg von einem Bombentreffer zerstört, wurde 1955 ein Neubau eröffnet, dessen Entwurf von dem bekannten DDR-Architekten Hermann Henselmann (1905–1995) stammt. Kurz hinter dem »Zenner« befindet sich die Insel der Jugend. Auf dem Ur-Messtischblatt von 1851 erscheint sie als Rohr-Insel, aber auch die Bezeichnung »Treppbruch« oder »Treptower Bruch« ist überliefert. Nach und nach wurde das winzige Eiland

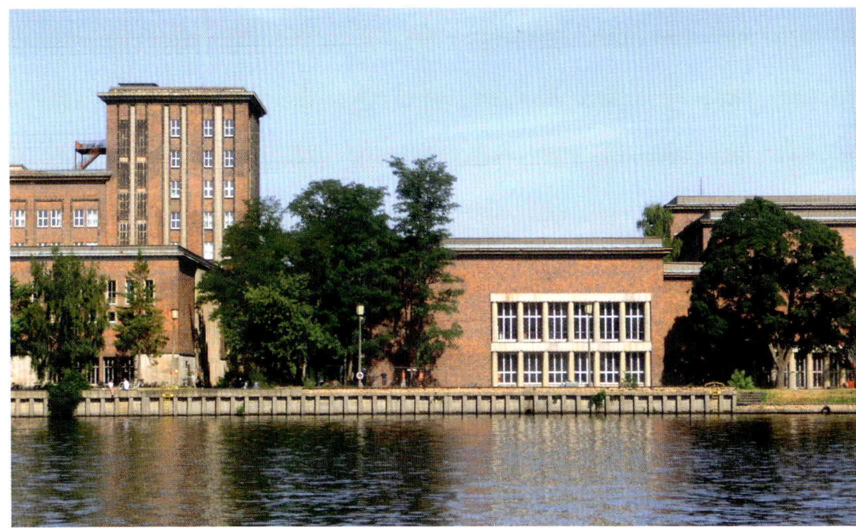

Denkmalgeschütztes Rundfunkhaus in der Nalepastraße

durch Müll und Erde vergrößert, 1896 zog man sie in die Gewerbeausstellung ein und gab ihr den Namen Neu-Spreeland. Ebenfalls zur Gewerbeausstellung entstand auf der Insel eine (später abgebrannte) Gastwirtschaft im Stil einer schottischen Klosterruine, und der Name Abteiinsel setzte sich durch. Erreichbar war sie nur durch eine Fähre. 1913 erwarb Neukölln die Insel, und sie wurde durch eine Brücke mit dem Ufer verbunden, die Abteibrücke, eine der ersten Stahlbetonbrücken Deutschlands, fertiggestellt 1916. Nach dem Weltkrieg, im Jahr 1949, erhielt sie den Namen Insel der Jugend, und es wurden Tanzveranstaltungen und weithin bekannte Konzerte durchgeführt.

Zunächst wandern wir am ruinösen Spreepark im Plänterwald vorbei und erreichen das Eierhäuschen, das derzeit saniert wird. Diese Ausflugsgaststätte im Landhausstil, ein Fachwerkbau aus dem 19. Jh., ist zu literarischen Ehren gekommen, wird sie doch in Fontanes »Stechlin« erwähnt, und er soll hier auch gern geweilt haben. Am Ufer vis-à-vis sehen wir das Funkhaus Berlin Nalepastraße, ein langgestrecktes, sechsstöckiges, mit Klinkern verblendetes Gebäude mit Turm, das 1951 durch den Umbau einer alten Sperrholzfabrik entstand, 1952–56 wurde südlich ein Studiogebäude mit Sendesälen und Aufnahmestudios angefügt. Der Baukomplex gilt als Ausnahmearchitektur der 1950er Jahre und wurde geschaffen von Franz Ehrlich (1907–1984), zeitweise Mitarbeiter von Walter Gropius, als kommunistischer Widerstandskämpfer in Buchenwald inhaftiert und später unkonventioneller und produktiver Architekt und Designer in der DDR, wo er sich hin und wieder mit dem Vorwurf des Formalismus und westlicher Dekadenz auseinandersetzen musste.

Mit der Fähre F 11 geht es hinüber zum Wilhelmstrand. Entlang der Nalepa- und der Mentelinstraße erreichen wir den Volks- und Waldpark Wuhlheide. Der Park wurde zwischen 1924 und 1932 nach Plänen des Berliner Gartenarchitekten Ernst Harrich (1886–1941) geschaffen. Er entstand unter dem Einfluss der Volksparkbewegung, die am Anfang des 20. Jhs. gegen die bürgerlichen Parks des vorangegangenen Jhs. als Orte des reinen Flanierens auftrat und Parkanlagen für die »Gesundung des Volkskörpers« forderte – gesundheitliche und hygienische Fragen sollten im Mittelpunkt der Gestaltung stehen, also auch Sport und Spiel in gesunder Luft. Im Zweiten Weltkrieg und in den Folgejahren wurde der Waldpark stark verwüstet, erst in den 1990er Jahren begann die allmähliche Rekonstruktion der Anlagen.

Die Hauptachse des Parks ist das Eichgestell, eine scheinbar endlose, schnurgerade Allee. Sie kreuzt die Gleise der Parkeisenbahn, der ehemaligen Pioniereisenbahn: Solche nach der sozialistischen Jugendorganisation »(Junge) Pioniere« benannten Schmalspurbahnen, gab es in vielen sozialistischen Staaten, so auch in der DDR. Stets wurden sie von Kindern und Jugendlichen betrieben, sind – bis auf die in Magdeburg – als Parkeisenbahnen bis heute erhalten und fahren mehr oder weniger regelmäßig. Die Bahn in der Wuhlheide war Teil des 1950 geschaffenen Pionierparks Ernst Thälmann, der heute als Freizeit- und Erholungszentrum (FEZ) Wuhlheide weiterexistiert und von Berliner Kindern gern besucht wird.

Kurz nach der Wuhlheide überqueren wir erneut die Spree, nun auf einer Brücke. Nach wenigen Hundert Metern erreichen wir entweder den S-Bahnhof Spindlersfeld oder, im Falle einer Fortsetzung der Wanderung, die Altstadt von Köpenick.

FEZ Wuhlheide

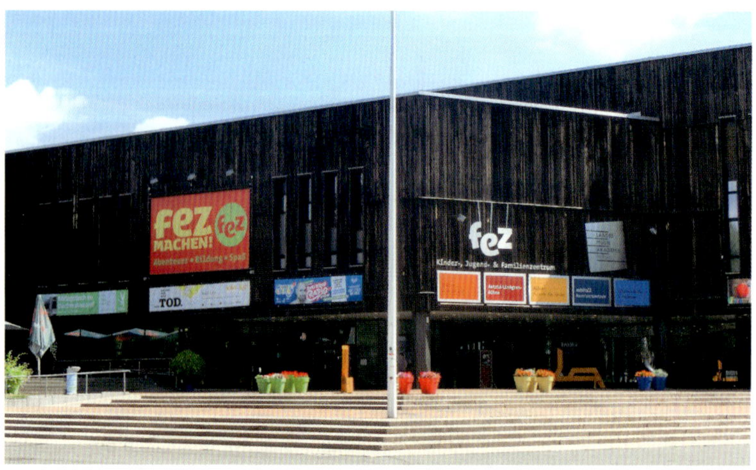

- **Segelschiffrestaurant Klipper**, Bulgarische Str. 62, tgl. ab 10 Uhr, Tel.: 030/53 21 64 90, www.klipper-berlin.de
  Restaurant **Wawel** im Tennisclub Grün-Weiss, deutsch-poln. Küche, Baumschulenstraße 1a, Di–Sa ab 12, So ab 9 Uhr, Tel.: 030/58 74 07 18, https://www.tennisclub-gruen-weiss.de/verein/restaurant-wawel.html
  Spreeschlösschen, Nalepastr. 213, tgl. ab 14 Uhr, Tel.: 030/53 60 33 66
  Garten-Oase, Mentelinstr. 30, Di–Fr ab 16, Sa/So ab 12 Uhr, Tel.: 030/53 21 54 92, www.garten-oase-berlin.jimdo.com
  Sommerbiergarten **Zum Waldkater** im FEZ Berlin, An der Wuhlheide 95, Sa/So 12–20 Uhr, Tel.: 0152/26 23 47 23, www.der-waldkater.de
- Plänterwald, Insel der Jugend, FEZ
- Sommerbad Wuhlheide, Treskowallee 211, Saisonbetrieb Anf. Juni–Anf. Sep, Öffnungszeiten bitte nachfragen: https://www.berlinerbaeder.de/baeder/sommerbad-wuhlheide oder per Telefon: 030/22 19 00 11
- S Spindlersfeld: Tramlinien 61, 63
- S Spindlersfeld: Buslinien 165, N65
- S Spindlersfeld: S 47

5. Etappe: Vom Ostbahnhof zum S-Bahnhof Spindlersfeld

Der Spreeweg – 6. Etappe

Start: **S-Bahnhof Spindlersfeld**
Ziel: **Stadtgrenze bei Hessenwinkel/Erkner (Bushaltestelle Erkner, Berliner Straße)**
Länge: **18,9 km**
Alternativ kann man die Strecke auch teilen: Zunächst bis zur Bushaltestelle Rübezahl (ca. 8,5 km) und in einer zweiten Etappe bis zum Ende (ca. 11,2 km).

Die slawischen Ursprünge Köpenicks (bis 1931 amtlich Cöpenick) und seine Lage an einer wichtigen Handelsstraße schon in slawischer Zeit wurden bereits erwähnt. Köpenick bedeutet Ansiedlung auf einem Erdhügel, und eine der fünf auf (heutigem) Berliner Stadtgebiet befindlichen slawischen Burgen lag auf der (heutigen) Schlossinsel. Diese Burg bildete den Stammessitz der Sprewanen und ist im 12. Jh. als Fürstensitz bezeugt, das heißt, die Burgherren übten die Herrschaft über das Siedlungsgebiet der Sprewanen aus. Berühmt ist der Fürst Jacza oder Jaczo (auch Jaxa) von Köpenick, der vor 1125 geboren wurde und im Februar 1176 starb. Namhaft wurde er für seinen Kampf gegen Albrecht den Bären. Albrechts Sieg 1157 ist ein Meilenstein in der Geschichte der Markgrafschaft Brandenburg, wobei das natürlich vor allem aus deutscher Sicht gilt. Die neuen Herren errichteten um 1240 eine neue Burg zur Sicherung des Flussübergangs auf der nördlichen Inselhälfte, und anstelle dieser Burg entstand 1558–71 ein kurfürstliches Jagdschloss. Dieses sehen wir von der Langen Brücke aus auf der rechten Seite liegen (d. i. südlich der Brücke). Nach Beschädigungen im Dreißigjährigen Krieg nutzte Kurfürst Friedrich Wilhelm (der Große Kurfürst) das Jagdhaus für seine »wissenschaftlichen« Interessen als chemisches Laboratorium, bis es der Kurfürst Friedrich, der spätere erste Preußenkönig, zu seiner Vermählung übereignet erhielt. Die Barockanlage stammt von dem holländischen Maler und Architekten Rutger van Langervelt (1635–1695) und gilt als dessen Opus magnum. Zunächst kam Langervelt als Hofmaler nach Brandenburg und unterrichtete im Auftrag des großen Kurfürsten dessen Söhne Ludwig und Philipp Wilhelm im Zeichnen, in der Mathematik und der Festungskunst. Später erhielt er das vakant gewordene Amt des Hofarchitekten, und dann übernahm ihn Friedrich III. (als König Friedrich I.) in beiden Ämtern. Von einem wichtigen historischen Ereignis berichtet Theodor Fontane in seinen »Wanderungen«: »Am 28. Oktober 1730 trat hier das Kriegsgericht zusammen, das über den Leutnant Katte vom Regiment Gensdarmes sowie über den ›desertierten Obristlieutnant Fritz‹ (d. i. der Kronprinz und spätere König Friedrich der Große

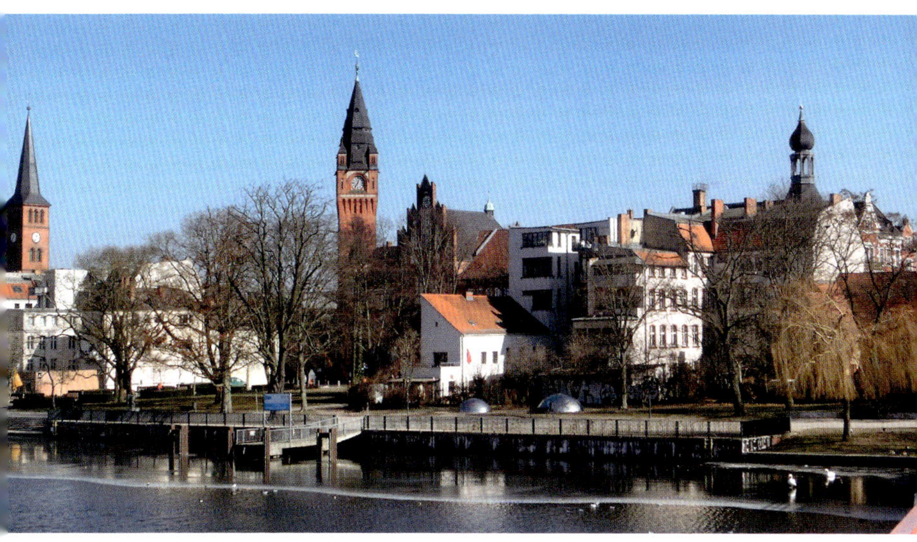

Altstadt Köpenick

– F. G.) Urteil sprechen sollte. Diese höchst denkwürdige Sitzung fand in dem sogenannten Wappensaale statt.« Und endete mit einem Todesurteil für Leutnant Katte, bei dessen Hinrichtung auf der Festung Küstrin sein Freund Friedrich zusehen musste. Kein Wunder, dass er seinem Vater keine liebevollen Empfindungen entgegenbrachte.

Wenn man von der Langen Brücke den Blick über die Altstadt Köpenick schweifen lässt, fallen vier Türme bzw. Türmchen ins Auge. Zunächst sieht man eine offene Laterne mit Zwiebelturm; sie krönt ein Wohn- und Geschäftshaus von 1888, das 1910 umgebaut wurde und heute u. a. den Tourismusverein Köpenick beherbergt. Eine historische Aufnahme zeigt eine Werbung für Loeser & Wolff, eine 1865 gegründete Tabakfabrik und Tabakhandlung, die vor allem für ihre Zigarren bekannt war und 1937 arisiert wurde. Der nächste, viel höhere Turm (54 m) stammt vom Rathaus, das wir in seiner überladenen Pracht bewundern können, wenn wir uns auf der 1955 angelegten Uferpromenade nach Norden begeben. Vom Park Luisenhain können wir es fast in seiner gesamten Breite betrachten. Der Park wurde auf einem Grundstück angelegt, das der Kaufmann Otto Asseburg (1836–1915) der Stadt Köpenick übereignet hatte mit der Auflage, dort eine Schmuckanlage zu schaffen und sie nach seiner jung verstorbenen Schwester Luise zu benennen. Das Rathaus wurde 1901/04 gebaut nach Entwürfen des Regierungsbaumeisters Hans Schütte und des Architekten Hugo Kinzer (1874–1929), der dann 1907–19 Stadtbaurat von Köpenick war. Das am 7. Oktober 1905 eingeweihte Rathaus wurde in den damals so beliebten Formen der märkischen Backsteingotik gehalten, ist also nicht ganz frei von Heimattümelei. Zweifellos soll der hohe Turm wie üblich bürgerliches Selbstbewusstsein und kommunale Eigenständigkeit ausdrücken und war bestimmt auch wieder gegen die (angeblichen) Vereinnahmungsbestrebungen von Berlin gerichtet. Dabei war die einem Zweckverband zugrundeliegende Idee einer gemeinsamen Planung z. B. der Infrastruktur absolut notwendig, vernünftig und zeitgemäß –patriotische Gefühle sind bekanntlich all dies nicht. Zunächst scheiterten alle Eingemeindungspläne, und Cöpenick verzichtete sogar auf die mögliche Kreisfreiheit, »nachdem der Kreis Teltow, der infolge des Zuzugs wohlhabender Neuansiedler ins südliche Vorland Berlins zu den reichsten Kreisen des Reiches gehörte, hier umfangreiche Infrastrukturmaßnahmen zu finanzieren übernommen hatte«, schreibt Michael Erbe in der »Geschichte Berlins, Band 2«. Wie immer und überall: Money makes the world go round.

Trotz allem entkam Köpenick der »liebevollen Umarmung« der wachsenden Metropole nicht und wurde 1920 Teil Groß-Berlins. Diesmal hatte sich Berlin nicht verschluckt wie weiland 1387, als die Stadt eine Menge Geld für den Erwerb von Schloss und Stadt Köpenick als Pfandbesitz zur Sicherung des Handelsweges nach Osten zusammenkratzen musste, und dann wurde auch die Besatzung selbst noch teuer. Teuer wurde im Übrigen auch der Rathausbau – schon vor Baubeginn musste der Kostenanschlag korrigiert werden.

Das Rathaus ist auch der Schauplatz jener berühmten Posse aus dem Jahr 1906, als der Schuster Wilhelm Voigt (1849–1922), verkleidet als Hauptmann und von zehn quasi »von der Straße« aufgelesenen Soldaten begleitet ins Rathaus eindrang, den Bürgermeister »verhaftete« und sich die Stadtkasse aushändigen ließ. Dieser Streich ging als Köpenickiade in die deutsche Sprache ein und ermüdet mittlerweile als ewiges Klischee preußischer Autoritätshörigkeit.

Der nächste Turm, der über die Rückfronten der Häuser an der Promenade (bzw. an der Straße Alt-Köpenick) sich erhebt, ist der Kirchturm von Sankt Laurentius. Die Kirche entstand 1838–41an der Stelle einer abgetragenen Feldsteinbasilika, die man heute vielleicht dort lieber sehen würde, und zwar im sogenannten – nicht weniger ermüdenden – Rundbogenstil der Schinkelschule. Wir unterqueren die Dammbrücke, während wir auch den vierten Turm im Auge behalten, und nun sehen wir auch das zugehörige Gebäude, das 1905 als Domizil der Köpenicker Bank errichtet wurde: Der Turm – auch er ist eher eine Laterne – betont die Ecke Freiheit 1/Lindenstraße und krönt das Belvedere des neubarocken Bauwerkes. Freiheit ist ein eigenartiger Straßenname: Hier siedelten sich 1697–1700 70 Hugenotten an, und da diese Glaubensflüchtlinge von Steuern befreit waren, nannte man die von ihnen bewohnte Straße so.

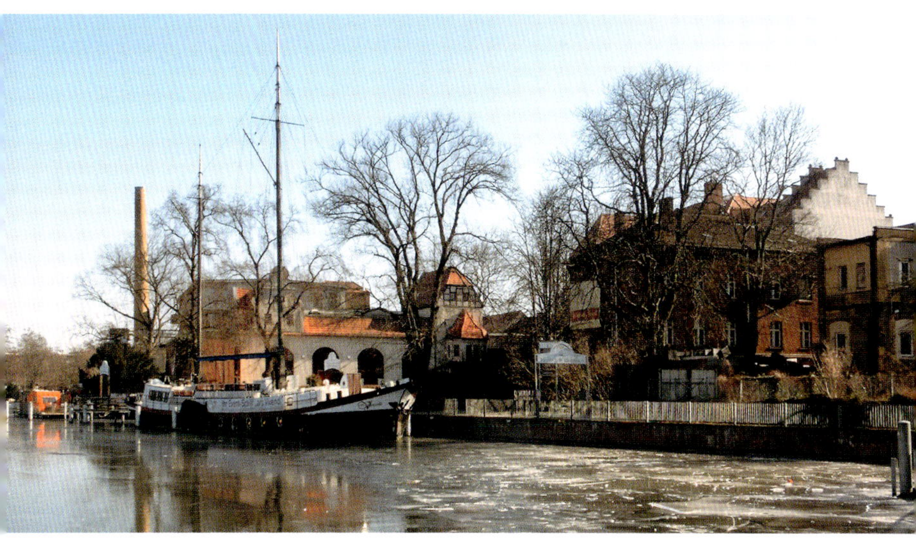

Köpenick im Winter

Wir gehen weiter den Uferweg entlang und sehen zunächst (Freiheit 16) das frühere Amtsgericht nebst kleinem Gefängnis auf dem Hof desselben, das eines der Köpenicker Weltwunder darstellt: ein Gefängnis in der Freiheit. Bei Freiheit 15 handelt es sich um die Gebäude einer 1907 errichteten Mittelschule für Mädchen: die Dorotheenschule, zur DDR-Zeit die POS »Deutsch-Sowjetische Freundschaft«, heute die Joseph-Schmidt-Musikschule, benannt nach dem seinerzeit berühmten jüdischen Sänger (1904–1942), der aus Deutschland fliehen musste und in einem Schweizer Internierungslager starb, »als Flüchtling und Opfer einer gnadenlosen Zeit«, wie es auf einer Gedenktafel heißt. Vom Uferweg fällt vor allem das zum Wasser hin ausgerichtete Gebäude mit dem Renaissancegiebel auf: Dies war die Turnhalle, in der sich heute mit »Freiheit Fünfzehn« laut Selbstdarstellung eine »Konzert- und Club-Location am Fluss mit Biergarten & mietbaren Veranstaltungsräumen, auch auf einem Frachter« befindet.

Wenige Schritte weiter fällt ein zu Gewerbe- und Wohnzwecken eingerichtetes Fabrikgebäude auf. Hier, auf dem Grundstück 12/12 a–b, befindet sich das Gebäude der Seidenmanufaktur von 1788, später eine Großwäscherei, sowie der Putztuchfabrik, der letzte erhaltene Berliner Manufakturbau. Man sollte nicht versäumen, sich die Straßenfront vom Futranplatz anzuschauen.

Dieser Platz war von ca. 1699 bis 1811 Begräbnisplatz der Laurentiusgemeinde. 1894 kaufte ihn die Stadt und richtete hier den zentralen Markt der Altstadt ein. Benannt ist er heute nach Alexander Futran (1879–1920), einem

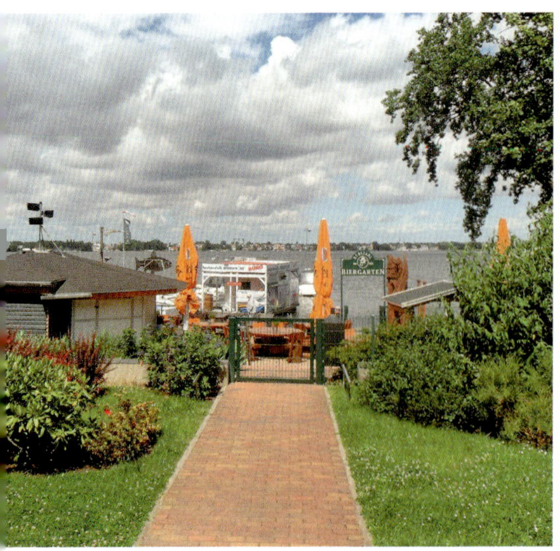

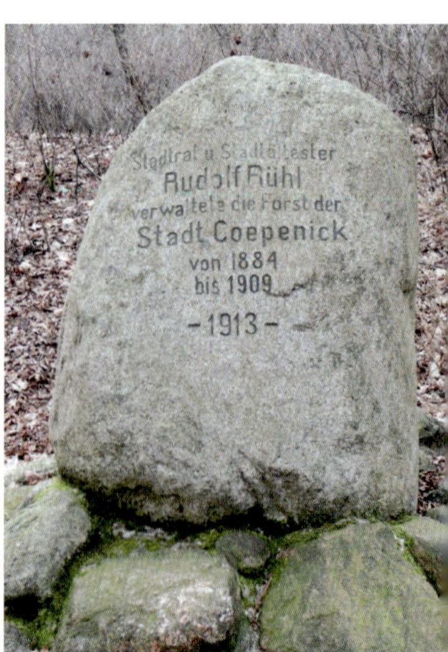

Rübezahl mit Müggelsee (li.) und Rudolf-Röhl-Gedenkstein

Köpenicker USPD-Politiker, der während des Kapp-Putsches von Freikorpsangehörigen erschossen wurde. Ihm und anderen Beteiligten bzw. Opfern des Putsches wurde eine Gedenkstätte im Nordosten des Platzes gewidmet.

Wir gehen durch den Katzengraben, wo man eine nahezu geschlossene Bebauung mit verputzten Fachwerkhäusern aus dem 17./18. Jh. findet, bis zum Park am Katzengraben, wo wir den Kietzer Graben überqueren und die Altstadt verlassen. Am Stichkanal entlang erreichen wir die Wendenschlossstraße. Dieser folgen wir bis zur Salvador-Allende-Straße. Nach deren Überquerung geht es etliche Kilometer nur noch am Wasser entlang, zunächst am Südufer der Müggelspree. Wir sehen einige hochherrschaftliche Villen am Nordufer und nach einer Weile ein großes, in hellen Farben gehaltenes Fabrikgebäude, überragt von einem hohen Schornstein: die Friedrichshagener Bürgerbräu-Brauerei. Um 1869 zunächst ein Ausflugslokal mit Braubetrieb, entwickelte sie sich über die Jahre »zu einem industriellen Betrieb von veritabler Größe, mit einem Ausstoß von bis zu 318.000 Hektolitern … Der größte Teil der Bauten – inklusive der am östlichen Rand der Anlage gelegenen sogenannten Kluthschen Villa, die noch heute als ›Weiße Villa‹ ein Restaurant beherbergt – entstand … um 1900 … Nach einem Großbrand im Jahr 1926 mussten Teile der Anlage erneuert werden«, heißt es in dem Buch »Kathedralen der Arbeit. Industriekultur in Berlin« von Matthias Barth.

Eine kleine Landzunge ragt am Ausfluss der Spree aus dem Müggelsee in den Fluss, und an deren Spitze befindet sich der Zugang zum Tunnel nach

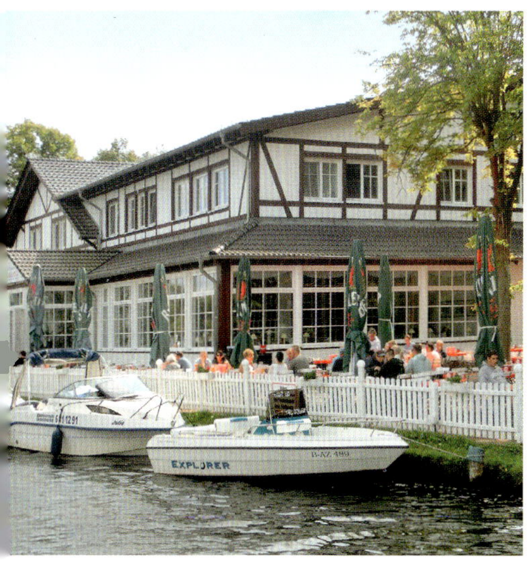

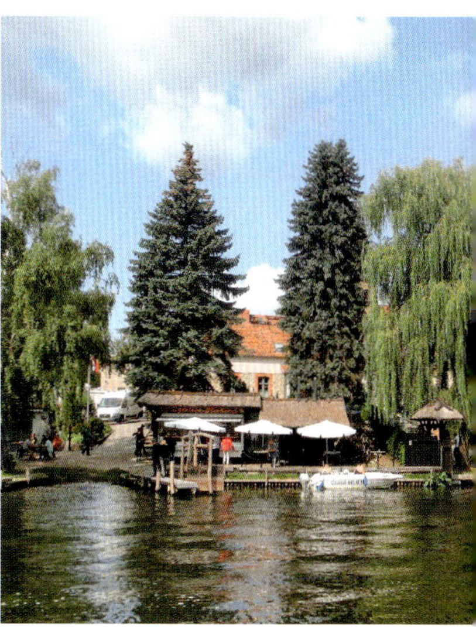

Gaststätte Neu-Helgoland (li.) und Fähranleger Rahnsdorf

Friedrichshagen, der 1927 eröffnet wurde. Stilistisch der Neuen Sachlichkeit zugeordnet, entstand er nach dem Entwurf des Magistratsbaurates Karl Sievers (1880–1925).

Wir benutzen den Tunnel nicht, sondern begeben uns in südlicher Richtung am See entlang. Von nun an wandern wir immer am Ufer des Müggelsees, zunächst am westlichen, dann am südlichen. Wasser und Wald sind unsere Begleiter. Nach ca. 2 km erreichen wir die beliebte Ausflugsgaststätte »Rübezahl« mit Anlegestelle und Abenteuerspielplatz und wenig später in der Nähe des Hotels Müggelsee den Gedenkstein für den Berliner Kommunalpolitiker Rudolf Rühl (1842–1909). Dieser wurde 1879 Stadtverordneter und 1884 Stadtrat von Köpenick (auf dem Stein steht Coepenick) und als Vorsitzender einer gemischten Kommission aus Magistrat und Stadtverordneten für den Köpenicker Stadtforst zuständig, für dessen Pflege er sich nachdrücklich einsetzte. Für seine Verdienste wurde ihm 1904 der Ehrentitel »Stadtältester« verliehen, außerdem gibt es inzwischen eine Rudolf-Rühl-Allee in der Wuhlheide.

Wir kommen am Thyrn vorbei, einem eutrophen Moor, das von einem Erlenbruchwald bestanden wird, und weiter geht es am See entlang, bis wir schließlich nach rechts (Süden) zum Kleinen Müggelsee abbiegen. An dessen Südufer führt der Weg vorbei nach Neu-Helgoland: 1897 wurde hier direkt an der Müggelspree ein weitbekanntes Ausflugslokal erbaut, eben das »Neu-Helgoland«, das sich nunmehr seit vier Generationen in Familienbesitz befindet. Von hier aus verkehrt im Sommer auch eine BVG-Fähre (F23) nach Rahnsdorf (Müggelwerderweg oder Kruggasse). Der ursprüngliche Bau der Gast-

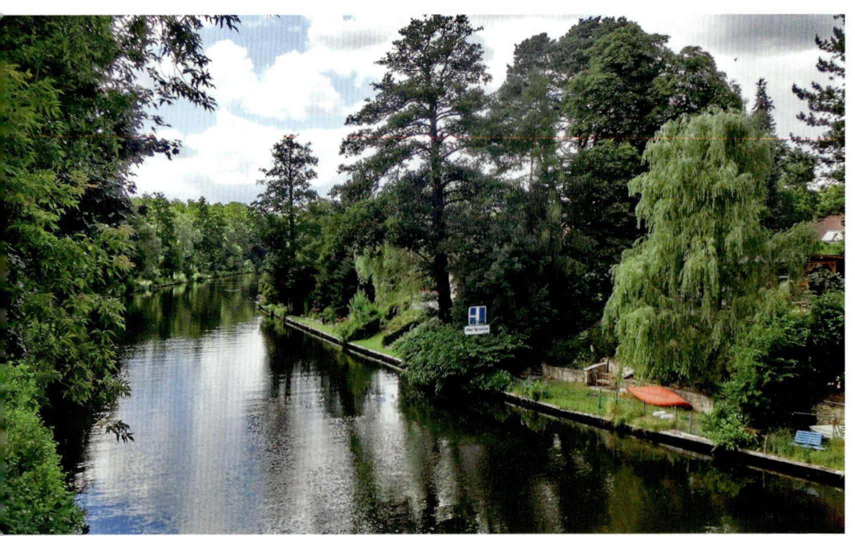

Spreearm Hessenwinkel

stätte wurde in der Nacht vom 1. zum 2. Januar 2002 durch Brandstiftung völlig zerstört. Es wurde wieder aufgebaut, doch am 18. Juli 2017 schlug erneut ein (oder der?) Feuerteufel zu. Die Familie fand den Mut und viel Hilfe, um alles noch einmal wiederaufzubauen. Chapeau!

Über Wiesen und durch Wald gelangen wir schließlich – der letzte Abschnitt ist zugleich der noch nicht ausgeschilderte Jakobsweg – zum Alten Spreearm bei Hessenwinkel, den wir zunächst überqueren und dann auch noch die Müggelspree – auf der Triglawbrücke, einer Eisen-Fachwerk-Brücke von 1912. Der von der Brücke überspannte Spreearm wurde zu Beginn des 20. Jhs. durchstochen, was die Bezeichnung des zuvor überquerten als Alter Spreearm erklärt.

Hessenwinkel ist eine in den 1890er Jahren errichtete Villenkolonie, die etwa gleichzeitig mit der Villenkolonie Neu-Rahnsdorf entstand; Neu-Rahnsdorf heißt seit 1902 Wilhelmshagen. Viele prächtige historische Villen künden noch heute von der Gründungszeit. Seine Entstehung verdankt Hessenwinkel einer Epoche, in der reiche Berliner die wasser- und waldreiche Gegend entdeckten – und nicht etwa Hessen! Der Name hat mit Hessen nichts zu tun. Abgeleitet ist er vom Flurnamen Haselwinkel (Im Haselwinkel heißt auch die parallel zur Spree verlaufende Straße), was ein abgelegenes Flurstück bezeichnet, auf dem Haselsträucher wachsen.

An der Stadtgrenze zu Erkner direkt am Dämeritzsee endet unsere Wanderung (wie bereits erwähnt, ist der Grüne Hauptweg 1 hier zugleich auch der Jakobsweg). Man hat nun die Möglichkeit, dem Jakobsweg zum S- und Regi-

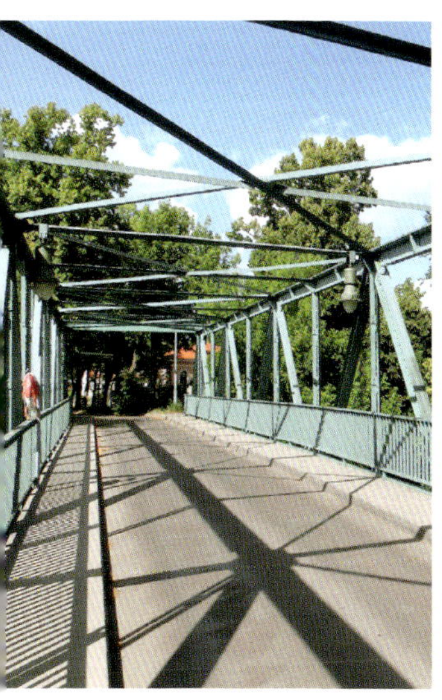

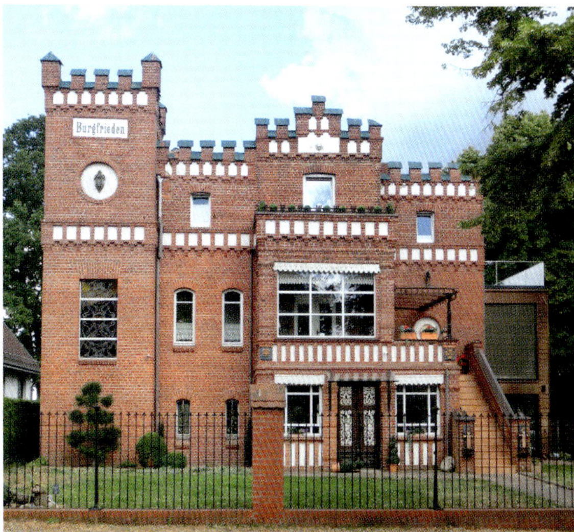

Triglawbrücke (li.) und Hessenwinkel

onalbahnhof Erkner zu folgen, oder man begibt sich zur nächstgelegenen Bushaltestelle (Bus 161: Erkner, Berliner Straße/Berlin, Lutherstraße/Berlin, Fahlenbergstraße), oder man wandert noch die ca. 2,5 km zum S-Bhf Wilhelmshagen.

Abschließend soll noch einmal darauf hingewiesen werden, dass man den Weg auch in umgekehrter Richtung bewandern, also hier an der Grenze zu Erkner beginnen kann.

ⓘ Touristinformation Köpenick des Tourismusvereins Treptow-Köpenick, Alt-Köpenick 31–33 (am Schlossplatz), Mo–Fr 10–18 Uhr, Tel.: 030/65 48 43 48, https://www.tkt-berlin.de/information/touristinformation/

Ristorante Vero, Alt-Köpenick 20, tgl. 11–22 Uhr, Tel.: 030/64 32 85 27, www.ristorantevero.eatbu.com/?lang=de

Restaurant Luise, Alt-Köpenick 20, Di–So ab 12 Uhr, Tel.: 030/64 32 97 77, www.luise-koepenick.de/restaurant.html

Sommerbiergarten der **freiheit 15** (Mai–Sep), Freiheit 15 (Altstadt Köpenick), Mo–Sa ab 14 Uhr, So & Feiertage ab 11 Uhr, Tel.: 030/65 88 78 25, https://freiheit15.com

Altstadtcafé, Alt-Köpenick 16, tgl. 10–18.30 Uhr, Tel.: 030/65 47 40 69, www.altstadtcafe.de

Zahlreiche weitere gastronomische Einrichtungen in der Altstadt Köpenick

Evelin's an der Müggelspreepromenade (bei der Allende-Brücke), Salvador-Allende-Str. 80, tgl. ab 12 Uhr, Tel.: 030/65 55 351, https://cafebistroevelin.de

SpreeArche (Restaurant auf dem Wasser, mit kostenloser Fährüberfahrt alle 15 min), Müggelschlösschenweg 0, Sa, So ab 12 Uhr, Öffnung nur an ausgewählten Tagen und für gebuchte Veranstaltungen, vorher anrufen unter 0172/30 42 111, www.spreearche.de | **Rübezahl am Müggelsee**, Restaurant und Biergarten, Schiffsanleger, Müggelheimer Damm 142, Bistro Sa/So 11–18 Uhr, Biergarten Sa/So 10–17 Uhr, Tel.: 030/65 66 16 880, https://ruebezahl-berlin.de/ | **Neu-Helgoland**, Neuhelgoländer Weg 1, tgl. ab 11 Uhr, Tel.: 030/65 98 247, www.neu-helgoland.de | **Café Klein Schwalbenberg**, Triglawstr. 20, Saisonbetrieb Fr ab 12, Sa ab 11, So ab 10 Uhr, Tel.: 0171/93 18 367 (hausgemachte Kuchen & Torten, vor allem ausgezeichneter Blechkuchen!)

Altstadt Köpenick

Museum Köpenick (Bezirks- und Regionalgeschichte), Alter Markt 1, 12555 Berlin, Di & Mi 10–16 Uhr, Do 10–18 Uhr, So 14–18 Uhr, Tel.: 030/90 29 73 350, www.berlin.de/museum/3109472-2926344-museum-koepenick.html

Universum Buchhandlung Alt-Köpenick, Grünstr. 14, Mo–Fr 10–18.30 Uhr, Sa 10–13 Uhr, Tel.: 030/65 57 218

Badestelle am Müggelsee, Müggelschlösschenweg 1 (Nähe Spreetunnel)
Badestelle am Kleinen Müggelsee, Hinter der Düne 8 (Nähe Fähranleger Neu-Helgoland)

Bootsverleih Spreepoint in Rübezahl, Müggelheimer Damm 143, tgl. ab 10 Uhr, Tel.: 030/64 11 291, www.spreepoint.de/ | Bootsverleih am Kleinen Müggelsee, Neuhelgoländer Weg 7, tgl. ab 10 Uhr, Tel.: 0151/10 07 57 96, www.bootsverleih-kleiner-mueggelsee.de | Bootsverleih Hessenwinkel, Triglawstr. 20, Mi–So ab 9 Uhr, ansonsten nach Vereinbarung, Tel.: 0173/10 43 917, www.bootsverleih-hessenwinkel.de

Erkner, Berliner Straße: Buslinie 161 nach Bhf. Erkner (S3, RE 1), S Wilhelmshagen (S3) oder Rahnsdorf, Waldschänke (TRAM 61)

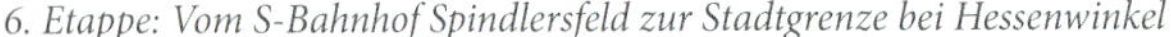

6. Etappe: Vom S-Bahnhof Spindlersfeld zur Stadtgrenze bei Hessenwinkel

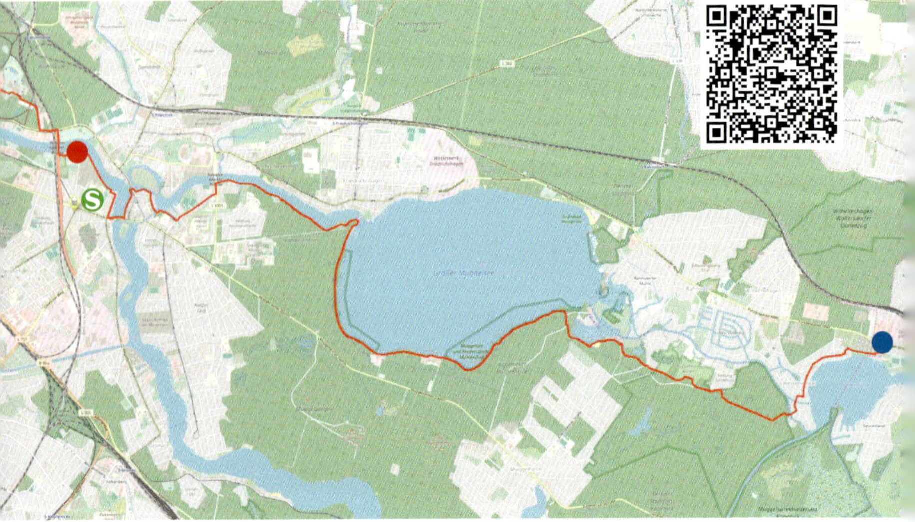

Der Spandauer Weg – 1. Etappe

(Grüner Hauptweg Nr. 2)
Einmal um den Spandauer Forst und durch Staaken zum Westufer der Havel
Beginn des Gesamtweges: Hakenfelde, Aalemannufer, Höhe Fähre nach Tegelort (Bus 136 oder 222 & Fähre)
Ziel des Gesamtweges: Stadtgrenze bei Kladow (Bus 134 und 135)
Gesamtlänge: 32 km

1. Etappe

Start: **Hakenfelde, Aalemannufer**
Ziel: **Regionalbahnhof Berlin-Staaken**
Länge: **15,5 km**
Bushaltestellen nach 12,8 km (Bus 137) oder nach 13,1 km (Bus 137, 337)

Wo der Aalemannkanal, ein Stichkanal, in die Havel mündet, beginnen zwei Grüne Hauptwege: die Nr. 2 und die Nr. 12. Die 12 führt nach Süden, wir folgen der 2 nach Norden, und zwar zunächst ca. 1,8 km entlang der Havel. Ein zweiter Stichkanal muss überquert werden, der Teufelsseekanal, dann erreichen wir eine Badestelle mit dem ominösen Namen Bürgerablage. Unser Weg umrundet quasi den Spandauer Forst, der mit 1.347 ha zu den größten Waldgebieten der Hauptstadt gehört und einst die Stadtheide der bis 1920 eigenständigen Stadt Spandau bildete. Der Forst wurde intensiv genutzt, so für die Schweinemast, die Jagd und die Gewinnung von Brennholz. Zahlreiche Gräben durchziehen den Wald, die zwischen 1718 und 1727 angelegt wurden, um das Havelländische Luch zu entwässern. Noch heute erhaltene künstliche Gewässer wie die Kuhlake oder der Kreuzgraben hatten einst diesen Zweck. 1897 ging südlich des Waldes das Wasserwerk Spandau in Betrieb. Es nutzte vor allem Grundwasser aus dem Forst, was sich negativ auf den Wasserstand auswirkte, sodass es zur Verlandung kleinerer Gewässer und zum Austrocknen der Moore kam, mit den entsprechenden Folgen für die Flora und die Fauna. Seit den 1980er Jahren gibt es Maßnahmen zur Ausgleichsbewässerung. Mit seinen Mooren, Gewässern und Wiesen, aber auch mit seinem Bestand an Bäumen und vielfältigen Pflanzen, ist der Spandauer Forst ein ungeheuer reizvolles Ausflugsziel. Neben viel Eichenwald gibt es mit dem Spandauer Luchwald auch einen Eichen-Hainbuchenwald, wo man Flatter-Ulmen und Eschen findet. Inzwischen gehört der Spandauer Forst zu den Berliner Natura 2000-Gebieten (siehe Exkurs bei Weg Nr. 1). Einen besonderen Schutzstatus

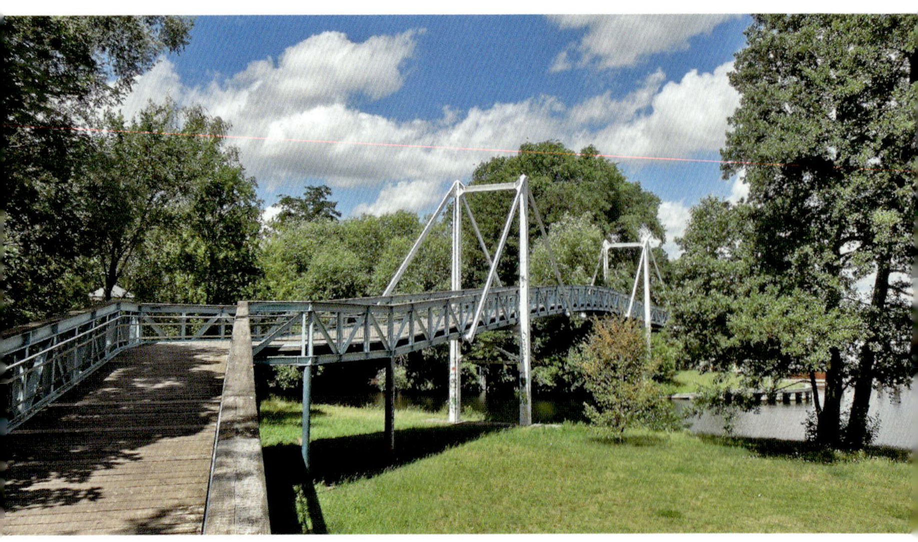

Brücke über den Teufelsseekanal

als Naturschutzgebiet genießen das Teufelsbruch sowie der Große und der Kleine Rohrpfuhl.

Mit der Bürgerablage verhält es sich nun so, dass hier die in der Stadtheide gefällten Bäume vor dem Weitertransport zum Verkauf abgelegt wurden, und deren Verkaufserlös kam der Bürgerkasse zugute – daher der Name. An diesem Ort gibt es für Einkehrwillige das Restaurant »Jagdhaus«, außerdem befindet sich hier die Waldschule Spandau.

Nach dem Restaurant begegnet Weg Nr. 2 dem Berliner Mauerweg, und von nun an sind beide Wege zum größten Teil identisch. Zunächst geht es zur Niederneuendorfer Straße und diese ein Stück in nördlicher Richtung, bis man dann in die Natur aufbricht. Leider ist der Weg auf seiner gesamten Länge asphaltiert. Eine nicht »teerhaltige« Alternative wird später kurz beschrieben. Nach etwas mehr als 1 km erreichen wir einen breiten, gepflasterten Weg, der den Mauerweg kreuzt. Es handelt sich um den sogenannten Oberjägerweg: Auf ihm pendelte einst der Oberjäger zwischen den Höfen in Potsdam und Oranienburg.

Das erste Zwischenziel, das sich auch zum Biwakieren anbietet, ist der Laßzinssee, ein umzäunter Baggersee, den man von einem Aussichtsturm betrachten kann. Beim Ausruhen kann man die Gedanken in die Geschichte schweifen lassen, heißt es doch im ersten Band der »Geschichte Berlins« zu dieser Gegend: »Im Spandauer Forst, auf den Laßzinzwiesen, hart an der Mauer, fanden Archäologen 1970 Reste einer germanischen Siedlung aus den Jahren von ungefähr 100 bis 130 n. Chr., also aus der frühen Kaiserzeit; es

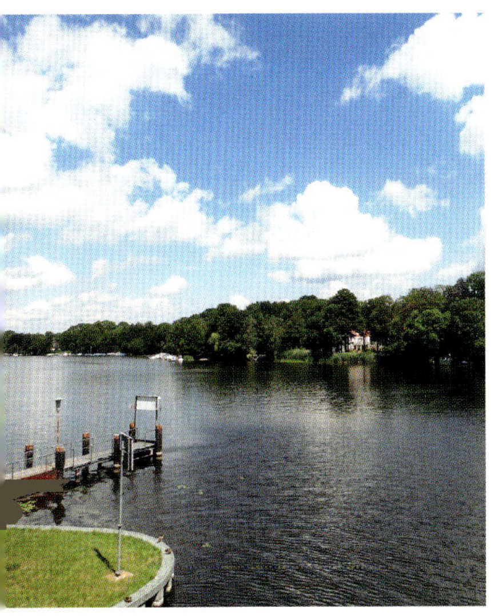

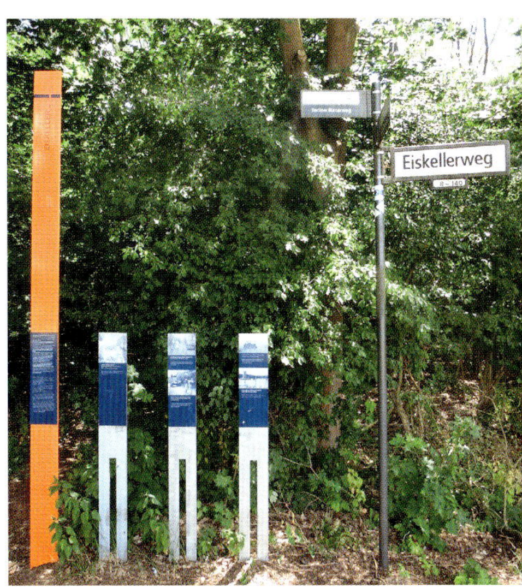

Blick von der Brücke (li.) und Mauer-Gedenkstelen

handelt sich um die materielle Hinterlassenschaft von Semnonen. Jedes der dort offensichtlich bestehenden Gehöfte besaß eine eigene Wasserversorgung, 7 Brunnen konnten untersucht werden, 2 fielen wegen ihrer Größe besonders auf. Einer von ihnen ist eines Tages zugeschüttet und von den semnonischen Bauern sorgfältig mit Reisig und Mergel zugedeckt worden, so dass er nun luftdicht abgeschlossen war und sich seine organischen Bestandteile hervorragend erhielten. Sie haben sich – zusammen mit denen aus dem zweiten Schacht – als Opfergaben erwiesen, die als Bitt- und Dankopfer eines Fruchtbarkeitskultes zu interpretieren sind, Gaben, wie wir sie aus norddeutschen und skandinavischen Mooropferplätzen kennen. Die Spandauer Funde setzen sich u. a. aus Flachs und Flachsschlegeln, einer geschnitzten Keule, einem Netzsenker, zwei Schaufeln und einer Schüssel zusammen, die sämtlich aus Holz gefertigt und prächtig erhalten waren. Weiter kamen Teile eines menschlichen Schädeldaches, ein Pferdehuf und Reste von Vögeln zutage. Alles spricht dafür, dass diese beiden Brunnen nach Aufgabe als Wasserversorgungstellen zu Opferzwecken verwendet worden sind.«

Beim Weitergehen entdeckt man dann auch die erste in der Signalfarbe Orange gehaltene Gedenksäule für Maueropfer, die sich entlang unseres Weges in größerer Zahl befinden. Bis zum Ziel der ersten Etappe, dem Bahnhof Staaken, wird an die folgenden jungen Menschen erinnert: Ulrich Steinhauer (1956–1980), Adolf Philipp (1943–1964), Helmut Kliem (1939–1970), Klaus Schulze (1953–1972) und Willi Block (1934–1966). Die Tafeln enthalten biografische Informationen und solche zu den Todesumständen.

Nun muss die Schönwalder Straße überquert werden, anschließend heißt der Weg auch Eiskellerweg, womit das interessante Ziel eines kleinen Umweges angegeben ist: der kälteste »Punkt« Berlins. Nach ca. 650 m erreicht man den Abzweig zum Eiskeller, der als Teil West-Berlins einst auf DDR-Gebiet lag und durch eine 4 m breite und 800 m lange und mit Grenzbefestigungen gesicherte Zufahrt verbunden war; Gedenkstelen verweisen auf diese Historie. Wer den Abstecher machen möchte, folge der Straße.

Exkurs: Eiskeller

Das Landschaftsschutzgebiet von 51,6 ha Größe erhielt den Namen Eiskeller, weil hier im Winter die niedrigsten Temperaturen Berlins gemessen werden: Die Temperaturunterschiede zwischen dem Zentrum und dem Eiskeller können bis zu 10°C betragen. Früher wurde hier das Eis gelagert, das man im benachbarten Falkenhagener See geschlagen hatte und das von Brauereien, aber auch von Krankenhäusern gebraucht wurde. Als besonderer Biotop hat sich im Bereich des Eiskellers Trockenrasen ausgebildet, der zu den in Mitteleuropa besonders bedrohten Lebensräumen zählt und in Deutschland unter Schutz steht. Eine Schautafel informiert über die Besonderheiten des Trockenrasens und über die spezielle Flora und Fauna des Gebietes.

Ob mit oder ohne Abstecher, wir folgen weiterhin dem Mauerweg und erreichen nach einem langen Fußmarsch am Waldrand schließlich intensiver besiedeltes Gebiet: östlich des Weges die brandenburgische Siedlung Falkenhöh, westlich die teilweise überwucherten Ruinen der erst 1961 erbauten ehemaligen Nervenklinik Spandau. Südlich davon beginnen die Spektewiesen; Mauerweg und Grüner Hauptweg 2 trennen sich für eine Weile. Die Spektewiesen weisen neben Feuchtwiesen auch Trockenrasengebiete auf, sie sollen zu einem Landschaftsschutzgebiet entwickelt werden. Unser Weg führt westlich an den Wiesen vorbei und erreicht an der Freudstraße/Goldkäferweg die Endhaltestelle der Buslinie 137: Wer also nach 12,8 km nicht mehr weiter kann oder möchte, kann hier mit dem Bus bis zum Bahnhof Spandau fahren (S- und U-Bahn). Nach weiteren 300 m besteht zusätzlich die Möglichkeit, von der Haltestelle Freudstraße auch den Bus 337 zu benutzen, der ebenfalls zum Bahnhof Spandau fährt.

Ansonsten trifft der Weg an der Stadtgrenze zu Falkensee wieder auf den Berliner Mauerweg und führt durch eine Kleingartenanlage zum nördlichen Ufer der Spektelake, wo er, wie im ersten Kapitel beschrieben, sich die Trasse ca. 200 m mit dem Grünen Hauptweg 1 teilt. Ebenfalls im ersten Abschnitt wurde darauf verwiesen, dass Staaken einst durch die Mauer geteilt war, wovon man beim Wandern kaum noch etwas merkt, denn beide Seiten des Finkenkruger Weges sind bebaut – nur die Gedenkstelen für Mauertote machen auf die Teilung aufmerksam. Die Mauer verlief übrigens in der Mitte des Finkenkruger Weges!

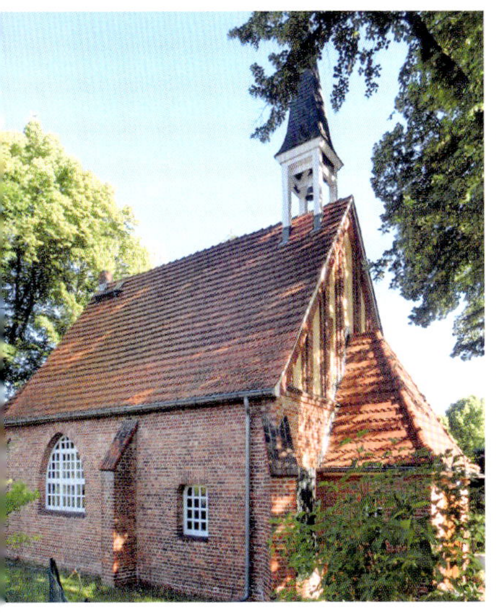

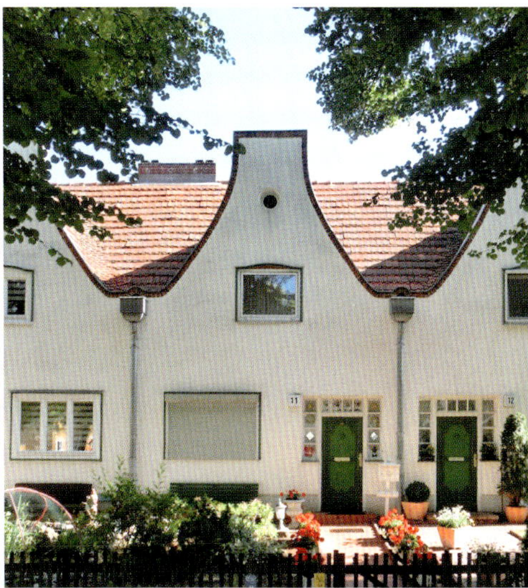

Gartenstadt Spandau (links die Kirche)

Nach Unterqueren einer Eisenbahnbrücke erreichen wir die Gartenstadt Staaken. Sie wurde in den Jahren 1914–17 nach Plänen des Architekten Paul Schmidthenner (1884–1972) errichtet, und zwar für die Arbeiter der Spandauer Rüstungsbetriebe. Schmidthenner war ein Anhänger der Gartenstadtbewegung, die auf den britischen Stadtplaner Ebenezer Howard (1850–1928) zurückgeht. Diese sozialreformerische Bewegung war eine Reaktion auf die schlechten Wohnverhältnisse in den industrialisierten Großstädten und beruhte auf dem Genossenschaftsgedanken: Außerhalb der schmutzigen und lauten Städte sollte gesunder, erschwinglicher Wohnraum geschaffen werden, in natürlich wirkender Umgebung und mit Gemeinschafts- und Kultureinrichtungen. Staaken ist nur ein Beispiel – allein Schmidthenner errichtete außerdem die Gartenstädte Plaue (bei Brandenburg) und die Werkssiedlung Piesteritz (bei Wittenberg/Elbe). Die Reihenhaussiedlung in Staaken besteht aus hauptsächlich zwei- bis dreigeschossigen Bauten, sie hat einen dörflichen, fast idyllischen Charakter und ist eine der bis heute gut erhaltenen Gartenstädte.

Wenig später erreichen wir den Bahnhof Staaken, das Ziel dieser Etappe. An dieser Stelle soll nun der **Alternativweg** um den Spandauer Forst für »Pflastermüde« kurz dargestellt werden. Anstatt auf Höhe der Bürgerablage und des Jagdhauses dem Mauerweg zu folgen, gehe man immer weiter geradeaus am Havelufer entlang in nördliche Richtung. Man erreicht rasch ein Trafohäuschen und nach ca. 200 m kann man direkt am Wasser entlanggehen. Nach weiteren ca. 200 m befindet sich eine größere freie Stelle am Ufer, die zum Baden geeignet ist. Hier zweigt ein Weg ab, der den asphaltierten Weg quert und dann recht hügelig durch den Wald führt. Wir überqueren eine Asphaltstraße (Niederneuendorfer Allee); auf der gegenüberliegenden Seite wird der Weg breiter und endet an einem geteerten Weg, dessen Asphaltdecke aber sehr bröckelig ist: Dies ist der schon erwähnte Oberjägerweg. Wir folgen ihm 400 m nach links (südwestliche Richtung) bis zu einer Trasse mit Hochspannungsleitungen. In diese Trasse biegen wir links ein und folgen ihr ca. 2,5 km, wobei im Sommer die Masten und Leitungen vom Blätterdach verdeckt werden. Wieder geht es nach links, und nach wenigen Metern erreichen wir den Laßzinssee, allerdings seine westliche Seite.

Jagdhaus Spandau, Restaurant mit Bier- bzw. Kaffeegarten, Niederneuendorder Allee 80, tgl. ab 10 Uhr, Tel.: 030/33 60 44 94, www.jagdhaus-berlin.de

Natura 2000-Gebiet Spandauer Forst, Eiskeller, Gedenkstelen Berliner Mauer

Badestrand Bürgerablage (am Jagdhaus Spandau), Niederneuendorfer Allee

Bushaltestelle Alemannenufer: Buslinie 136
Bhf. Staaken: Buslinie M 32

Bhf. Staaken: RB 13, RE 4

1. Etappe: Von Hakenfelde, Aalemannufer zum Regionalbahnhof Berlin-Staaken

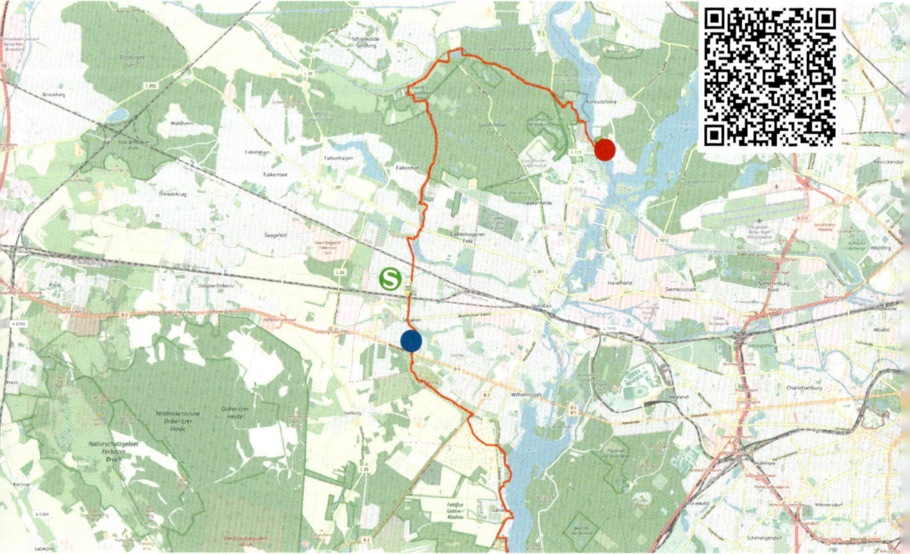

Der Spandauer Weg – 2. Etappe

Start: Regionalbahnhof Berlin-Staaken
Ziel: Fähranleger Kladow oder Stadtgrenze nach Potsdam (Sacrow)
Länge: 14 km oder 16,5 km

Der Bahnhof Staaken, der im Jahr 1898 erbaut wurde, ermöglichte den Anschluss des Ortes an die Berlin-Lehrter Eisenbahn, was für die Erschließung Staakens eine wesentliche Bedeutung hatte. Ähnlich wie bei Albrechtshof änderte sich die Situation, als Staaken unter den Alliierten aufgeteilt und der durchgehende Verkehr unterbrochen wurde. 1951 wurde die S-Bahn von Spandau nach Staaken verlängert, die Strecke jedoch nach dem S-Bahnstreik 1980 wieder eingestellt. Der Bahnhof sank in einen Dornröschenschlaf: Auf östlicher Seite wurde ein Grenzbahnhof zur Abfertigung der Transitzüge aus Hamburg errichtet, die seit 1961 via Staaken verkehrten. Nach der Wiedervereinigung kam ganz Staaken wieder zu Berlin, und schließlich wurde 1998 auch wieder ein neuer Bahnhof Staaken eingeweiht, der von zwei Regionalbahnlinien bedient wird.

Wir begeben uns in südlicher Richtung – wie bei der 1. Etappe folgen wir vorwiegend dem Berliner Mauerweg – und erreichen den Brunsbütteler Damm. Hier lohnt es sich jedoch, kurz vom Weg abzuweichen, denn wenn man nur wenige Meter den Nennhauser Damm entlanggeht, kommt man nach Alt-Staaken mit seiner schönen Dorfkirche.

»Das 1920 aus dem Kreis Osthavelland nach Berlin eingemeindete Dorf Staaken unterstand mindestens seit 1295 größtenteils der Stadt Spandau. Einige Rechte besaßen ferner 1420 das Kloster Spandau und von 1420 bis zur Reformation das Heiliggeisthospital«, schreibt Hans-Jürgen Rach in »Die Dörfer in Berlin«. Dass es sich um ein Dorf mit einem keilförmigen Anger handelte, kann man heute noch an dem Platz vor der Kirche erkennen. Der Anger war und ist unbebaut, allerdings steht dort heute ein sowjetisches Ehrenmal, das an die Befreiung (Alt-)Staakens durch die Rote Armee erinnert. Die Kirche soll um 1436/38 entstanden sein und wurde größtenteils aus unbehauenen Feldsteinen errichtet. Ab 1712 wurden der quadratische Westturm sowie eine Leichenhalle angefügt, der Bau wurde verputzt, das Fachwerk des Turmes wurde 1837 verbrettert. In diesem Zustand präsentiert sich die Kirche noch heute: als verputzter Feldsteinbau. Die Hauptstraße steht einschließlich der Straßenpflasterung (Kopfsteinpflaster) unter Denkmalschutz, viele der Bauten wurden um 1890–1900 errichtet. Alt-Staaken befand sich übrigens ab 1945 in der Sowjetischen Besatzungszone und hernach bis 1990 in der DDR.

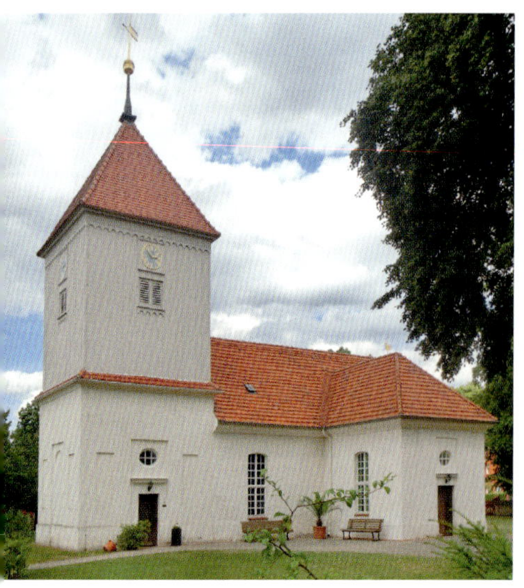
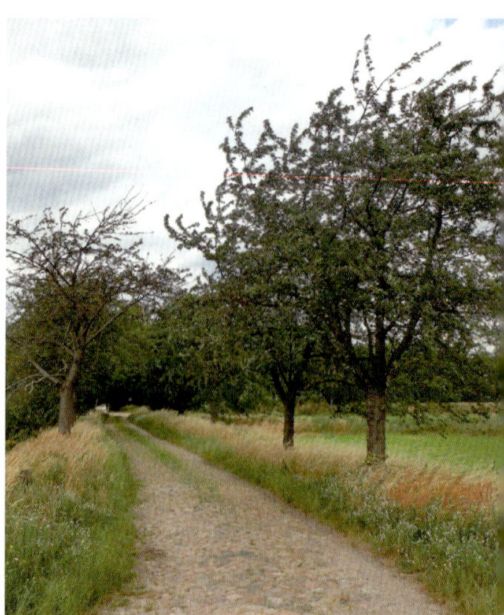

Kirche Alt-Staaken (li.) und die Rieselfelder

Zurückgekehrt zum Weg Nr. 2 stellt man fest, dass dieser einige Zeit denselben Verlauf hat wie der Grüne Hauptweg 20, der Bullengrabenweg. Kurz hinter dem Stieglakebecken trennen sich die Wege aber wieder, und der Spandauer Weg biegt hart nach Süden. An der Heerstraße begegnet uns ein weiteres Denkmal der deutschen Teilung, das an den hier befindlichen Grenzübergang Staaken erinnert. Zuvor schon gab es ein Denkmal für den erschossenen Fluchthelfer Dieter Wohlfahrt (1941–61).

Nach Überqueren der Heerstraße erreichen wir Fort Hahneberg. Diese Befestigungsanlage, auf dem Hügel gleichen Namens errichtet, entstand 1882–86 als Vorfestung der Zitadelle Spandau. Grund für den Bau waren verbesserte Artilleriewaffen mit erheblich größerer Reichweite, sodass Fort Hahneberg neben drei anderen geplanten, aber nie ausgeführten Forts dem Schutz der Zitadelle dienen sollte. Allerdings war es bereits bei seiner Errichtung militärtechnisch überholt und diente nie seinem eigentlichen Zweck, sondern wurde als Kasernenanlage und im Zweiten Weltkrieg als Flakstellung genutzt. Nach dem Krieg zur SBZ und dann zur DDR gehörend, wurden durch Sprengungen und eine Nutzung als Steinbruch viele Teile der Anlage zerstört. Heute bemüht sich ein gemeinnütziger Verein mit Führungen und Veranstaltungen um das Fort. Auch fühlen sich Fledermäuse wohl in den alten Gemäuern: Fort Hahneberg beherbergt die zweitgrößte Fledertierpopulation Berlins (nach der Zitadelle Spandau). Auch Fledermausführungen sind möglich.

Außerdem ist Fort Hahneberg Natura 2000-Gebiet. Es sind vor allem die Fledermausarten, die auf der Liste der schützenswerten Tierarten stehen und

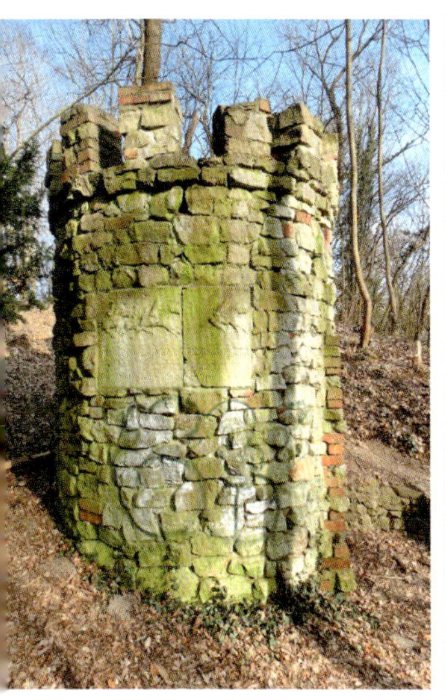

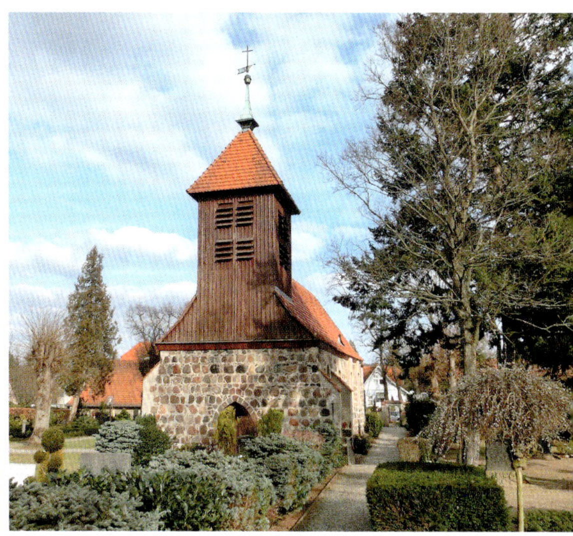

Jaczoturm (li.) und die Dorfkirche Gatow

hier vorkommen: Bechsteinfledermaus und Großes Mausohr, Braunes sowie Graues Langohr und Breitflügelfledermaus, Fransen-, Zwerg- und Wasserfledermaus. Allein die Artenvielfalt belegt: Hier leben die Fledermäuse im siebten Flattertierhimmel. Darüber hinaus gehören auch die Zauneidechse und der Violette Feuerfalter zur geschützten Fauna.

Unser Weg führt nun an Äckern entlang und durch die ehemaligen Rieselfelder Karolinenhöhe nach Gatow. Die Abwasserberieselung auf diesen Flächen wurde übrigens spät, nämlich erst 1994 eingestellt, Mischwasser (mit Regenwasser vermischtes Abwasser) wurden sogar noch bis 1997 eingetragen. Die Schadstoffbelastung dürfte enorm sein.

Nach dem Überqueren der Gatower Straße in Wilhelmstadt geht es in eine kleine »Schlucht«, in der sich der sogenannte Jaczoturm befindet: Der 1914 errichtete, inzwischen ziemlich ruinöse Turm erinnert an die Flucht des slawischen Fürsten Jaczo (von Köpenick) vor dem Heer des Askaniers Albrecht dem Bären – Jaczo soll in der Nähe des Turms in die Havel gesprungen und zum gegenüberliegenden Ufer geschwommen sein, natürlich fürstlich in voller Montur (behauptet die Sage). Dann soll er auf der Halbinsel Schildhorn an Land gegangen sein, wo es auch ein Denkmal gibt. Durch die »Jaczo-Schlucht« erreichen wir das Havelufer nördlich von Gatow. An diesem entlang begeben wir uns in südlicher Richtung auf der Dr.-Kleusberg-Promenade, benannt nach dem Mediziner und SPD-Politiker, der von 1967 bis 1979 Spandauer Bürgermeister war. Auf der Promenade wandern wir bis zur Villa Lemm, die den Uferweg »abklemmt«. Die Villa erbaute der Architekt Max Werner

(1877–1933) in den Jahren 1907/08 für den Schuh- und Metallputzmittelfabrikanten Otto Lemm (1855–1920, siehe auch Hauptweg Nr. 1, Schleuseninsel Charlottenburg). Die große Anlage am Wasser (24.000 qm) besteht aus einem zweigeschossigen, weiß verputzten Wohnhaus mit Risalit und Dachturm; hinzukommen ein Pförtnerhaus und kupfergedeckte Pavillons an der Mauer. Nach dem Tod des »Schuhcremekönigs« erwarb der ungarische Arzt János Plesch (1878–1957) das Anwesen. Der Medizinprofessor unterhielt ein berlinweit bekanntes gastfreies Haus, in dem u. a. die Maler Liebermann, Slevogt und Kokoschka, der Regisseur Max Reinhardt und Marlene Dietrich, Musiker wie Toscanini und viele Wissenschaftler verkehrten; Albert Einstein arbeitete sogar eine Zeit lang als Gast in der Villa Lemm. Als Jude musste János Plesch 1933 emigrieren, er stand auf der Sonderfahndungsliste G. B. (Großbritannien) des Reichssicherheitshauptamtes (RSHA), was man wohl als besondere Ehre auffassen muss, und starb 1957 in Beverly Hills. Nach 1945 diente die Villa bis zur Aufhebung des Besatzungsstatus' Berlins als Residenz des britischen Stadtkommandanten, inzwischen befindet sie sich in Privatbesitz.

Schließlich erreichen wir Gatow. Das Straßendorf gehörte von 1258 bis 1558 dem Kloster Spandau und war wegen seiner verkehrstechnisch ungünstigen Lage lange Zeit nur gering besiedelt (1840 = 227 Einwohner, 1919 = 609). Die Anlage des Straßendorfes, wie sie auf dem Ur-Messtischblatt von 1836 dokumentiert ist, ist bis heute noch gut zu erkennen. Das älteste und bedeutendste Bauwerk ist zweifellos die Feldsteinkirche aus dem 14. Jh., die im 15. und 16. Jh. erweitert wurde; dabei wurden die äußeren Strebepfeiler angebracht. 1846 wurde der Dachturm errichtet, der inzwischen erneuert werden musste, 1869 wurde ein Altarraum angefügt und 1913 die Sakristei. Mit dem umgebenden Friedhof bildet die kleine märkische Kirche ein sehenswertes Ensemble.

Vor der Kirche befindet sich der Regionalladen »Alte Feuerwache« mit der Dorfstube, wo man einen Imbiss einnehmen kann, und auf der gegenüberliegenden Straßenseite eine Bushaltestelle für die Fußmüden (Bus 134). Vom Bahnhof Staaken bis zur Haltestelle Gatow, Kirche sind es 7,75 km. In der Nähe der Haltestelle steht das denkmalgeschützte Wirtshaus Gatow (Alt-Gatow 31), das der Gastwirt Paul Krause 1903 errichten ließ, ein Gasthof mit Saalbau und Wohngebäude, in dem sich derzeit ein japanisches Restaurant befindet.

Die noch erhaltenen, durch die hier betriebene Landwirtschaft geprägten Bauwerken Gatows stammen aus dem letzten Drittel des 19. Jhs. Dazu zählt z. B. das ca. 200 m südlich der Kirche gelegene Schroedtersche Gut (Gutshof Gatow), ein Ensemble aus Gutshaus, Stallung und Gärtnerhaus mit Treibhaus, alles um 1865 entstanden, sowie einer Remise, die heute als Hofladen und Café dient. Weitere alte Bauerngehöfte sind teilweise durch ihre Neugestaltung

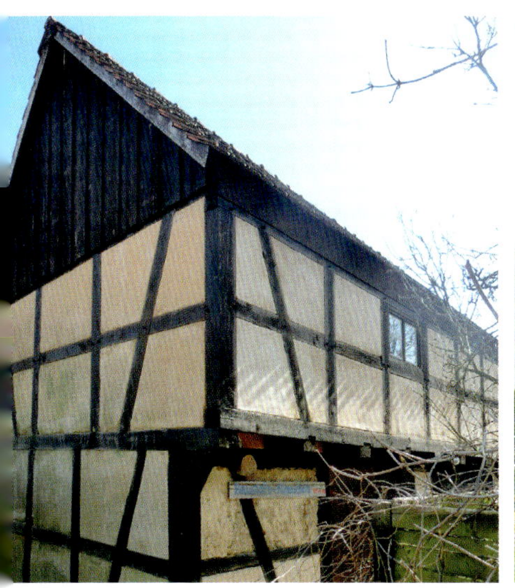

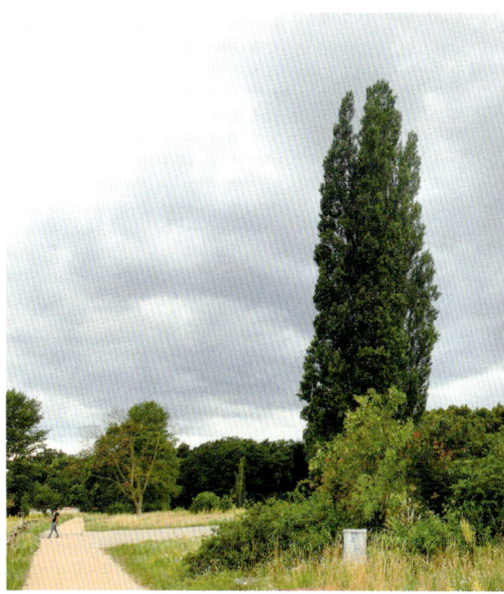

Historischer Kornspeicher Gatow (li.) und Gutspark Kladow

entstellt und kaum noch als das zu erkennen, was sie einmal waren. Dort, wo sich die Straße zu einem Platz verbreitert, befindet sich als sehenswertes Ensemble der Bauernhof Beutel (Alt-Gatow 65). Er besteht aus dem originellen Wohnhaus mit geschwungenem Giebel und Eulenloch, um 1890 gebaut, dazu Stall, Scheune und Taubenhaus. Besichtigt werden kann jeden Freitag 10–12 Uhr der Kornspeicher von ca. 1775, der sich auf Höhe des Spielplatzes der Kleinen Badewiese befindet. Bemerkenswert ist auch das Wohnhaus mit Werkstatt Alt-Gatow 69, ein vor 1882 entstandenes Baudenkmal.

Ab dem Gatower Separationsgraben geht es wieder am Havelufer entlang, und zwar über Hohengatow zum denkmalgeschützten Gutspark Neukladow. Das Herrenhaus des ehemaligen Lehnschulzengutes wurde um 1800 errichtet; der Baumeister ist nicht bekannt, es wird aber David Gilly (1748–1808), ein Vertreter des Frühklassizismus, als möglicher Architekt gehandelt. Bauherr war der Gutsbesitzer Anastasius Ludwig Mencken, der Vater von Bismarcks Mutter (mit anderen Worten: der Großvater des »Eisernen« Kanzlers). Auffallend sind die Segmentbogengiebel des Satteldaches des inzwischen renovierten »Schlosses«. 1887 erwarb der Bauunternehmer Robert Guthmann (1839–1924), Besitzer des Niederlehmer Kalksandsteinwerks, das Gut, um es zu parzellieren und die Grundstücke mit Landhausvillen zu bebauen; das Unternehmen scheiterte jedoch an der schlechten Verkehrsanbindung. 1909 überließ der Großunternehmer das Gut seinem Sohn, dem Kunstsammler, Kunsthistoriker und Schriftsteller Johannes Guthmann (1876–1956), der das Haus umbauen ließ. Die Innenausstattung von Alfred Frederik Elias

Grenander (1863–1931), der bis zu seinem Lebensende einen Großteil der Berliner U-Bahnhöfe gestaltete, sowie die Wandmalereien der Loggia von Max Slevogt (1868–1932) sind leider verloren. Bedeutende Persönlichkeiten waren bei Dr. Johannes Guthmann zu Gast, neben Slevogt auch der Tierbildhauer August Gaul (1869–1921), der für den Park die Plastik des Eselreiters und den sogenannten Eisenstein schuf, der Regisseur und Theaterdirektor Max Reinhardt (1873–1943) oder auch Walther Rathenau (1867–1922). Nach längerem Leerstand und Verfall werden Herrenhaus und Park inzwischen durch eine gemeinnützige Stiftung denkmalgerecht saniert, und es gibt auch einen gastronomischen Betrieb.

Wir verlassen den Park durch eine Maueröffnung an seiner Südseite und begeben uns durch die Imchenallee zum Imchenplatz. Mehrere unter Denkmalschutz stehende Bauten säumen die Imchenallee: Nr. 7 das Landhaus Bracht, ein vom Architektenduo Estorff & Winkler 1935 errichteter L-förmiger Bungalow, Nr. 17 das 1926/27 erbaute Haus Hossfeld oder das 1912 fertiggestellte Wohnhaus mit Fasanerie, Nr. 33/34 das Sommerhaus Rambaum von 1929. All diese und noch weitere Landhäuser sind das späte Resultat einer Entwicklung, die Hans-Jürgen Rach in »Die Dörfer in Berlin« wie folgt beschreibt: »Den entscheidenden Anstoß zur weiteren Erschließung des Ortes … (gab) der von Wannsee aus die Havel überspringende Ausflugsverkehr. Er setzte um 1890 ein, verstärkte sich seit 1892 durch die regelmäßige Fahrgastschifffahrt während der Sommermonate und führte dazu, dass sich eines der beiden dörflichen Wirtshäuser zu einem großen Ausflugslokal mit dem Namen ›Helgoland‹, 1898 bereits mit Saal, Kegelbahn und Aussichtshalle versehen, mauserte … Mit der vollständigen Parzellierung eines Bauerhofes begann schließlich der allmähliche Ausbau mit Villen und Landhäusern …«

Am Imchenplatz beginnt die Kladower Promenade mit dem Fähranleger, ihm gegenüber liegt die kleine Havelinsel Imchen. Die 2,5 ha große Insel ist seit 1933 Naturschutzgebiet und darf nicht betreten werden. Vor allem die Brutkolonien der Graureiher und der Kormorane fallen sowohl von der Fähre als auch vom Ufer aus ins Auge. Der Name leitet sich vermutlich von der Bezeichnung Imme für Biene ab, Imchen bedeutet also Bienchen.

Die Entfernung vom Bahnhof in Staaken bis zum Fähranleger Kladow beträgt 14,25 km. Wer die Wanderung beenden und mit der Fähre nach Wannsee übersetzen will, kann seine Heimfahrt dann vom S- und Regionalbahnhof Wannsee aus fortsetzen.

Das Dorf Kladow wurde 1267 erstmals urkundlich erwähnt und gehörte bis zur Säkularisation 1558 dem Kloster Spandau. 1772 hatte es 85 Einwohner, 1919 immerhin 928. Erst nach der Eingemeindung nach Berlin im Jahr 1920 erhielt das hauptsächlich von der Landwirtschaft geprägte Kladow Anschluss an das Gas-, Wasser-, Abwasser- und Elektrizitätsnetz. Der Grüne

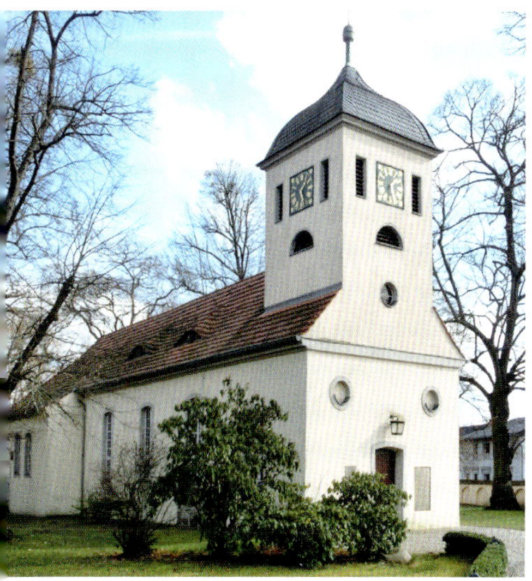
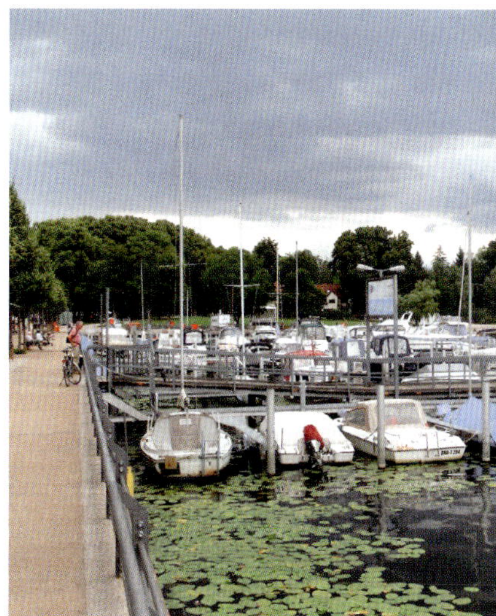

Dorfkirche Kladow (li.) und der Hafen von Kladow

Hauptweg 2 führt nicht durch das alte Kladow hindurch, daher soll hier nur kurz darauf verwiesen werden, dass sich eine Entdeckungstour durchaus lohnt. Im Zentrum des Dorfes befindet sich natürlich die Kirche, ein im Kern aus dem 13./14. Jh. stammendes Bauwerk. Ursprünglich handelte es sich um einen schlichten Rechteckbau aus Feldsteinen, der nach einem Brand 1808 in den folgenden Jahren bis 1818 in neugotischen Formen wiederaufgebaut wurde, und zwar unter Verwendung der alten Umfassungsmauern. Dabei wurde auch der Westturm mit der geschweiften Haube geschaffen. Insbesondere in der Straße Alt-Kladow gibt es noch einige Gehöfte aus dem 19. Jh., die häufig allerdings bis zur Unkenntlichkeit umgestaltet wurden. Manche Wohnbauten zeugen davon, dass sich reich gewordene Bauern villen- oder landhausähnliche Häuser erbauten. Wie z. B. Alt-Kladow 21 – das Haus datiert ursprünglich vor 1799, wurde dann aber um 1892 umgebaut und erhielt im Wesentlichen sein jetziges Erscheinungsbild. Beachtenswert auch das Pfarrhaus von 1929/30 mit dem modernen Nebengebäude von 1972–74 in Alt-Kladow 22.

Unser Weg folgt jedoch zunächst der Promenade bzw. der Imchenallee. Noch im Hafenbereich fällt in der Imchenallee 46 das Seglerheim Kladow ins Auge, ein Baudenkmal von 1924/25. In der Imchenallee 72A/Masolleweg 2 befindet sich ebenfalls ein Denkmal, nämlich das Wohnhaus mit Fasanerie von 1912. Die Imchenallee mündet in den Sakrower Kirchweg, wir biegen nach links ein. Auch hier finden wir etliche denkmalgeschützte Bauten, Villen auf Wassergrundstücken vor allem. Die wichtigste Sehenswürdigkeit am Sak-

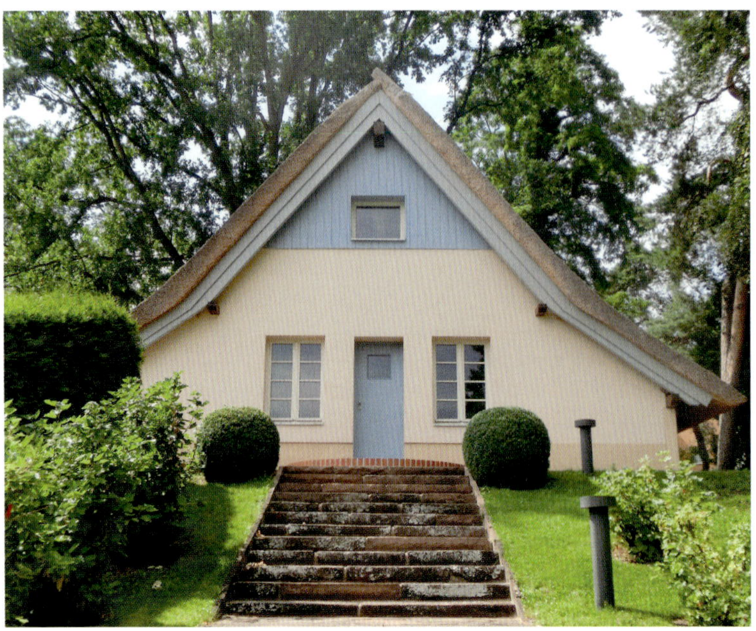

Landhausgarten Fränkel

rower Kirchweg ist jedoch der Landhausgarten Dr. Max Fraenkel. Der jüdische Bankier erwarb das bereits bebaute Grundstück mit Blick auf die Pfaueninsel im Jahr 1920. Fünf Jahre später beauftragte er den bekannten Gartenarchitekten und Charlottenburger Gartendirektor Erwin Barth (1880–1933) mit der Anlage eines Gartens, der verschiedene Landschaftsbereiche umfassen sollte. Barth, der u.a. in Berlin wichtige Platz- und Parkanlagen schuf (z.B. Savignyplatz, Klausener Platz, Brixplatz, Lietzenseepark, Volkspark Jungfernheide) entledigte sich seiner Aufgabe über mehrere Jahre mit Bravour. Nach der Emigration Dr. Fraenkels im Jahr 1933 und der Aneignung durch die Nationalsozialisten endete die Entwicklung der Gartenarchitektur. Nach dem Zweiten Weltkrieg verkam die Anlage, doch 2012–16 wurde sie saniert. Inzwischen empfängt hier wieder eine »Oase am Rande der Großstadt« ihre Besucher, und es gibt ein Café, das allerdings nur am den Wochenenden (Fr–So) sowie an Feiertagen geöffnet hat.

An der Stadtgrenze Berlins (Kladower Straße) endet der Weg Nr. 2 mitten im Forst. Man kann sich nun entweder zur Bushaltestelle Hottengrund begeben (Sakrower Landstraße) oder zum Fähranleger zurückkehren. Oder man wandert weiter bis nach Potsdam-Sacrow (1,5 km) und schaute sich Schloss und Schlosspark sowie die bekannte Heilandskirche an. Von Schloss Sacrow verkehrt der Bus 697 zur Neukladower Allee in Berlin.

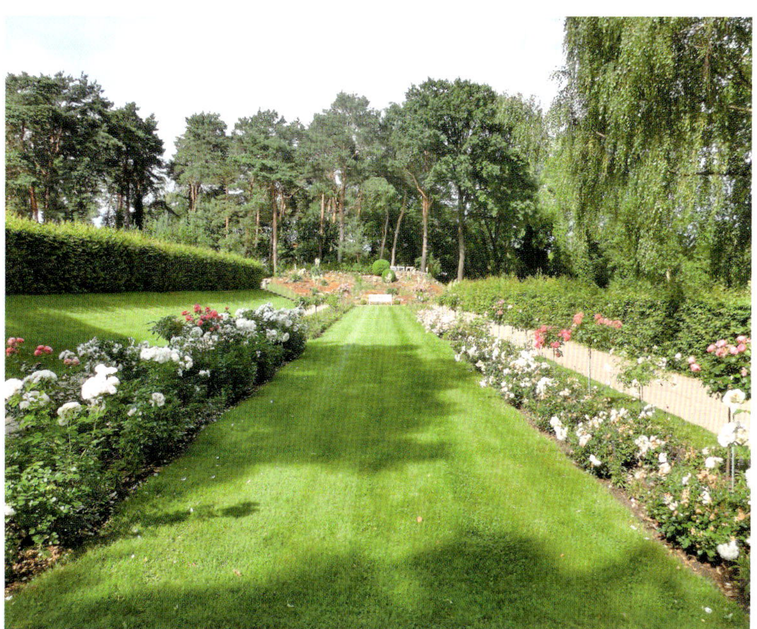

Landhausgarten Fränkel

Der Österreicher in Staaken, Hauptstr. 6, Mi–Fr ab 14 Uhr, Sa/So ab 13 Uhr, Tel.: 030/36 48 748, http://schaukelpferd-web.de

Ristorante Cappuccino Gatow, Alt Gatow 1–3, Di–So ab 12 Uhr, Tel.: 030/36 99 22 63, www.ristorante-cappuccino.de/restaurants/gatow.html

Castelli Romani, Alt-Gatow 71, Mi–Mo ab 12 Uhr, Tel.: 030/36 29 925

Havelwelle, Krielower Weg, Mai–Sep tgl. ab 10 Uhr, Apr/Okt tgl. ab 12 Uhr (immer außer Do), Nov–März Sa/So ab 12 Uhr, Tel.: 030/80 20 34 11, www.restaurant-havelwelle.de

Café Luise im Gutshaus Neukladow, Neukladower Allee 12, tgl. ab 12 Uhr, Tel.: 030/30 36 41 38 92, www.gutshausneukladow.de

Maisel's Biergarten, Imchenallee 44, tgl. ab 10 Uhr (wetterabhängig), Tel.: 030/67 81 55 62, www.maisels-biergarten.de

Ristorante La Riviera, Imchenallee 48, tgl. ab 12 Uhr (Mo Ruhetag), Tel.: 030/36 54 381, www.lariviera-kladow.de

Sommercafé im Landhausgarten Dr. Fränkel, Lüdickeweg 1, Fr–So & feiertags 10–18 Uhr, Tel.: 0163/683 26 30, www.sommercafe-kladow.de

Fort Hahneberg, Gutshaus & Gutspark Neukladow, Landhausgarten Dr. Fränkel

Naturschutzstation Hahneberg, regelmäßige Veranstaltungen auch für Kita- und Schulgruppen, siehe www.naturschutzstation-hahneberg.de

Fort Hahneberg, c/o ASG Fort Hahneberg e.V., Ernst-Bruch-Zeile 39, 13591 Berlin, Tel.: 030/31 95 19 20, www.forthahneberg.de

Landhausgarten Dr. Fränkel, Lüdickeweg 1, Apr–Mitte Oktober Fr–So ab 10–18 Uhr und zu den Öffnungszeiten des Cafés

Buchhandlung Kladow, Kladower Damm 386, Mo–Sa 9–13 Uhr, Mo–Fr 14–18 Uhr, Tel.: 030/36 54 101, www.buchhandlung-kladow.de

Kleine Badewiese in Alt-Gatow, während der Saison gibt es einen Imbiss

Große Badewiese in Hohengatow

BVG-Fähre F 10 nach Wannsee, stündlich, ganzjährig

Bushaltestelle Hottengrund: Buslinien X34, 134, 135

2. Etappe: Vom Regionalbahnhof Berlin-Staaken nach Kladow oder Stadtgrenze Potsdam

Der Hönower Weg – 1. Etappe

(Grüner Hauptweg Nr. 7)
Vom Märchenbrunnen in Friedrichshain durch Alt-Hohenschönhausen, Marzahn und Hellersdorf nach Hönow
Beginn des Gesamtweges: Märchenbrunnen im Volkspark Friedrichshain (Tram M4, M5, Bus 142, 200)
Ziel des Gesamtweges: Stadtgrenze vor Hönow (U 5 Hönow)
Gesamtlänge: 23,3 km

1. Etappe

Start: Märchenbrunnen im Friedrichshain
Ziel: S-Bahnhof Gehrenseestraße
Länge: 11,5 km

Startpunkt dieses Weges ist der Märchenbrunnen an der westlichen Ecke des Volksparks Friedrichshain. Die unter Denkmalschutz stehende Brunnenanlage ist ein Werk des Stadtbaurats Ludwig Hoffmann, der uns schon mehrfach begegnet ist; die neobarocke Anlage wurde 1913 eingeweiht. Ein umfangrei-

Der Märchenbrunnen im Volkspark Friedrichshain

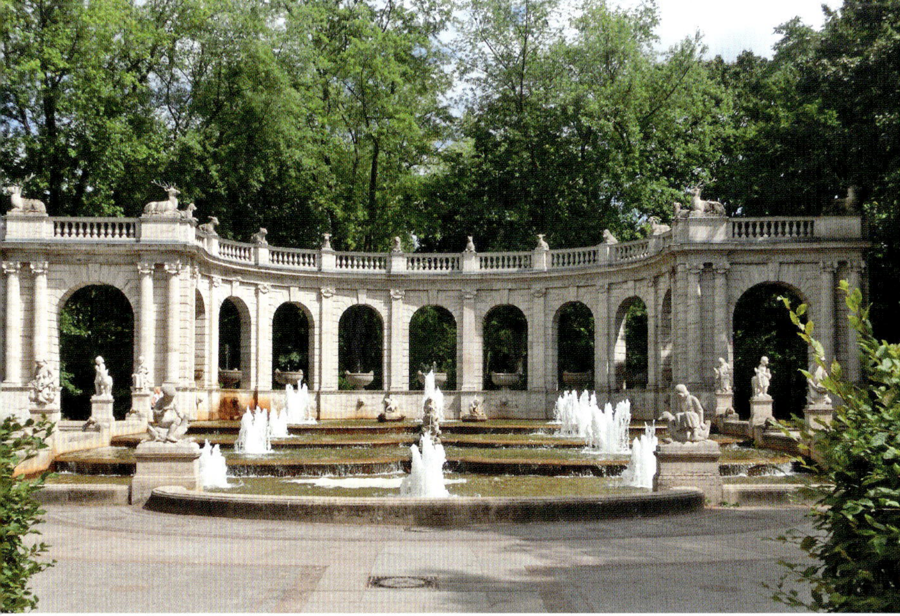

ches Skulpturenprogramm, bestehend aus 106 Elementen, schmückt die Anlage, darunter natürlich zahlreiche Märchenfiguren (z. B. Aschenputtel, Die sieben Raben, Rotkäppchen, Hänsel und Gretel u.v.a.). Darüber hinaus gibt es Kindergruppen und auf den Arkaden Plastiken von Jagdwild. Ein kleines Schmankerl: Einer der sieben Zwerge der Schneewittchengruppe trägt die Gesichtszüge von Adolph von Menzel. Dies stellt einen Protest gegen die Verweigerung eines Denkmals für den Maler durch den in Kunstdingen vollkommen beschränkten Kaiser Wilhelm II. dar. Die Bildhauerarbeiten stammen von Ignaz Taschner (1871–1923), Georg Wrba (1872–1939) sowie Josef Rauch (1868–1921).

Bei Durchqueren der Brunnenanlage begleitet uns auch der Grüne Hauptweg Nr. 19 – detailliertere Angaben zum Volkspark finden sich bei dessen Beschreibung in diesem Band. Hier soll nur noch ein Denkmal am Ausgang unserer Route aus dem Park erwähnt werden: das Denkmal des polnischen Soldaten und deutschen Antifaschisten (tatsächlich im Singular!). Die aus einer Betonsäule mit im Wind flatternder Fahne aus Bronze und einem Relief bestehende Denkmalanlage wurde am 15. Mai 1972 durch Erich Honecker eingeweiht. Sie erinnert an die Soldaten der kommunistischen polnischen Untergrundarmee und an deutsche kommunistische Widerstandskämpfer gegen die NS-Diktatur; 1995 wurden auch nichtkommunistische Widerständler und Soldaten einbezogen.

Nächste Station ist der großflächige Arnswalder Platz, benannt nach der neumärkischen Kreisstadt Arnswalde (heute poln. Choszczno). Sofort fällt hier die gigantische Brunnenanlage aus rotem Rochlitzer Porphyr ins Auge. Dieser Stier- oder Fruchtbarkeitsbrunnen wurde von dem in der späten Kaiserzeit und der Zeit der Weimarer Republik ziemlich bekannten Bildhauer Hugo Lederer (1871–1940) geschaffen. Ursprünglich hatte er mit dem Brunnen 1910 den vierten Platz in einem Wettbewerb für einen Monumentalbrunnen in Buenos Aires gewonnen, wobei er mit dem Stier einen Bezug zum Rindfleischproduzenten und -exporteur Argentinien herstellte. Da mit vierten Preisen geehrte Werke nur selten aufgestellt werden, verkaufte Lederer den Brunnen 1927 der Stadt Berlin, die ihn 1934 auf dem Arnswalder Platz installieren ließ, wo der Steakbrunnen immer noch steht. Weitere Berliner Werke Lederers sind der Bärenbrunnen am Werderschen Markt (1928) und die Grabanlage für Gustav Stresemann auf dem Luisenstädtischen Friedhof (1930); weithin bekannt dürfte auch sein Bismarck-Denkmal in Hamburg sein (1902–06).

Durch die Bötzowstraße erreichen wir den Anton-Saefkow-Park, wo sich Hauptweg 1 und 18 begegnen. Anton Saefkow (1903–1944) war ein kommunistischer Widerstandskämpfer, der während der NS-Zeit viele Jahre hinter Gittern verbrachte. Nachdem er im Juli 1939 aus der Haft entlassen worden

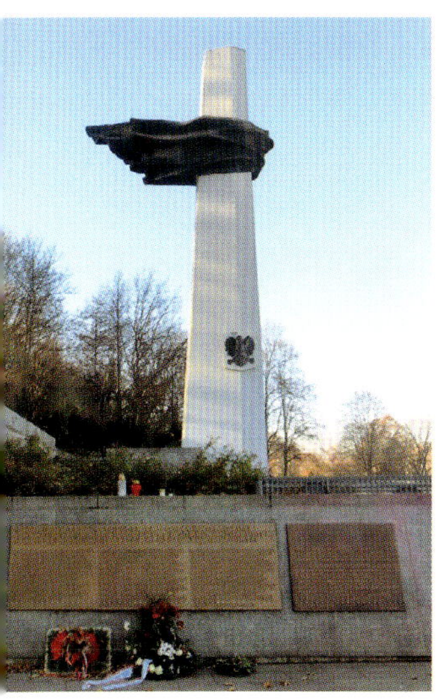
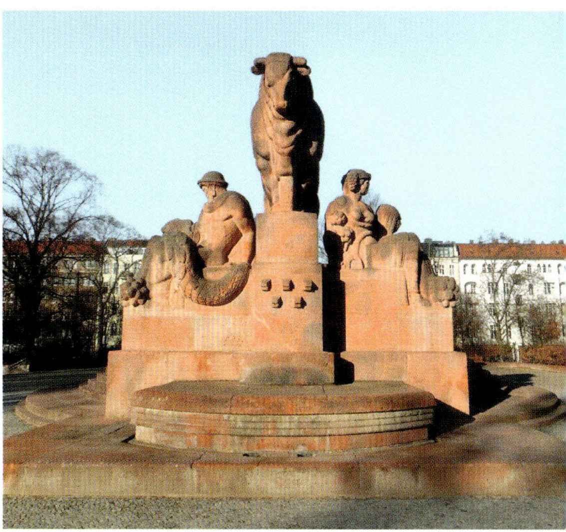

Denkmal des polnischen Soldaten und deutschen Antifaschisten (li.) und Stierbrunnen

war, baute er in Berlin sofort wieder eine Widerstandsorganisation auf. 1944 kam es zu einer Kontaktaufnahme zwischen der sogenannten Saefkow-Jacob-Bästlein-Organisation und den Sozialdemokraten Adolf Reichwein und Julius Leber, bei der sozusagen »die Gestapo mit am Tisch saß«. Eine »Sonderkommission Nationalkomitee ›Freies Deutschland‹ Berlin« der Geheimen Staatspolizei ermittelte, die Gruppe wurde zerschlagen, mehr als 60 Menschen hingerichtet – ein weiteres trauriges Kapitel der Geschichte vom »Widerstand ohne Volk«.

Nach einem kurzen Stück durch das Neubau- und Gewerbeviertel an der Kniprodestraße durchqueren wir die Kleingartenanlage Neu Berlin am Stedingerweg und erreichen durch die Sigridstraße den Volkspark Prenzlauer Berg. Dieser ist kein Resultat der Volksparkbewegung, sondern es handelt sich um eine Trümmerkippe, wo der Schutt abgerissener Ruinen abgekippt wurde, weshalb es hier auch zwei »Berge« gibt – das »Pappelplateau« und das »Hohe Plateau«. 1967 begann die Begrünung des Areals, das dann 1969 die Bezeichnung Volkspark Prenzlauer Berg erhielt. Zu den angepflanzten Gehölzen gehören Pappel, Esche, Ahorn, Robinie und Weide. Inzwischen haben sich auch Eberesche, Holunder, Weißdorn und mehrere Wildrosenarten angesiedelt, und das Bodenprofil mit Erhebungen, Mulden, Abhängen und Tälern suggeriert eine natürliche Landschaft.

Durch weitere Schrebergärten erreichen wir den Weißenseer Weg. Schon seit einer Weile sehen wir linker Hand einen eckigen Turm aufragen: Es handelt sich um den 33 m hohen Siloturm der 1929 nach Plänen von Hans Claus und Richard Schepke errichteten Mälzerei der Kindl-Brauerei (heute: Berliner-Kindl-Schultheiss-Brauerei), ein recht funktional wirkendes, mit Klinkern verblendetes Industriebauwerk, das wie das Verwaltungsgebäude von 1895 unter Denkmalschutz steht. Ende des 19. Jhs. eröffnete an der Lichtenberger Straße (seit 1987 Indira-Gandhi-Straße) die Brauerei Gabriel & Richter, die 1902 mit Berliner Pilsner einen Clou landete. Später Kindl-Brauerei genannt, war das Firmengelände der Berliner Pilsner-Brauerei zur DDR-Zeit der Stammsitz des VEB Getränkekombinat Berlin. Über die Architekten Claus und Schepke war nur wenig in Erfahrung zu bringen: Von ihnen stammen auch das Sudhaus der Kindl-Brauerei in Neukölln (1926–30) und das Gemeindehaus Schottstraße in Lichtenberg (1927/28). Das ebenfalls denkmalgeschützte Landhaus Max-Eyth-Straße 7 in Schmargendorf baute Regierungsbaumeister Hans Claus 1929–31 für sich selbst.

Auf der anderen Seite des Weißenseer Weges geht es durch die Fritz-Lesch-Straße, benannt nach dem kommunistischen Spanienkämpfer (1898–1937), auf der man auch einen Teil der Anlagen des Sportforums durchquert. Dazu heißt es auf der Webseite der Senatsverwaltung für Inneres und Sport: »Das Sportforum Berlin ist die zweitgrößte Sportanlage der Hauptstadt und das Zentrum des Berliner Leistungssports. Das etwa 45 ha große Areal wurde Anfang der 1950er Jahre gebaut und umfasst 35 Sportanlagen, die sowohl für den

Orankesee

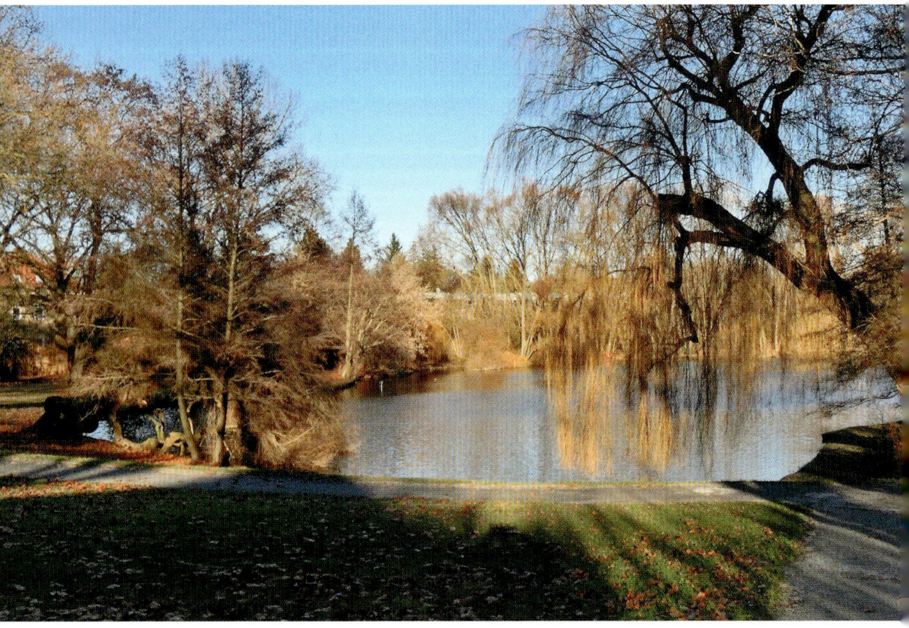

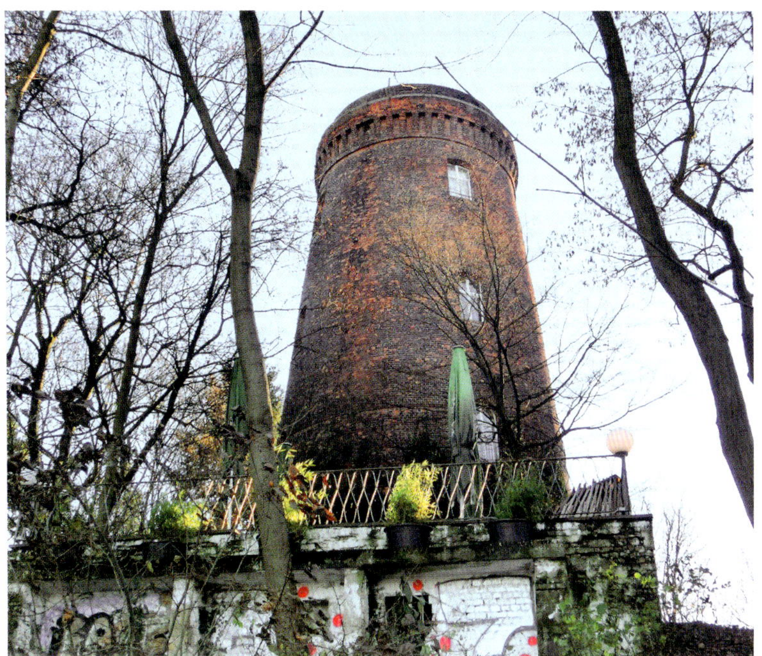

Alter Wasserturm am Orankesee

Spitzen-, Nachwuchs-, Leistungssport, als auch für den Breitensport genutzt werden. Hauptnutzer ist der Olympiastützpunkt Berlin – der größte Stützpunkt in Deutschland – aber auch rund 20 Vereine sind hier beheimatet. Täglich nutzen mehr als 3.000 Sportlerinnen und Sportler das Sportforum. Die Anlage ist darüber hinaus Austragungsort für zahlreiche regionale, nationale und internationale Wettkämpfe.«

Die nächsten Stationen sind Oranke- und Obersee. Der Erstere gehört mit dem Faulen, dem Malchower und dem Weißen See zu einer Seenkette, die im Gefolge der letzten Eiszeit entstanden ist. Der Orankesee verfügt weder über einen Zu- noch über einen Abfluss, er wird allein von Niederschlägen gespeist. Um 1890 geriet die Gegend um den See, die damals noch zum Gut Hohenschönhausen gehörte, in den Blick von »Immobilienentwicklern«. Ab 1882 begann die Parzellierung des Geländes und der Bau der Villenkolonie am Orankesee durch die Grunderwerbs- und Baugesellschaft zu Berlin, hinter der u.a. der Aachener Unternehmer Henry Suermondt (1846–1930) steckte, nach dem die Suermondtstraße benannt ist, die wir später überqueren werden. Ab 1900 entstand dann eine zweite Villenkolonie am Obersee, der kein natürlicher See ist, sondern als Frischwasserreservoir für die Löwenbrauerei diente, die ab 1894 in der heutigen Konrad-Wolf-Straße errichtet wurde und böhmisches Bier braute. Der Lindwerderberg am Obersee gehört neben dem Fuchsberg zu den höchsten Erhebungen Alt-Hohenschönhausens. Auf ihm steht der um 1900 zur Regulierung der Wasserversorgung erbaute Wasserturm, von dem allerdings nur noch der Stumpf vorhanden ist – er beherbergt Veranstaltungsräume.

Apropos Gastronomie: Am Orankesee gibt es die Orankesee-Terrassen, die auf eine lange Tradition zurückblicken können. Bereits 1892 wurde hier ein Brauereigasthaus eingerichtet, das später einem Berliner Tausendsassa gehörte: dem Weißenseer Impresario Wilhelm Heiden-Heinrich (1895–1980), dem hier ein kleines Denkmal gesetzt werden soll. Wilhelm Heiden (der Zusatz Heinrich ist sein Künstlername) stammte aus einfachen Verhältnissen, zeigte aber bereits nach dem Besuch der Volksschule, dass er ein umtriebiger Mensch war: Er arbeitete zunächst in der Billard-Queue-Fabrik Weißensee, besaß mit 16 eine Würfelbude und war ein Jahr später Redakteur und Herausgeber einer internationalen Tausch- und Sammlerzeitung namens »Welt-Courier«. Doch immer schon zog es ihn auf die Bretter, die die Welt bedeuten. 1913 absolvierte er eine Ausbildung zum Operettenbuffo, 1919 übernahm er die ungenutzte Stadthalle in der Pistoriusstraße und eröffnete das »Theater in der Gemeindeturnhalle«. Mit vorwiegend selbstverfassten Volksstücken, Operetten und auch Varietéprogrammen feierte Heiden-Heinrich große Erfolge, doch die Theaterkrise Ende der 1920er Jahre ließ ihn 1929 das Geschäftsfeld wechseln. Er pachtete die »Terrassen am Orankesee« und errichtete zugleich das Strandbad am nordöstlichen Ufer des Sees, das ebenfalls noch existiert. Zur Eröffnung der Badesaison 1929 konnten sich die Berliner dann im »Wannsee des Berliner Nordostens« tummeln. Der Zweite Weltkrieg beendete die Unternehmungen, das Strandbad wurde 1944 durch Bomben zerstört. Auch nach dem Krieg entwickelte Heiden-Heinrich vielfältige Aktivitäten, zunächst im Osten, dann im Westen Deutschlands, wo er sich in der Reisebranche tummelte. Am 3. September 1980 starb er in Ruhpolding, wo er auch beigesetzt wurde.

Nördlich vom Kätheplatz erreichen wir die Oberseestraße. Hier sollte man einen kleinen Abstecher in westliche Richtung machen, denn nach ca. 150 m befindet sich in der Nr. 60 das Mies-van-der-Rohe-Haus, das zu bestimmten Zeiten besichtigt werden kann (s. Tabelle). Der berühmte Architekt (1886–1969), der den Spruch »Weniger ist mehr« in seinen Bauwerken konsequent umsetzte, schuf den L-förmigen Bungalow für das kinderlose Fabrikantenpaar Karl und Martha Lemke, die das Haus im Frühjahr 1933 beziehen konnten – es war im Übrigen das letzte Wohnhaus, das van der Rohe vor seiner Emigration in die USA in Deutschland errichtete. Die schlichten Räume mit den großen Fensterfronten und den herrlichen Garten- und Seeblicken sind ziemlich beeindruckend.

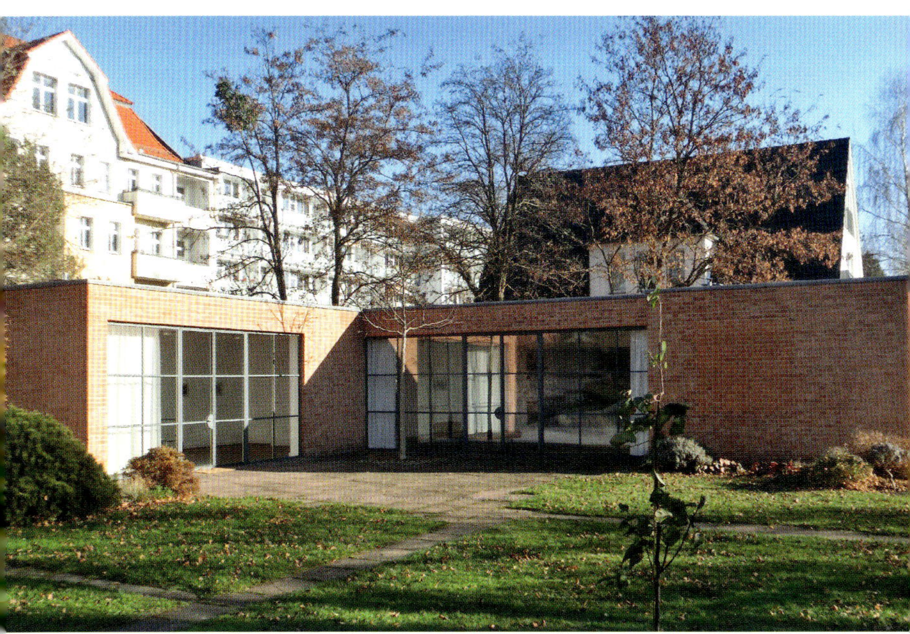

Mies-van-der-Rohe-Haus

Durch den Sabinensteig erreichen wir die bereits erwähnte Suermondtstraße und nach deren Überquerung den Volkspark am Faulen See. Diesen verlassen wir durch den Ausgang Tamseler Straße. Durch die Tamseler Straße und ihre Verlängerung, die Privatstraße 9, gelangen wir zur Kleingartenanlage »Land in Sonne«. Wir folgen der Straße 142 in nördlicher Richtung, begleiten auf einem unbefestigten Weg die Straßenbahn (Rüdickenstraße) und erreichen so die ab 1910 zu beiden Seiten der heutigen Gehrenseestraße erbaute Gartenstadt Hohenschönhausen. Sie folgt der Gartenstadtidee mit einer aufgelockerten Bebauung dieser »eigenen Scholle des kleinen Mannes«, die die Nähe der Großstadt vergessen machen und ein naturnahes Wohnen ermöglichen sollte. In der Gartenstadt sind alle Straßen mit männlichen Vornamen bezeichnet – wir wandern durch die Arnimstraße zum S-Bahnhof Gehrenseestraße, der am 21. Oktober 1984 an der Schnellbahnstrecke nach Neu-Hohenschönhausen, später nach Wartenberg, eröffnet wurde.

Schoenbrunn am Schwanenteich im Volkspark Friedrichshain, österreichische Küche, mit Biergarten, Restaurant Mi, Do & Fr ab 12 Uhr, Sa, Sa & Feiertage ab 10 Uhr, Tel.: 030/453 05 65 25, www.schoenbrunn.net/willkommen

Die Laube in der Kleingartenanlage Volkspark, Hohenschönhauser Str. 80, Mi–Fr ab 14, Sa, So ab 12 Uhr, Tel.: 030/97 50 424, zurzeit krankheitshalber geschlossen, Wiedereröffnung geplant, bitte nachschauen unter www.dielaube.com

Orankesee Terrassen, mit Biergarten, Orankestr. 41, tgl. ab 11.30 Uhr, Tel.: 030/67 81 09 10, www.orankesee-terrassen.berlin

Restaurant Olympia Berlin, Malchower Weg 45, Mo, Mi–Sa & Feiertage 12–23 Uhr, So 12–22 Uhr, Tel.: 030/89 19 47 00, olympiaberlin.de

Volkspark Friedrichshain mit Flaktürmen und Friedhof der Märzgefallenen, Sportforum Hohenschönhausen

Mies van der Rohe Haus, Oberseestr. 60, Di–So 11–17 Uhr, Tel.: 030/97 00 06 18, www.miesvanderrohehaus.de (freier Eintritt)

Strandbad am Orankesee, Gertrudstr. 7, Mai–Aug 9–19 Uhr, Tel.: 030/986 40 32, https://www.strandbad-orankesee.de/

Haltestelle Am Friedrichshain: Linie M4
Haltestelle Arnimstraße: Linien M5, M17

Bushaltestelle am Friedrichshain: Buslinien 142, 200
S-Bhf. Gehrenseestraße. Buslinie 294

S-Bhf. Gehrenseestraße: S 75 nach Warschauer Straße

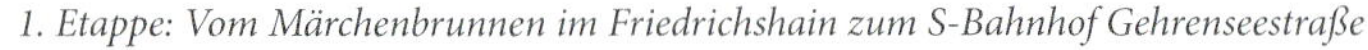

1. Etappe: Vom Märchenbrunnen im Friedrichshain zum S-Bahnhof Gehrenseestraße

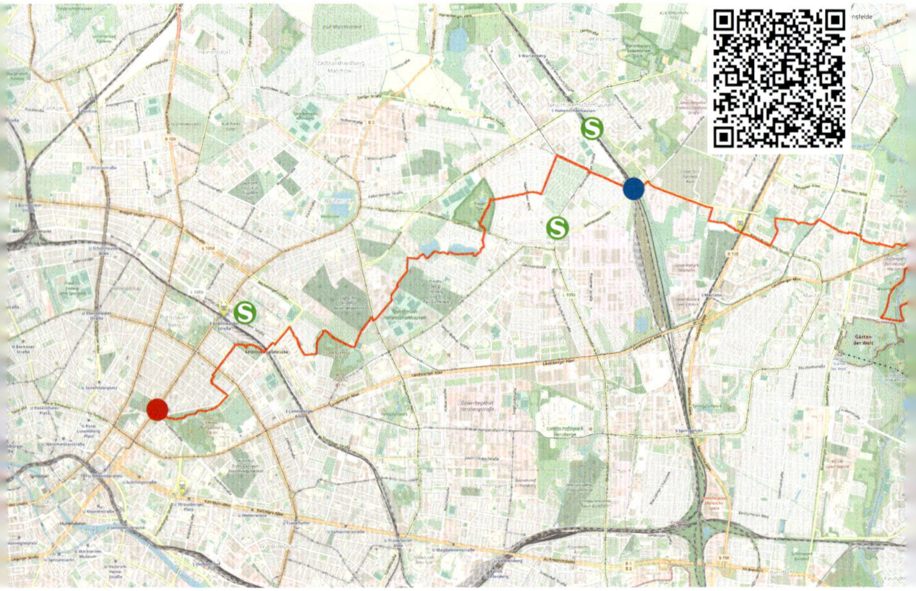

Der Hönower Weg – 2. Etappe

Start: S-Bahnhof Gehrenseestraße
Ziel: Marzahn, Gärten der Welt
Länge: 7 km

Der Beginn dieses Weges ist alles andere als attraktiv, führt er doch durch ein Gewerbegebiet bzw. an dessen Rückseite entlang. Ab der Kreuzung, an der der Bitterfelder Weg von der Gehrenseestraße abzweigt, bis zum Marzahn-Hohenschönhauser Grenzgraben hat der Grüne Hauptweg 6 (Lindenberger Korridor) die gleiche Streckenführung wie Weg Nr. 7. Es geht zunächst durch ehemalige Rieselfelder, die teilweise umzäunt sind, und am Grenzgraben entlang in östlicher Richtung: Ein weiteres Gewerbegebiet muss durchquert werden, dann erreicht man durch die Otto-Rosenberg-Straße den Otto-Rosenberg-Platz. Die Namensgebung ist alles andere als zufällig: Otto Rosenberg (1927–2001), Mitbegründer und langjähriger Vorsitzender des Landesverbandes Berlin-Brandenburg der Roma und Sinti, hat in seiner Autobiografie »Das Brennglas« (1998) das Leben im »Zigeunerlager« Marzahn genau beschrieben. Am Otto-Rosenberg-Platz befindet sich eine Gedenkstätte für dieses Zwangslager, das 1936 eingerichtet wurde, nachdem Reichsinnenminister Wilhelm Frick am 5. Juni 1936 einen Runderlass zur »Bekämpfung der Zigeunerplage« unterzeichnet hatte. Am 3. Juli erteilte die Staatspolizeileitstelle Berlin die Anweisung, dass »sämtliche in Groß-Berlin lagernde Zigeuner nach dem Rastplatz bei Marzahn überführt werden« sollten, und am 16. Juli begann eine großangelegte Verhaftungsaktion (ausführlicher hierzu Patricia Pientka: »Das Zwangslager für Sinti und Roma in Berlin-Marzahn«). Die Nähe zu den Rieselfeldern stank sogar dem »Rasseforscher« Gerhart Stein (1910–1971), der »Zur Psychologie und Anthropologie der Zigeuner in Deutschland« promovierte: »Der Platz befindet sich in unmittelbarer Nähe der Rieselfelder, die, vor allem abends und bei gewissem Wetter, üble Dünste herüber kommen lassen, die zeitweise unerträglich sind« (zitiert nach Pientka). Aber schlimmer noch waren die vielfältigen Diskriminierungen, die Mangelernährung, die Brutalitäten der Bewacher und die Gewalt der »rassenbiologischen« Erforschung, die oftmals die Schamgrenze verletzte. Der Höhepunkt des Grauens jedoch waren die Deportationen ins »Zigeunerlager« Auschwitz-Birkenau. Ein Transport erreichte Auschwitz am 24. März 1943. Patricia Pientka schreibt: »Auch Josef Böhmer, der jüngste bekannte Zwangslagerinternierte, der nach Auschwitz-Birkenau verschleppt wurde, befand sich in diesem Transport. Er war zwei Wochen vor seiner Deportation am 10. März 1943 im Lager Berlin-Marzahn zur Welt gekommen. Die Umstände

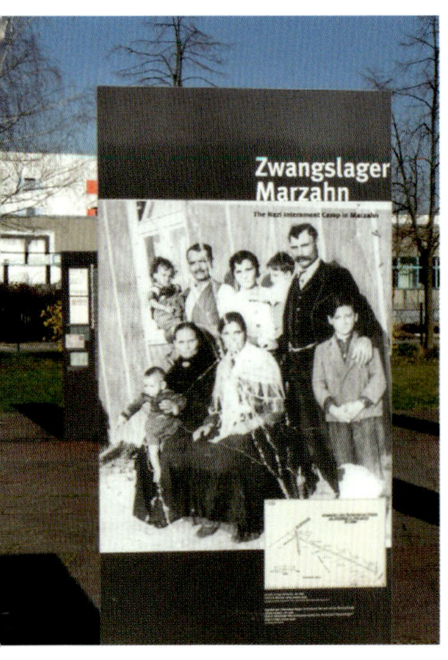

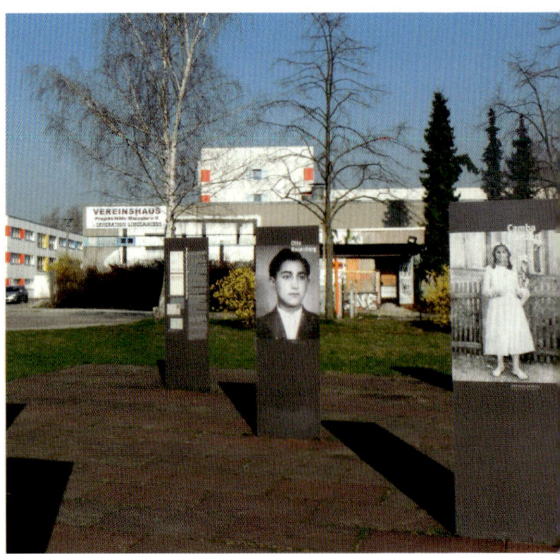

Gedenkstätte Roma-Zwangslager Marzahn

des Todes von Josef Böhmer am 6. April 1943 sind nicht bekannt.« Dem kann man nichts hinzufügen.

Nicht ganz unpassend: Der S-Bahnhof, den wir unterqueren müssen, heißt Raoul-Wallenberg-Straße. Der schwedische Diplomat Wallenberg (geb. 1912, 2016 für tot erklärt, »offizielles« Todesdatum 31. Juli 1952) ist vor allem bekannt durch die Rettung ungarischer Juden. Besonders perfide ist Wallenbergs ungeklärtes Nachkriegsschicksal: Als amerikanischer Spion denunziert, landete er in sowjetischer Haft, wo er vermutlich von Stalins Henkersknechten ermordet wurde. Zunächst war er also mit den Verbrechen der Nazis konfrontiert, dann wurde er ein Opfer »kommunistischer« Verbrecher.

Wir sind nun in der »Platte« angelangt. An dieser Stelle noch ein paar Worte zu den Rieselfeldern, über die Dorothee Ifland in dem vom Bezirksmuseum Marzahn-Hellersdorf 2009 herausgegebenen »Lesebuch Marzahn-Hellersdorf. Geschichte und Geschichten aus 10.000 Jahren« Folgendes schreibt: »Durch den Bau des Klärwerks Falkenberg, das 1968 in Betrieb ging, wurden die Rieselfelder sukzessive stillgelegt und eingeebnet, die landwirtschaftliche Nutzung eingestellt. Auf ehemaligen Rieselfeldflächen entstanden ab den 1970er-Jahren die Großsiedlungen Marzahn und Hellersdorf.«

Sowohl Marzahn als auch Hellersdorf haben dörfliche Vorgänger. Wann die Dörfer gegründet wurden, ist nicht bekannt. Marzahn wurde 1300 in einer Urkunde des Zisterzienserinnenklosters Friedland erstmals erwähnt, Hellersdorf 1375 im Landbuch Karls IV. Dabei ist der Name Marzahn slawischen Ursprungs, bedeutet »Marcana« Siedlung im Sumpf. Auch gibt es eine

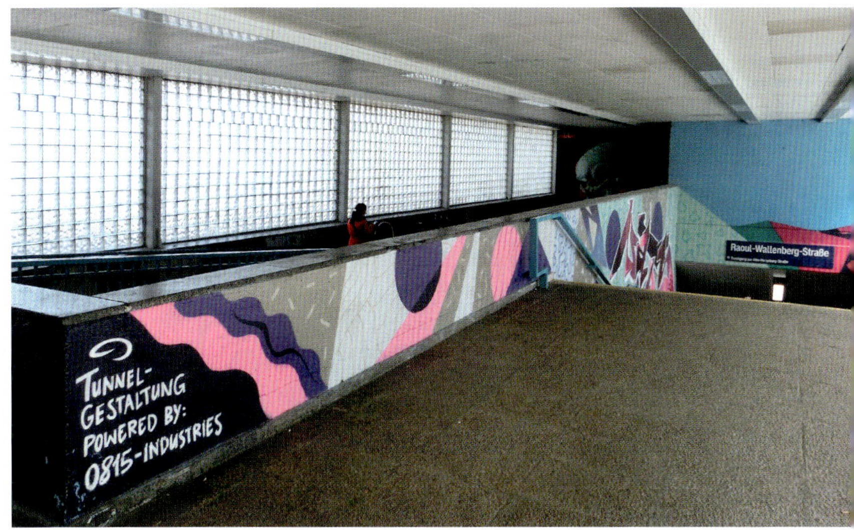

Bahnhofsgestaltung Wallenberg-Straße

slawische Göttin der Wintersonne, der Kälte und des Todes namens Marzana. Vielfältige slawische Siedlungsspuren konnten auf Marzahner (und auch auf Hellersdorfer) Gebiet gefunden werden. Um die Straßenzüge Alt-Marzahn und Alt-Hellersdorf herum finden sich noch teilweise die alten Dorfstrukturen, allerdings sind beide Orte zu weit vom Grünen Hauptweg entfernt, sodass Abstecher hier zwar empfohlen werden, es aber keine Beschreibung gibt.

Schon beim Wandern durch die Raoul-Wallenberg-Straße fällt – zumindest in der warmen Jahreszeit – das viele Grün auf: Marzahn und Hellersdorf sind wahrhaft grüne Oasen, was man so vielleicht gar nicht erwartet. Inzwischen sind die Häuser auch saniert, was zwar nicht über ihren Schuhkartoncharakter hinwegtäuschen kann, aber ihnen doch ein gefälligeres Aussehen verleiht als das ursprüngliche Grau der DDR-Platte. Beide Großsiedlungen wurden quasi aus dem Boden der grünen Wiese gestampft – oder besser gesagt, aus dem Boden von Rieselfeldern. Zu den Bauvorhaben schreibt Martin Schönfeld im »Lesebuch Marzahn-Hellersdorf«: »Der Großsiedlungsbau der 1960- bis 1980er-Jahre diente vor allem sozialen Aufgaben: Sowohl in West- als auch in Ost-Berlin galt es, modern ausgestatteten und günstigen Wohnraum in einer großen Zahl zu schaffen. In nur wenigen Jahren entstanden komplett ausgestattete Nebenzentren, die eine städtebauliche und architektonische Herausforderung waren.« Dieser Herausforderung stellte man sich vor allem durch industrielle Bautechnologien, durch den Bau mit industriell gefertigten Fertigteilen, wobei in der DDR die Plattenbauweise zur Anwendung kam. Es ist allerdings falsch, anzunehmen, diese Bauweise sei in der DDR oder in den sozialistischen Staaten »erfunden« worden. Bereits beim Projekt Neues Frankfurt (1925–30) wurde in Frankfurt/Main mit Betonplatten gebaut, und auch Le Corbusier entwickelte in den 1920er Jahren entsprechende Wohneinheiten.

Während wir uns durch die nach dem Schriftsteller Ludwig Renn (1889–1979) benannte Straße dem Hochzeitspark nähern, ein paar Anmerkungen zum DDR-Wohnungsbau. Das Zentralkomitee der SED beschloss auf seiner 10. Tagung am 2. Oktober 1973 ein Wohnungsbauprogramm; zuvor war auf dem VIII. SED-Parteitag 1971 bereits festgelegt worden, »die Wohnungsfrage als soziales Problem« bis 1990 zu lösen, wozu auch der Neubau oder die Modernisierung von sage und schreibe drei Millionen Wohnungen gehörte. Die dreimillionste Wohnung wurde von Erich Honecker am 12. Oktober 1988 übergeben, allerdings war dies wohl reine Propaganda; nach seriösen Schätzungen wurden bis zum Ende der DDR ca. zwei Millionen Neubauwohnungen geschaffen – auch das ist eine enorme Leistung. »Eine bauliche und verwaltungsorganisatorische Leistung von internationalem Rang«, nennt sie Heinrich Niemann im »Lesebuch Marzahn-Hellersdorf«.

1977 begann der Wohnungs- und Straßenbau für die Großsiedlung Marzahn. Dabei wurden elfgeschossige Plattenbauten favorisiert, die man innerhalb von etwa 110 Tagen aus industriell gefertigten Großtafeln errichtete. Bis Ende der 1980er Jahre wurde hier gebaut. Dabei wurden durchaus komplexe Siedlungsstrukturen urbanen Charakters geschaffen, denn neben der Wohnbebauung entstand auch eine Infrastruktur u. a. mit Schulen und Sporthallen, Gaststätten und Dienstleistungseinrichtungen, Polikliniken, Straßenbahnen und eben Grünanlagen. Der Hochzeitspark entstand allerdings als sogenannte Stadtumbaufläche, das heißt, wo sich einst Schulen und Kitas befanden, sie nicht mehr benötigt wurden, schuf man einen Park. Der Name erklärt sich daher, dass jedermann zu besonderen Anlässen – Geburt eines Kindes, Taufe, Hochzeit, Schulabschluss oder Firmenjubiläum – einen Baum pflanzen kann. Einen Teil des Parks nimmt der Garten der Begegnung ein, ein ehemaliger Schulgarten, der nunmehr von Anwohnern und Nachbarn bewirtschaftet wird, hier wird also sogenanntes »Urban Gardening« betrieben.

Hochzeitspark und Garten befinden sich an einem Regenrückhaltebecken, von denen es im Berliner Stadtgebiet fast 100 gibt, die meisten in den Neubaugebieten von Marzahn, Hellersdorf und Hohenschönhausen. Sie sind in die Regenkanalisation eingebaut und dienen dem Zweck, bei Starkregen das Wasser zwischenzuspeichern, damit die Kanalisation nicht überlastet wird. Außerdem kann sich ein Teil der Verunreinigungen absetzen.

Nur wenige Meter vom Hochzeitspark entfernt beginnt schon der Bürgerpark. Er wurde Anfang der 1990er Jahre gestaltet und später um die Fläche eines abgerissenen Hochhauses erweitert. Etwa 600 m lang und ca. 230 m breit, gehört er zu den größten Parkanlagen des Stadtbezirks; neben zwei Teichen gibt es mehrere Spiel- und Sportplätze sowie am nördlichen Rand das Kinderbad »Platsch«.

Auf unserem weiteren Weg »durch die Platte« passieren wir ein weiteres Rückhaltebecken und erreichen nach ca. 1,5 km schon die nächste große Grünfläche: den Wiesenpark an der Wuhle. Wie der Name verrät, besteht dieser 0,23 km^2 große Park vorwiegend aus Wiese, und er erstreckt sich von der Landsberger Allee bis zum Erholungspark Marzahn (Gärten der Welt), dem Ziel dieser Etappe.

Syrtaki, griech. Restaurant mit Sommerterrasse, Märkische Allee 210a, Di–So & feiertags ab 12 Uhr, Tel.: 030/93 02 60 40, www.syrtaki-berlinmarzahn.de

Han Han Tran Bambusstäbchen, Brodowiner Ring 16/18, tgl. 11–22 Uhr, Tel.: 030/82 07 28-10/11, www.hanhantran.de

Mehrere gastronomische Einrichtungen in den Gärten der Welt

Gedenkstätte Zigeunerlager Marzahn, Otto-Rosenberg-Platz (westlich vom S-Bhf. Raoul-Wallenberg-Straße)

Gärten der Welt, internationale Gartenkunst, tgl. ab 9 Uhr, Tel.: 030/700 90 67 20, https://www.gaertenderwelt.de/ (Eintritt!)

Bezirksmuseum Marzahn-Hellersdorf, Haus 1: Alt-Marzahn 51, HAUS 2: Alt-Marzahn 55, 12685 Berlin, Mo–Fr 10–18 Uhr, Wochenfeiertage geschlossen

Kinderbad Marzahn (»Platsch«), Max-Hermann-Str. 7 (im Bürgerpark), Juni–Sep 10–18.30 Uhr, Tel.: 030/22 19 00 11, www.berlinerbaeder.de/baeder/kinderbad-marzahn-platsch

Bushaltestelle Eisenacher Str./Gärten der Welt: Buslinie 195

2. Etappe: Vom S-Bahnhof Gehrenseestraße nach Marzahn, Gärten der Welt

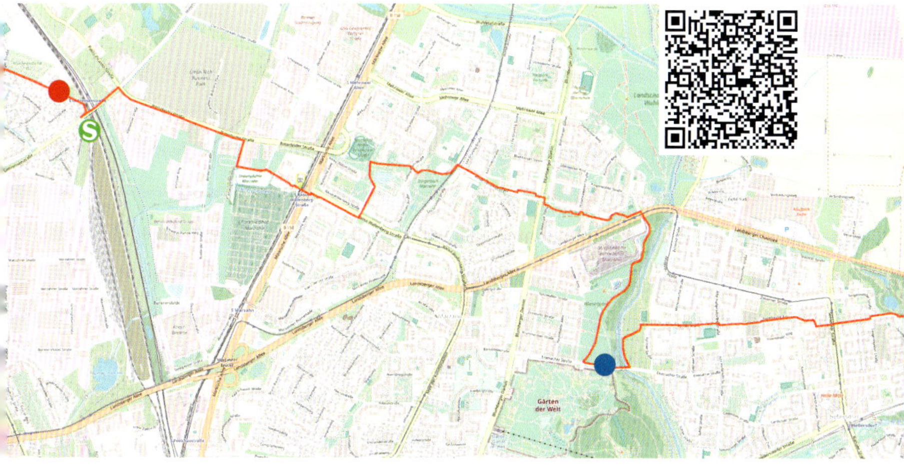

Der Hönower Weg – 3. Etappe

Start: **Marzahn, Gärten der Welt**
Ziel: **U-Bahnhof Hönow**
Länge: **4,8 km**

Zur 750-Jahr-Feier Berlins wurde am 7. Mai 1987 am Kienberg, der auch Hellersdorfer Berg genannt wird, die Berliner Gartenschau eröffnet. Gestaltet wurde das Gelände nach Plänen Gottfried Funecks (1933–2011), der von 1975 bis 1990 als Stadtgartendirektor Ost-Berlins fungierte und nach dem inzwischen ein 500 m langer Weg in Marzahn benannt wurde. 1991 wurde aus der Berliner Gartenschau der Erholungspark Marzahn, im Jahr 2000 wurde der erste Themengarten, der Chinesische Garten, eröffnet, und das Gelände avancierte zu den »Gärten der Welt«. Inzwischen gibt es diverse weitere Themengärten, z. B. einen koreanischen, einen japanischen, einen christlichen und einen orientalischen Garten, sowie eine Tropenhalle. Im Rahmen der – wie die meisten solcher Schauen ebenso umstrittenen wie defizitären – IGA 2017 wurde das Gelände um mehr als das Doppelte erweitert, der Besuch ist kostenpflichtig. Wer das Geld sparen will: Der Eintritt zum benachbarten Kienbergpark ist frei.

Erholungspark Marzahn

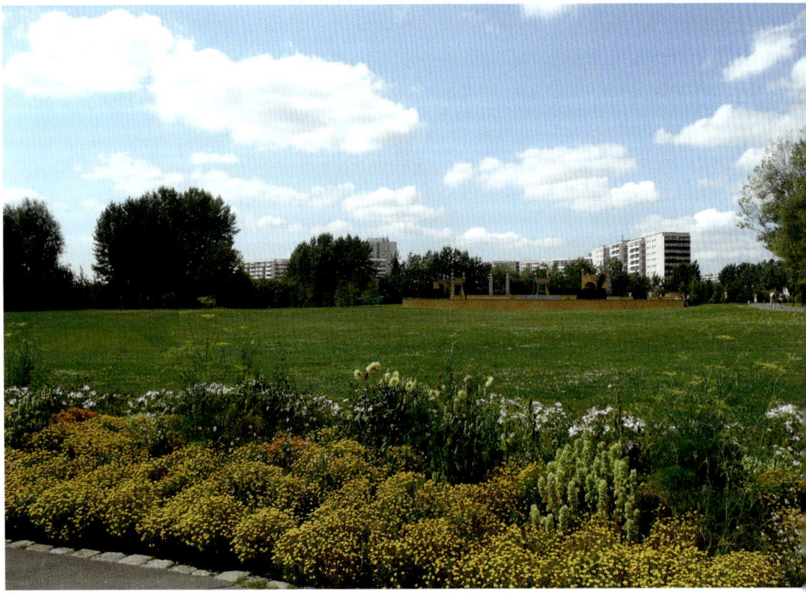

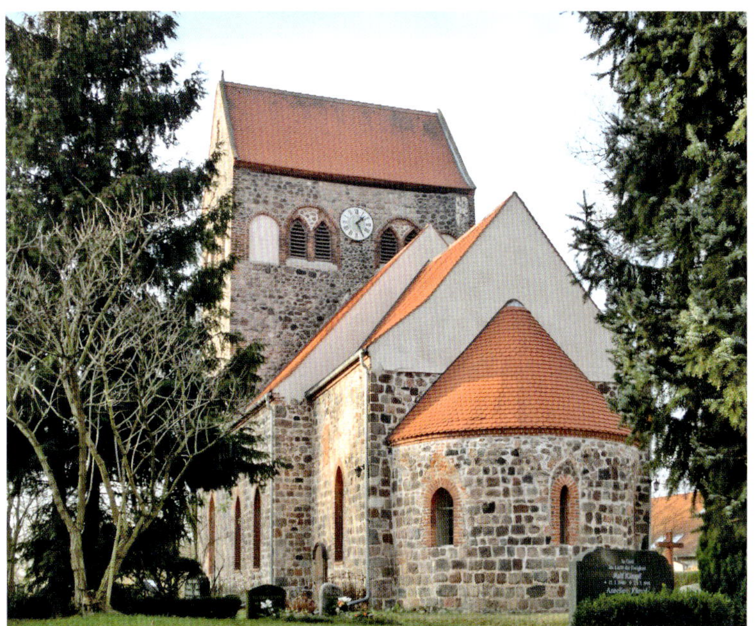

Dorfkirche Hönow

Wir begeben uns auf der Eisenacher Straße in Richtung Wuhle, die wir auf einer Brucke überqueren. Damit verlassen wir Marzahn und betreten Hellersdorf, die nächste Großsiedlung, über die Heinrich Niemann (ebd.) schreibt: »In Hellersdorf wurden infolge wirtschaftlicher Zwänge, aber auch durch weiterentwickelte Bautechnologien und Architektenvorschläge neue und günstigere Lösungen realisiert: Die vorherrschende Gebäudegröße war auf fünf bzw. sechs Geschosse begrenzt. Ein Grund dafür war die fehlende Kapazität für Aufzüge. Während sich in Marzahn 78 Prozent der Wohnungen in Gebäuden mit zehn und mehr Geschossen befanden, waren es in Hellersdorf nur neun Prozent. Da Baukombinate der verschiedenen Bezirke bauten, wurden auch unterschiedliche Gebäudeformen und -fassaden und Wohnungsgrundrisse errichtet. Die Baufelder der einzelnen DDR-Bezirke waren eine gute Grundlage für die spätere Quartiersbildung, eine Blockrandstruktur umschloss hier ruhige grüne Innenhöfe.«

Begrüßt werden wir am Eingang zu Hellersdorf von einer Skulptur auf dem Dach eines Hochhauses (Eisenacher Str. 63): zwei in schwindelerregender Höhe auf einer Schaukel balancierende Figuren, geschaffen von dem Künstler Hubertus von der Goltz (Jg. 1941), der sein Ensemble »Himmelsnaher Balanceakt« nennt. Mehrfach hat er solche über dem Abgrund schwebende Figuren geschaffen.

Nun geht es ca. 200 m mit dem Grünen Hauptweg 14 (Wuhletalweg) gemeinsam an der Wuhle in nördliche Richtung, wir aber biegen nach rechts – nach Osten – ab und durchqueren Hellersdorf, um nach etwas mehr als 2 km die Hönower Weiherkette zu erreichen. Sie entstand am Ende der letzten Eiszeit durch Abschmelzen der Gletscher, wobei eine Kette kleiner, verschieden geformter Gewässer entstand, die man auch Pfuhle nennt (z. B. Beerenpfuhl, Weihenpfuhl, Froschpfuhl). Die Hönower Weiherkette und ihre Umgebung ist ein Landschaftsschutzgebiet, das auf ca. 50 ha einen wertvollen Lebensraum für Pflanzen und Tiere bildet. Insbesondere die Vogelwelt ist mit einer Reihe seltener Arten vertreten, aber auch weniger rare (Wasser-)Vögel halten sich hier gern auf. Hier ein paar Beispiele: Stock- und Reiherente, Blässhuhn und Graureiher, Grünspecht, Nachtigall und Stieglitz, Grünfink, Gimpel, Mauersegler und Mehlschwalbe. Auf dem Boden leben Ringelnatter und Grasfrosch. Unter den Pflanzenarten sollen hier Feldrittersporn und Spitzblättriges Laichkraut, Moor-Greiskraut und Sumpf-Teichfaden erwähnt werden. Das LSG Hönower Weiherkette zieht sich hin bis zum U-Bhf. Hönow, wo dieser Grüne Hauptweg endet – oder beginnt.

Hönower Weiherkette
Bushaltestelle U Hönow: Buslinien 395, 941, 943
U-Bhf. Hönow: U 5 nach S & U Hauptbahnhof

3. Etappe: Von Marzahn, Gärten der Welt zum U-Bahnhof Hönow

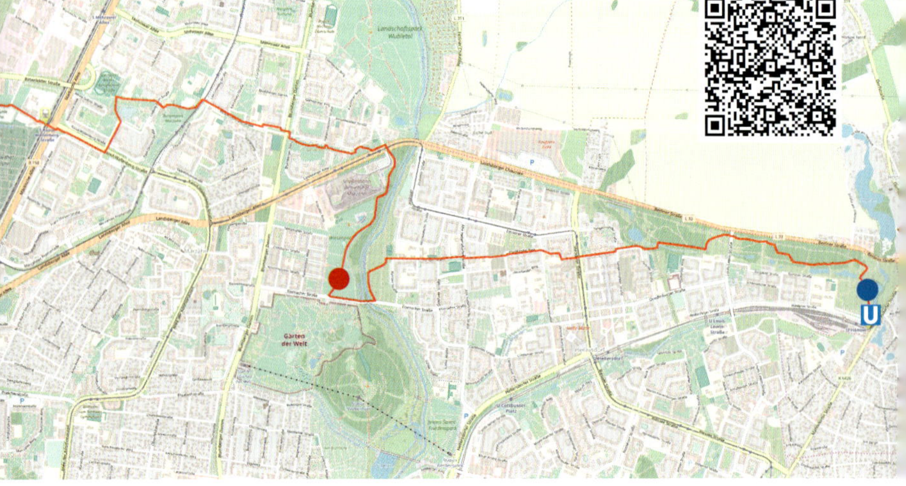

Der Barnimer Dörferweg – 1. Etappe

(Grüner Hauptweg Nr. 13)
Von Tegel durch das Tegeler Fließtal und über die Barnimer Feldmark nach Ahrensfelde
Beginn des Gesamtweges: U-Bahnhof Alt-Tegel (U6)
Ziel des Gesamtweges: Ahrensfelde, An der Wuhle/Ecke Döliner Straße (Tram 16, M8)
Gesamtlänge: 32,6 km

1. Etappe

Start: **U-Bahnhof Alt-Tegel**
Ziel: **Berliner Straße, Hermsdorf**
Länge: **6 km (zzgl. 150 m bis Haltestelle Zehntwerderweg oder 900 m zum S-Bhf. Hermsdorf)**

Auch wenn die Zahl etwas anderes vermuten lässt: Der Grüne Hauptweg Nr. 13 macht glücklich und lässt über weite Strecken die Riesenstadt vergessen. Denn obwohl er das Stadtgebiet von Berlin nicht verlässt, führt er durch ländliche Gegenden, die den Wanderer vermuten lassen, er befände sich irgendwo auf dem platten Land.

Unsere Tour beginnt am U-Bahnhof Alt Tegel. Bereits im 19. Jh. hatten die Berliner die Ausflugsqualitäten des Dorfes und vor allem natürlich des Tegeler Sees erkannt, doch was man heute kaum glauben mag: Tegel galt als »janz weit draußen (jott-weh-deh)« und daher als schwer zu erreichen. Das änderte sich, als im Juni 1881 nach nur vierwöchiger Bauzeit eine Pferdebahnlinie eröffnet worden war. Später wurde die Strecke elektrifiziert und war bis 1958 in Betrieb, dann wurde dieser eingestellt, die Gleise wurden nach und nach demontiert. Grund dafür: Die Straßenbahn galt als altbacken und einer modernen Weltstadt unangemessen. Man wollte zum einen die autogerechte Stadt, zum anderen forcierte man den U-Bahnbau. Und so wurde die U 6 vom Betriebsbahnhof Seestraße nach Tegel verlängert – das erste Neubauprojekt der Berliner U-Bahn nach dem Zweiten Weltkrieg. Anfang Juni 1958 fand die Eröffnung statt, in Anwesenheit des Regierenden Bürgermeisters Willy Brandt. 2018 konnte man also den 60. Geburtstag der U-Bahn feiern – oder den 60. Todestag der Tram betrauern.

Vom U-Bahnhof schlendern wir durch die Straße Alt-Tegel, die bis 1950 Hauptstraße hieß, dann wurde sie – so wie auch die Hauptstraßen von Alt-Reinickendorf und Lübars – durch den Namen des Ortes ersetzt. Alte Fotografien zeigen noch den dörflichen Charakter Tegels und seiner Hauptstraße,

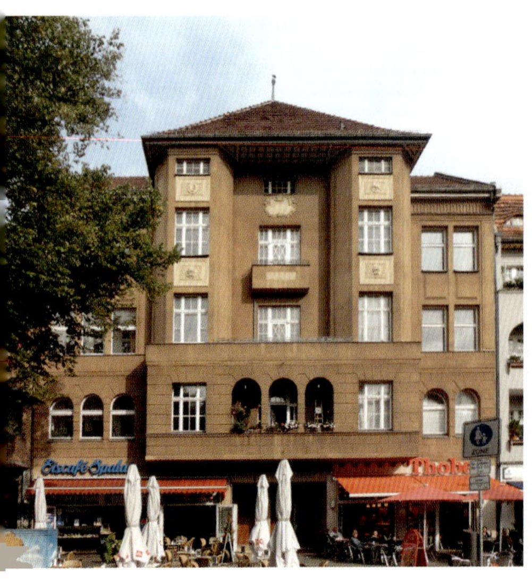

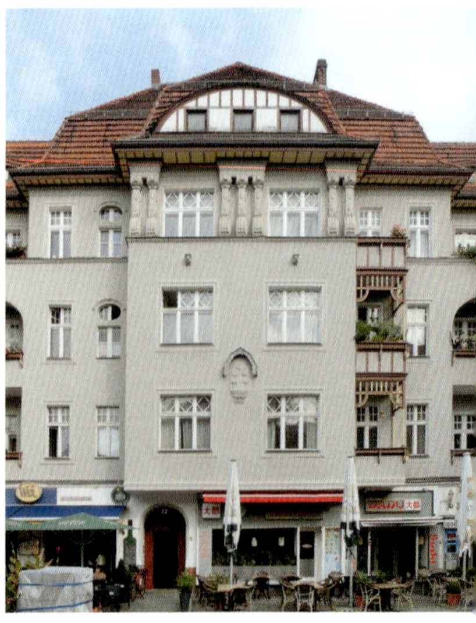

Alt-Tegel

die heute vor allem an Sonnentagen sehr belebt ist, denn hier reihen sich gastronomische Einrichtungen aneinander. Am 24. September 1976 wurde mit Alt-Tegel die erste Fußgängerzone Berlins eröffnet, wobei es sich leider nur um ein Fragment handelt, denn der Bummelboulevard durchzieht nicht den gesamten alten Dorfkern, wie es wohl wünschenswert (gewesen) wäre. In diesem Denkmalbereich fallen einige historische und interessant gestaltete Bauwerke auf, so das Haus Nr. 2, 1898 von Otto Paarßen als Wohnhaus mit Gaststätte geschaffen: Hier befindet sich heute das »Hax'nhaus«, aber vielen wird es noch als Domizil des »Gasthaus und Logis zur U-Bahn« bekannt sein. Daneben erhebt sich das vom Maurermeister und Bauunternehmer Hermann Valtink errichtete Wohn- und Geschäftshaus Nr. 4 (1881) und mit Nr. 6 ein weiteres Denkmal, ebenfalls ein Wohn- und Geschäftshaus, das der Feder der Architekten Gustav Gebhardt und Gustav Müller entstammt (1912). Hermann Valtink war übrigens am Bau noch anderer Bauwerke in Tegel beteiligt, unter anderem auch an den Entwürfen für die katholische Herz-Jesu-Kirche am Brunowplatz. Gegenüber den Nummern 2, 4 und 6 erhebt sich das von Ernst Busse 1908 erbaute mehrstöckige Wohn- und Geschäftshaus (Nrn. 5 und 7) und daneben mit der Nr. 9 das nur zweistöckige Wohnhaus von 1879. Die Fußgängermeile endet schon nach etwa 100 m, die Straße Alt-Tegel setzt sich jedoch fort, und nach weiteren 120 m sieht man auf der rechten Seite das »Café Wetterstein« (Alt-Tegel 18). Hierbei handelt es sich um einen Büdnerhof, der wahrscheinlich 1839 errichtet wurde: Büdner nannte man den Besitzer eines kleinen ländlichen Anwesens, oftmals nur aus Haus (Bude oder

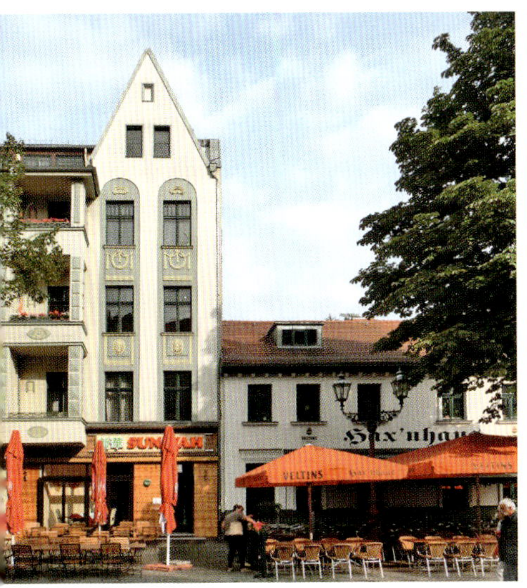

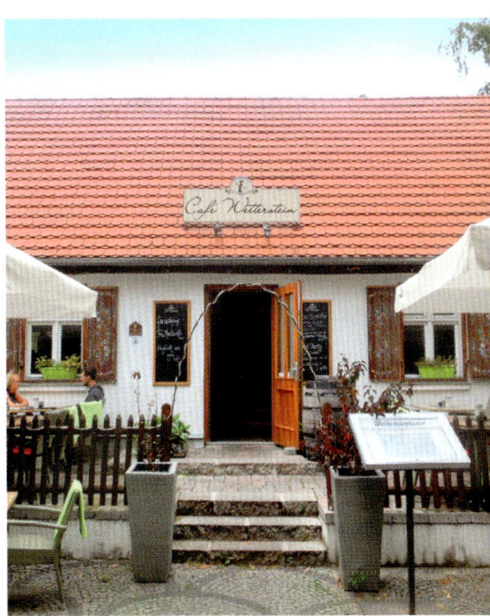

Hax'nhaus (li.) und Büdnerhaus

Kate) und Garten bestehend. All diese Bauwerke entstanden im 19. Jh. an der Verbindung zwischen dem Dorfkern und der Poststraße von Berlin nach Hamburg (heutige Berliner Straße), ein Bereich, der zuvor unbebaut gewesen war; dies geschah nach einem Brand im Jahr 1835.

Schließlich erreicht die Straße Alt-Tegel den früheren Dorfanger, den heutigen Otto-Dibelius-Platz: Der Namensgeber (1880–1967) war evangelischer Theologe, der nach anfänglich positiver Haltung zum Nationalsozialismus zu einem erbitterten Gegner und mehrmals inhaftiert wurde. Die Kirche auf dem Anger fällt sofort wegen ihrer ungewöhnlichen Bauformen auf, und es ist auch gleich erkennbar, dass sie neueren Datums ist. Für das Dorf Tegel wurde erstmals 1322 eine Kirche erwähnt, und zwar als Tochterkirche von Dalldorf, dem heutigen Wittenau. Wie diese Kirche ausgesehen hat, ist nicht bekannt. 1724 folgte eine Fachwerkkirche, die aber bereits 1756 durch einen steinernen Neubau in barocken Formen ersetzt wurde. Nach dem Sieg über Frankreich im Jahr 1870 wurde die Barockkirche umfassend umgestaltet, aber inzwischen hatte die Verstädterung des Dorfes einen solchen Grad erreicht, dass die Bewohner auch eine große städtische Kirche haben wollten. Diese erhielten sie dann 1912 mit dem derzeitigen Bauwerk, das der aus Haale (Schleswig-Holstein) stammende Architekt Jürgen Kröger (1856–1928) entwarf, der vor allem als evangelischer Kirchenarchitekt tätig war. Auffallend an der in einem neoromanischen Stil gehaltenen Kirche ist das breite Westwerk, das an Wehrkirchen, aber auch an den Havelberger Dom erinnert, und die Vorhalle, die der karolingischen Torhalle des Klosters Lorsch nachempfunden ist.

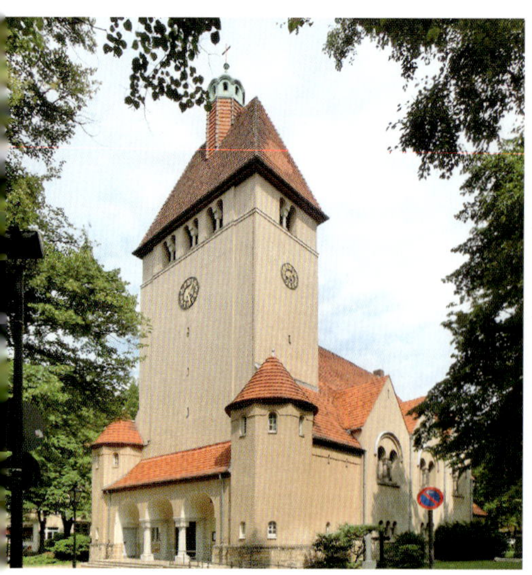

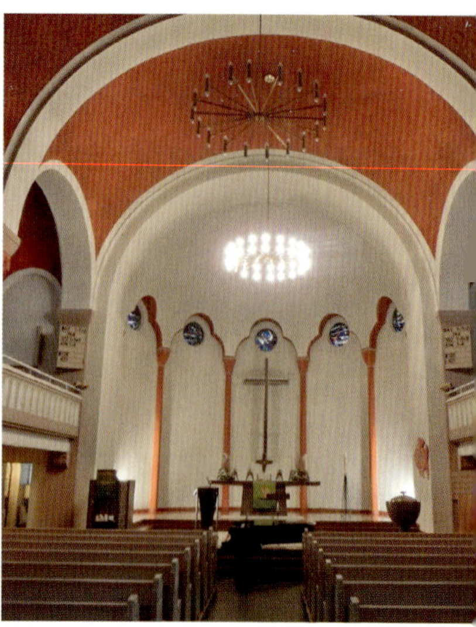

Kirche Alt-Tegel

In der unmittelbaren Umgebung des großen Kirchenbaus finden sich noch einige historisch wertvolle Grabmäler, die erkennen lassen, dass sich hier der Kirchhof der Gemeinde befunden haben muss. Und so war es tatsächlich. Ab dem 15. Jh. begruben die Tegeler hier ihre Toten, 1874 jedoch wurde der Gottesacker aufgelassen. Ein einzelnes Grabmal mit einer Urne befindet sich nordöstlich der Kirche; die in einem Porträtmedaillon (womöglich etwas idealisiert) dargestellte Wilhelmine Anne Susanne von Holwede war die Tante der Gebrüder Humboldt. Südlich des Gotteshauses sind u. a. die Grabmäler des Dorfchronisten August Wietholz und des Kommunalpolitikers August Friedrich Wilke. Auch das Kriegerdenkmal gegenüber der Eingangshalle verdient Beachtung.

Am Platz selbst befindet sich die ehemalige Gemeindeschule Tegel, ein Backsteinbau von 1870 (Alt-Tegel Ecke Kirchgasse, d. i. Alt-Tegel Nr. 35) und an der westlichen, dem See zugewandten Seite der Lehnschulzenhof Ziekow, ein breites, aber niedriges Wohnhaus, das um 1839 errichtet wurde. Lehnschulze Ziekow war der letzte seines Amtes, das darin bestand, dem Vogt zu Spandau, also dem dortigen Vertreter des Landesherrn, die Abgaben der Bauern zu liefern. Darüber hinaus hatte er die niedere Gerichtsbarkeit inne. Im Zuge der Bauernbefreiung konnten die Bauern ihr Land erwerben und, als Bauland gefragt war, teuer an den Meistbietenden verkaufen, wobei manche zu sogenannten »Millionenbauern« wurden. Plötzlich nannten sie sich Gutsbesitzer, aber Paul Ziekow setzte noch einen drauf und bezeichnete sich hochnäsig als »Lehngutsbesitzer«. Aber alle Eitelkeit half nichts gegen den

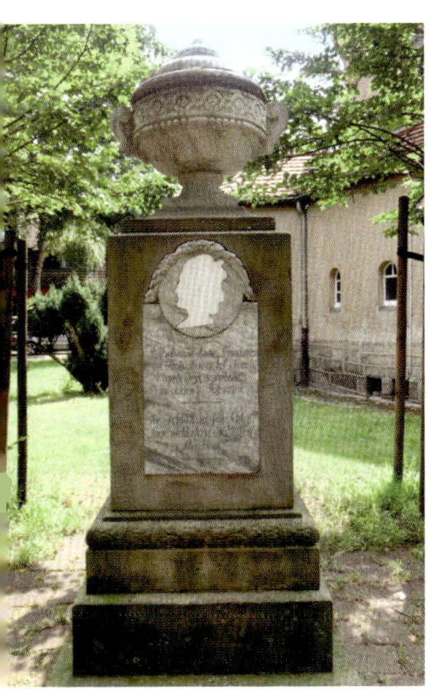

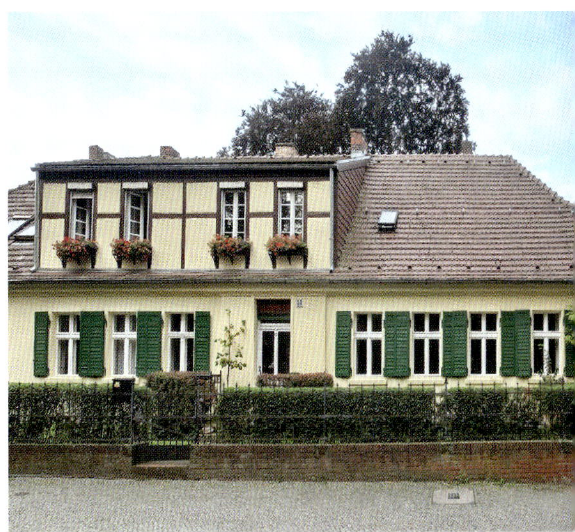

Grabmal von Holwede (li.) und Lehnschulzenhaus

großen Gleichmacher, der den fast 65-jährigen Paul Ziekow ausgerechnet am Tag der Erscheinung des Herrn (6. Januar 1887) aus dem Leben riss. Übrigens verdanken wir dem Lehnschulzen Ziekow und dem Bauern Dannenberg den Durchgang vom Dorfanger zum See, für den beide Teile ihrer Grundstücke zur Verfügung stellten.

Einstmals befand sich am Anger auch ein Forsthaus, das die französischen Besatzer 1806 zerstörten. Diesem Bauwerk verdankt Tegel seinen Eingang in die Weltliteratur. Als Goethe am 20. Mai 1778 gemeinsam mit dem Herzog Karl August zu Gast bei den Gebrüdern Humboldt war, erfuhr er, dass es im Forsthaus spuke. Der Aufklärer und Verleger Friedrich Nicolai (1733–1811) hatte den Spuk selbst erlebt und darüber einen Aufsatz veröffentlicht, und da Goethe ihn nicht leiden konnte, setzte es im ersten Teil des »Faust« (Walpurgisnacht) einen wohlgezielten Fausthieb:

Ihr seid noch immer da! Nein, das ist unerhört.
Verschwindet doch! Wir haben ja aufgeklärt!
Das Teufelspack, es fragt nach keiner Regel,
Wir sind so klug, und dennoch spukt's in Tegel.

Der Spott war unverdient: Nicolai glaubte keineswegs an den Spuk, und die mehr oder minder auch auf sein Wirken hin eingesetzten »Untersuchungskommissionen« konnten den Casus aufklären: Der in die Tochter des Försters verliebte Bursche hatte den Spuk inszeniert, um die abergläubische Gattin des Försters zum Einverständnis mit der Eheschließung zu zwingen.

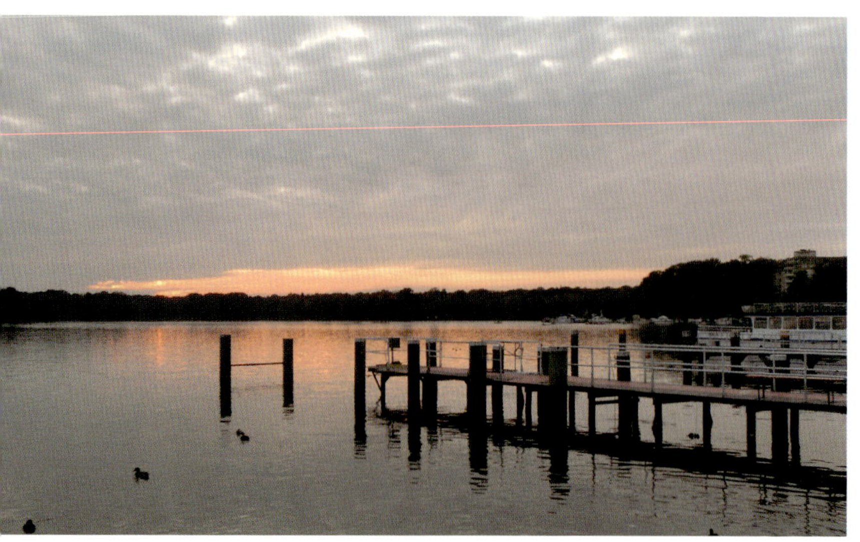

Abend am Tegeler See

Weiter geht es nun vom Anger hinab zum Tegeler See, zu der nach Reinickendorfs Londoner Partnergemeinde benannte Greenwichpromenade. Ursprünglich war das Seeufer nicht befestigt, und in seinem Hauptwerk »Geschichte des Dorfes und Schlosses Tegel« von 1922 schwärmt Ortschronist August Wietholz von den verschwundenen Reizen des Sees: »Wer denkt nicht gerne an jene Zeit zurück, als noch … der Tegeler Seeuferstrand mit Schilf und Ried geschmückt war, das dem Ufer seinen eigenartigen Reiz verlieh …« Bereits Ende des 19. Jhs. wurde mit der Anlage einer Promenade begonnen, 1909 wurde sie erweitert. Tegel war inzwischen ein beliebter Ausflugsort, und Ausflugsorte an Seen bedürfen nun einmal einer Promenade.

Lässt man den Blick über den See schweifen, entdeckt man am gegenüberliegenden Ufer ein prächtiges, schlossartiges Bauwerk, das durch die Bäume schimmert: die Villa Borsig. Sie wurde in den Jahren 1908–10 auf der Halbinsel Reiherwerder als Wohnhaus für die Industriellenfamilie Borsig angelegt, und zwar in einem neobarocken Stil. Bis 1937 Wohnsitz der Borsigs, wurde das Landhaus dann ans Deutsche Reich verkauft und diente als Reichsfinanzakademie. Nach 1945 wurde es Sitz des Oberkommandierenden der französischen Truppe, denn Tegel lag im französischen Sektor. Mehrere Nutzungen folgten, heute beherbergt es die Akademie Auswärtiger Dienst des Bundesaußenministeriums. Die Villa einschließlich der Nebengebäude sowie auch der Villengarten sind für die Öffentlichkeit gesperrt – nur ausnahmsweise einmal, z. B. am Tag des offenen Denkmals, kann das Ensemble besichtigt werden.

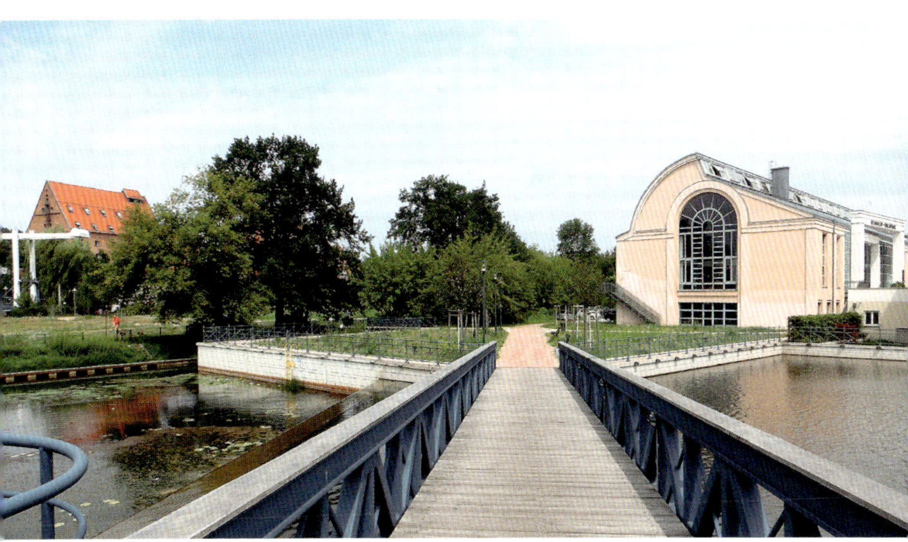

Humboldt-Bibliothek am Tegeler Hafen

Unser Weg führt uns nach rechts auf zwei Wohnhochhäuser zu, die in den Jahren 1965–67 entstanden: Neptun (16) und Nixe (9 Stockwerke). Für diese vom Tegeler Architekten Heinz Schudnagies (1925–1997) entworfenen Bauten wurde mit dem Strandschloss ein Wahrzeichen Tegels abgerissen. Auch die 1966 eröffnete Gaststätte »Seeterrassen« stammt von Schudnagies.

Hinter den Hochhäusern, dem Bootsverleih und der Minigolfanlage erreicht Weg 13 die Tegeler Hafenbrücke. Sie wurde 1909 errichtet und wird auch Sechserbrücke genannt, weil man einst hier einen »Brückenzoll« in Höhe eines Sechsers entrichten musste, wie der Berliner Volksmund die 5-Pfennigstücke nannte. Wäre es noch heute so, könnten wir uns den Sechser sparen, da wir die Brücke nicht überqueren, sondern uns am südlichen Ufer des Tegeler Fließes, das hier in den Tegeler See mündet, in Richtung des ehemaligen Hafens begeben. Etliche Neubauten sind in den letzten Jahren auf der Humboldtinsel und der Tegeler Insel entstanden. Rechter Hand erheben sich die Neubauten der Internationalen Bauausstellung von 1987.

Der Grund für den Hafenbau ist in der fortschreitenden Industrialisierung Tegels zu finden; durch sie entstand die Notwendigkeit einer verkehrsmäßigen Erschließung auch auf dem Wasserwege. Und so wurde 1908 der Tegeler Hafen eröffnet, der immerhin eine Kapazität von 20 Schiffen hatte. Mit der Zeit unrentabel geworden, war 1970 Schluss. Nach und nach wurden die Hafenanlagen demontiert. Übrigens mündet nicht nur das Tegeler Fließ in das ehemalige Hafenbecken, sondern auch der Nordgraben: Er wurde zwischen 1927 und 1938 als Verbindung zwischen der Panke und dem Tegeler See

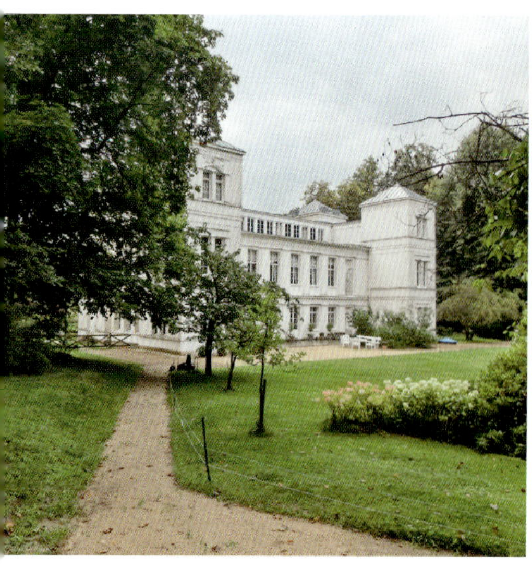
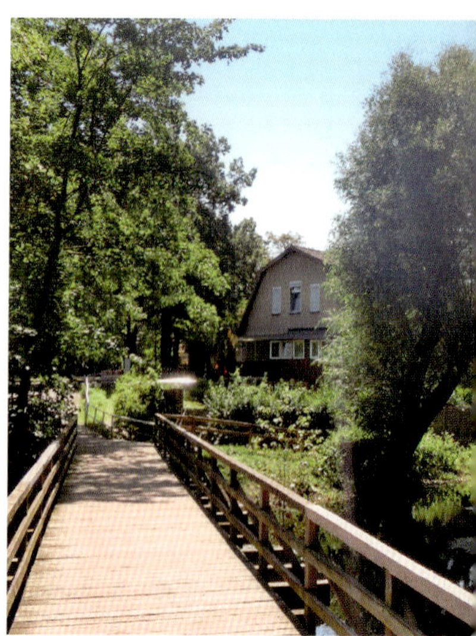

Schloss Tegel (li.) und im Tegeler Fließtal

gebaut, um die Panke bei Hochwasser zu entlasten. Unser Weg überquert den Graben kurz vor seiner Mündung und wir erreichen einen Park, hinter dem Klinikgebäude aufragen, die erkennbar eine Mischung aus Neu und Alt darstellen. Bei den alten Teilen handelt es sich um die frühere Humboldtmühle.

Unser Weg überquert die Kreuzung Karolinenstraße/Waidmannsluster Damm, wo er sich mit dem Grünen Hauptweg Nr. 16 kreuzt. Von hier lässt sich bequem ein Abstecher zum Schloss Tegel unternehmen (nach links in die Straße An der Mühle einbiegen, sie führt zum Eingang des Schlossgeländes). Das Humboldtschlösschen, wie es auch genannt wird, befand sich ab 1766 im Besitz der Familie von Humboldt, und die beiden berühmtesten Humboldts, Alexander und Wilhelm, sind hier aufgewachsen. Das sich heute in privatem Besitz befindliche Schloss kann nur bei Führungen besichtigt werden, der Park jedoch ist bis auf Widerruf öffentlich zugänglich; es wird um einen Obolus für seine Pflege gebeten.

Den Waidmannsluster Damm entlang erreicht Weg 13 kurz vor der Autobahnbrücke die Buddestraße. In diese sollte man einbiegen, um ein Bauwerk zu bewundern, das zwar weniger bekannt ist, es aber in den »Dehio« (Georg Dehio, *Handbuch der deutschen Kunstdenkmäler*) geschafft hat, was einem Ritterschlag gleichkommt: die 1980–82 nach den Plänen von Gustav Peichl (geb. 1928) errichtete Phosphateliminierungsanlage, die einem gestrandeten Schiff gleicht. Nach der Unterquerung der BAB 111 geht es nach links zum Tegeler Fließ. Bei Ausgrabungen am Fließ wurden im Oktober 1961 Überreste der Lager von Rentierjägern entdeckt, die aus der Ära nach der letzten Eis-

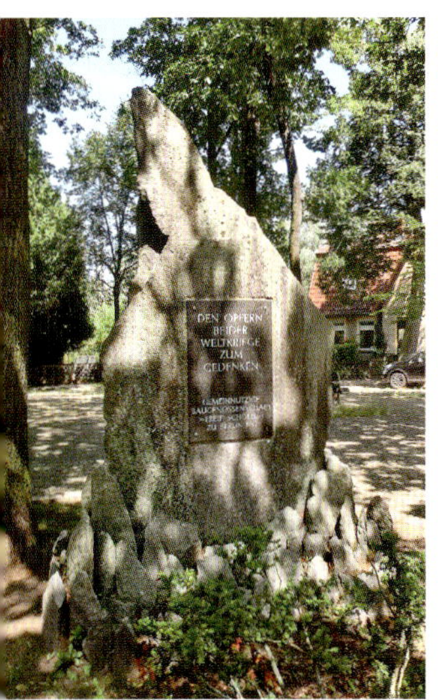

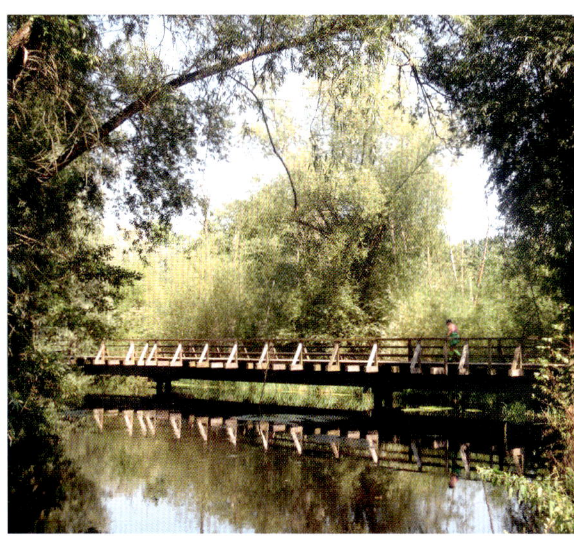

Marie-Schlei-Gedenkstein (li.) und Brücke im Fließtal

zeit um 10.000 v. Chr. stammen. Da sich Rentiere von Flechten und Moose ernähren, gibt ihre Anwesenheit einen Hinweis darauf, dass die Natur im Barnimer Land nach der Eiszeit äußerst karg war und den Tundren im Norden Europas ähnelte. Ein Schaukasten im Heimatmuseum Reinickendorf (s. Tabelle) gibt ein Bild davon, wie man sich so eine Rentierjagd und Rentierjägersiedlung vorstellt. Übrigens sollen die Rentiere auf Höhe des heutigen Titusweges das Fließ überquert haben.

Bis zur nächsten Überquerung, einer hölzernen Brücke, wandern wir entlang des mäandrierenden Fließes durch eine Natur, die das Gefühl gibt, weit entfernt von der Großstadt zu sein. Auf Höhe der Brücke befindet sich rechts dann der Marie-Schlei-Platz, der bereits zur Siedlung »Freie Scholle« gehört, die sich zwischen Fließ und Nordgraben erstreckt. Hier kann man eine Pause einlegen, denn es stehen einige Bänke auf dem stillen runden Platz, der nach der sozialdemokratischen Politikerin Marie Schlei (1919–1983) benannt ist. Sie war die erste Frau auf dem Ministerposten für wirtschaftliche Zusammenarbeit und wohnte im Allmendeweg.

Die unter Denkmalschutz stehende Siedlung »Freie Scholle« entstand auf Initiative des Baumeisters Gustav Lilienthal (1849–1933), dem Bruder des Flugpioniers Otto Lilienthal verfolgte mit dem Bau auch sozialreformerische Absichten: Die Siedlung in Licht und Luft, damals noch außerhalb Berlins gelegen, sollte ein Gegenstück zu den Mietskasernen sein. 1899–1910 erbaut, war die »Freie Scholle« eine erste, sowohl von links wie von rechts durchaus misstrauisch betrachtete genossenschaftliche Bauvereinigung, und es sollten,

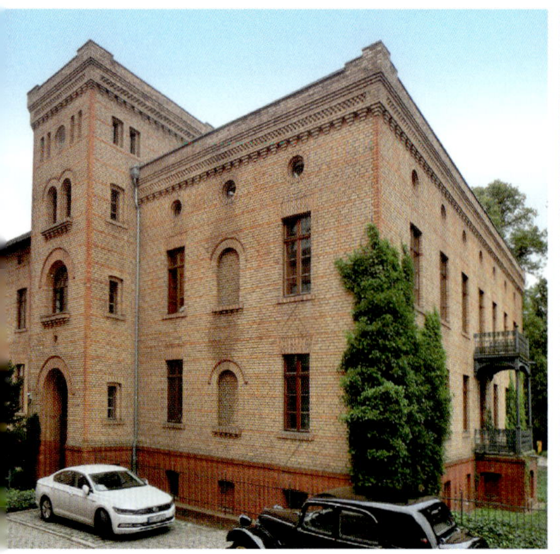
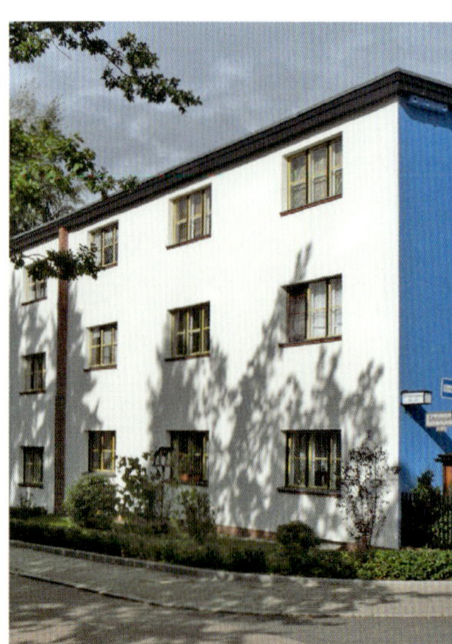

Humboldt-Mühle (li.) und Siedlung Freie Scholle

wie seinerzeit so oft, auch sozialere Formen des Zusammenlebens der Baugenossen erreicht werden. In den 1920er Jahren wurde die Siedlung erweitert und es entstanden z. B. mit dem Schollenhof Häuserzeilen des Neuen Bauens, für die der berühmte Bruno Taut verantwortlich zeichnete. Es lohnt sich also für Architekturinteressierte, den Weg 13 für eine Weile zu verlassen und die »Freie Scholle« zu durchstreifen.

Wir überqueren das Fließ auf der Holzbrücke in Höhe des Marie-Schlei-Platzes und wandern nun nördlich des Flüsschens in Richtung Hermsdorf. Beim Betrachten der Feuchtwiesen kann man sich nicht mehr vorstellen, dass geschäftstüchtige Waidmannsluster ab Ende des 19. Jhs. Fahrten mit Spreewaldkähnen auf dem Fließ als eine Attraktion anboten, die gern angenommen wurde. Heute gelten strenge Nutzungsregeln für das Naturschutzgebiet, und wenn man Glück hat, trifft man auf diesem Wegeabschnitt – oder einem späteren – auf tierische Landschaftspfleger: Wasserbüffel. Durch Beweidung mit Wasserbüffeln werden die Feuchtwiesen offengehalten. Wenn allerdings nach anhaltenden Regenfällen der Wasserstand zu hoch ist, wird es selbst den Wasserbüffeln zu nass.

Das direkt an der Berliner Straße und am Fließ stehende, inzwischen recht nüchtern und uninteressant erscheinende Gebäude Berliner Straße 145, das jetzt einen Burger-Grill und ein Fitnessstudio beherbergt, war einst der Standort einer Wassermühle. 1694 erhielt der Müller eine Ausschankgenehmigung, und ab dem 19. Jh. befand sich hier der Gasthof & Ausspannung zur Mühle. Die Mühle allerdings wurde Anfang der 1860er Jahre stillgelegt.

Alternativroute

Man kann es auch wie die Rentiere vor 10.000 Jahren halten und das Fließ auf Höhe des Titusweges auf dem St.-Joseph-Steg überqueren. Auf der nördlichen Seite des Fließtals führt der Reinickendorfer Wanderweg 3 entlang, der andere, z.T. weitere und schönere Blicke ins Naturschutzgebiet ermöglicht. Der Nachteil besteht in der Nähe von Forst- und Mühlenfeldstraße, was durchaus hörbar ist; der südliche Weg (Grüner Hauptweg Nr. 13) ist in dieser Hinsicht ruhiger. Auf der Höhe des Egidystegs vereinigen sich beide Wege.

ⓘ **Touristeninformation Alt-Tegel**: Auf der Fußgängerpromenade in der Nähe des U-Bahnhofs Alt-Tegel gibt es einen Kiosk mit einer Touristeninfo, deren Öffnungszeiten findet man auf der Webseite https://reinickendorf-berlin.de/touristinfo/.

Vielfältige Gastronomie in Alt-Tegel
In Hermsdorf: **Ristorante Caruso**, mit Terrasse, Oraniendamm 30/31, Mo–Fr ab 15 Uhr, Sa, So & feiertags ab 12 Uhr, Tel.: 030/33 02 29 20

Alt Tegel, Schloss und Schlosspark Tegel, Wasserbüffel am Tegeler Fließ, Alt Hermsdorf

Heimatmuseum Reinickendorf in Hermsdorf, Alt-Hermsdorf 35, 13467 Berlin, Mo–Fr & So 9–17 Uhr, Tel.: 030/902 94 64 60, www.museum-reinickendorf.de

Buchhandlung am Fellbacher Platz, Heinsestr. 25, Mo–Fr 10–18 Uhr, Sa 10–14 Uhr, Tel.: 030/40 00 91 78, www.genialokal.de/buchhandlung/berlin-hermsdorf/fellbacherplatz

Bushaltestelle Zehntwerderweg: Buslinie 220

S-Bhf. Hermsdorf: S1 nach Wannsee via Friedrichstraße oder nach Frohnau/Oranienburg

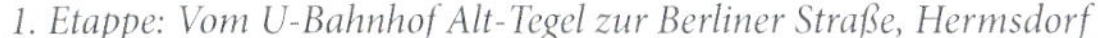
1. Etappe: Vom U-Bahnhof Alt-Tegel zur Berliner Straße, Hermsdorf

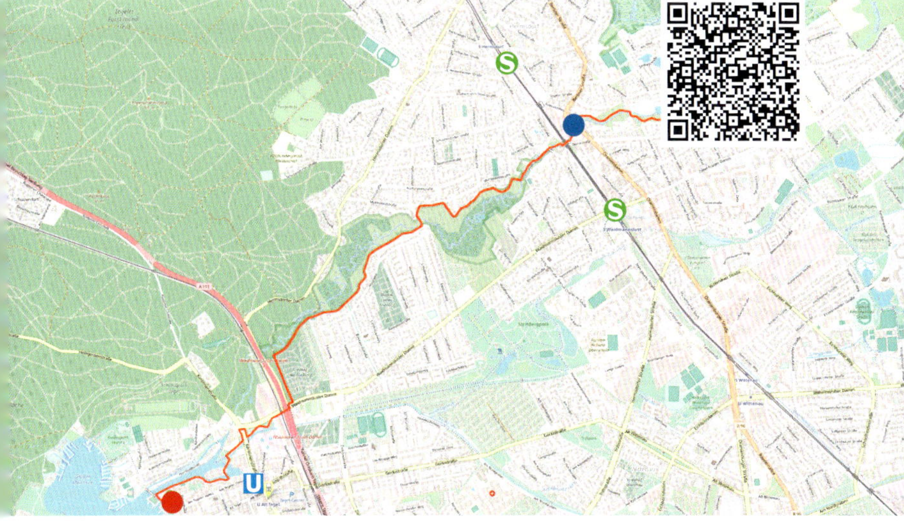

Der Barnimer Dörferweg – 2. Etappe

Start: Berliner Straße, Hermsdorf (am Fließ)
Ziel: Dorfanger Lübars
Länge: 4,2 km

Wer, von Tegel kommend, dem Barnimer Dörferweg weiter folgen will, der überquere die Berliner Straße und setze den Weg wie ausgeschildert fort. Ihm entgeht dabei allerdings ein lohnender Spaziergang durch das alte Hermsdorf, einen Abstecher, den wir durchaus empfehlen. Zunächst bedeutet das, sich auf der Berliner Straße in nördlicher Richtung bis zur nach rechts abzweigenden Straße Alt-Hermsdorf zu begeben. Hier beginnt der denkmalgeschützte Bereich mit einem auffallenden Gebäude: der Büdner- und Schlachthofanlage Brückmann (Alt-Hermsdorf 39).

Hermsdorf, das zu den Barnimdörfern zählt, wurde wohl um 1200 als deutsches Dorf gegründet, wobei die Einwohner größtenteils slawische Wurzeln hatten. Erstmals wurde der Ort 1349 urkundlich als Hermanstorp erwähnt, was auf einen Lokator – einen beauftragten Siedlungsgründer – namens Hermann schließen lässt. Das Dorf lag lange im Schatten der Geschichte, selbst noch als königliches Domänenvorwerk. Zwar gab es eine Kirche, über deren Gestalt man aber nichts Genaues sagen kann, jedoch keine eigene Pfarre: Hermsdorf war lange Zeit nach Dalldorf (Wittenau) eingepfarrt. »Um 1800 besaß das Dorf etwa 188 Einwohner, drei Mühlen, ein Krug und eine Ziegelei. Die Tonwarenfabrik, 1860 vom Gutsbesitzer Leopold Lessing erweitert, zog zahlreiche Arbeitskräfte an. Hermsdorfer Ziegel waren im 19. Jh. ein erfolgreiches Exportprodukt, die für Berliner Backsteinkirchen und Schulbauten, aber auch für das 1861–69 erbaute Berliner Rathaus verwendet wurden«, schreibt Michael Zaremba in »Reinickendorf im Wandel der Geschichte«. Ähnlich wie bei Tegel brachte erst der Ausflugsverkehr der Berliner im 19. Jh. einen gewaltigen Entwicklungsschub: 1911 gab es 26 Gaststätten, 17 Cafés und ein Weinlokal. Schließlich entdeckten auch Bodengesellschaften, Baugenossenschaften und private Bauherren das schöne und ruhige Sommerausflugsgebiet und begannen, es mit Villen und anderen Wohnbauten zu bestücken. Hermsdorf wurden 1920 nach Groß-Berlin eingemeindet.

Beim Büdnerhaus Alt-Hermsdorf 39 fällt auf, dass es aus mehreren Teilen zusammengesetzt scheint. So ist es auch tatsächlich. Der älteste Teil stammt aus der Zeit vor 1769, vermutlich von 1754, und gehört zum Typus des mitteldeutschen Doppelstubenhauses mit sogenannter schwarzer Küche. Es wurde 1904 um ein Fachwerkgeschoss als Räucherhaus erweitert. Erweiterungen

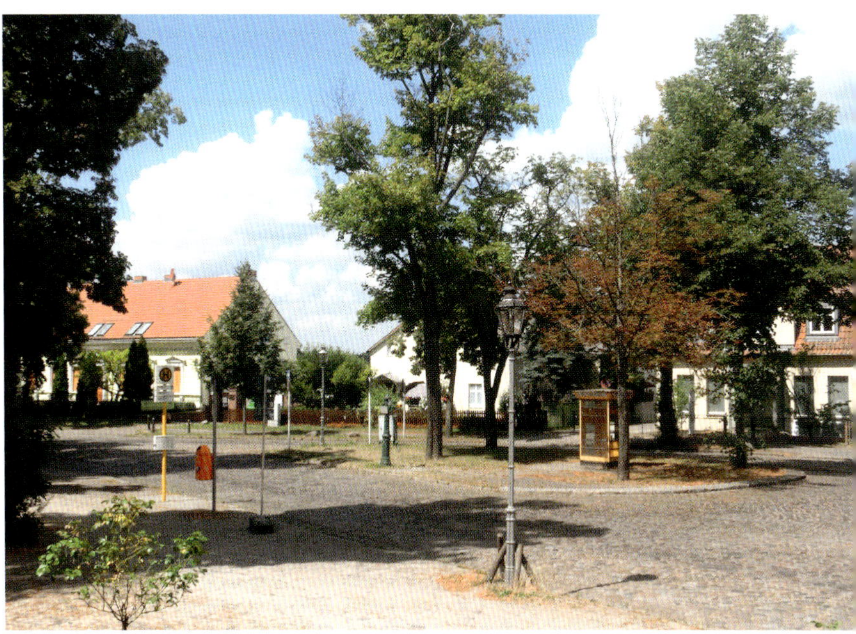

Alt-Lübars

des Ursprungsbaus folgten dann 1823, 1866 und 1878: In der Bauphase 1866 wurde der ehemalige Stall vom Eigentümer Bruckmann in ein Schlachthaus verwandelt.

Vom Büdnerhaus führt unser Weg in Richtung Anger. Auf der linken Seite erscheint ein zweigeschossiges Wohnhaus mit weißen Fensterläden im ersten Stock, bei dem es sich um ein Büdnerhaus aus dem 19. Jh. handelt, das 1907 aufgestockt wurde und als Gemeindehaus fungierte. In dem auffälligen Backsteingebäude rechts daneben (Alt-Hermsdorf 35) befindet sich heute das sehr sehenswerte Heimatmuseum Reinickendorf. Ursprünglich war es die Gemeindeschule. Vom Heimatmuseum schweift der Blick über den Dorfanger mit seiner ungewöhnlichen dreieckigen Form zur Dorfkirche. Auf dem Anger stehen zwei Löwenköpfe, mit denen es folgende Bewandtnis hat: Sie stammen vom Deutschen Kolonialhaus, dem 1903 in der Lützowstraße 89/90 errichteten Stammsitz des Berliner Unternehmers Bruno Antelmann, der mit Produkten aus den deutschen Kolonien Handel trieb. Die Löwen flankierten den Eingang dieses repräsentativen Gebäudes mit seiner exotischen Dekoration. Im Zweiten Weltkrieg wurde das Kolonialhaus vollständig zerstört, nur die beiden Löwen »überlebten«. Sie standen viele Jahrzehnte auf dem Hof der Tegeler Markthalle und wurden in den 1970er Jahren Teil des Stadtmöbelmuseums von Jule Hammer (1927–1981). Inzwischen gehört es dem Heimatmuseum Reinickendorf, das ohnehin über einen Skulpturengarten (Lapidarium) verfügt.

Die Alt-Hermsdorfer Kirche, ein rechteckiger Putzbau mit drei hohen Rundbogenfenstern auf jeder Seite, wurde 1830 an der Stelle einer Fachwerkkirche von 1754/56 errichtet. Der Bauschmuck hat einen angedeutet barocken Charakter, der heutige Turm wurde erst 1960 erbaut, folgt aber alten Formen. Die Vorhalle, der Chor und die Sakristei stammen aus dem Jahr 1909.

Vom Dorfanger kommend, überquert man die Almut- bzw. die Seebadstraße und taucht in einen besonders dörflich anmutenden Teil Hermsdorfs ein, der einen mit seinen niedrigen Häusern und dem rumpligen Kopfsteinpflaster in frühere Zeiten versetzt. Am nächsten kommt dabei wohl das 19. Jh., jedenfalls vom Empfinden her, denn – einige Neubauten ausgenommen – könnte es auch noch weit bis ins 20. Jh. hier so ausgesehen haben. Gleich linker Hand befindet sich eine mit Steinen gekennzeichnete Stelle, die auf archäologische Untersuchungen hindeutet, die ab 1987 in Alt-Hermsdorf durchgeführt worden sind. Hierzu gibt es interessante Ausführungen in der Festschrift »650 Jahre Hermsdorf. 1349–1999«, die sich auf die markierte Stelle beziehen, an der einst eine Kirche stand: »Es zeigte sich damals, dass die abgetragene Kirche mindestens zwei Vorgänger besaß. Die jüngere von beiden wurde im Renaissancestil als Fachwerkbau in der zweiten Hälfte des 16. Jahrhunderts errichtet, die ältere ist nicht datierbar. Sicher ist nur, dass es sich um einen reinen Holzbau gehandelt hat. Die um die ältere Kirche herum angelegten frühesten Bestattungen reichen aber mit größter Wahrscheinlichkeit bis in die erste Hälfte des 13. Jahrhunderts zurück. Dafür sprechen zwei Skelette aus der untersten Gräberschicht. Der Blick der Toten war nach Westen und nicht, wie bei christlichen Bestattung üblich, nach Osten gerichtet. Eines der beiden Skelette, ein Kind, war mit angewinkelten Beinen in Hocklage beigesetzt. Man hatte ihm eine Münze in den Mund gelegt. Münzbeigaben in dieser Zeit sprechen für einen heidnischen Grabritus. Sicher gehört dieses Grab in eine Epoche, in der sich Heiden- und Christentum gerade begegneten«, schreibt Klara von Müller-Muci vom Landesdenkmalamt Berlin.

Viele, ja die meisten Gebäude in Alt-Hermsdorf stehen unter Denkmalschutz. Erwähnt werden sollen hier, neben den bereits aufgezählten, stellvertretend noch der Kossätenhof Müller (Nr. 27), der Büdnerhof Müller (Nr. 38), der Kossätenhof Hermann (Nr. 10), die Büdnerhäuser Nr. 1 und 4. Ihre Erwähnung bietet uns den Anlass für einen kleinen Exkurs.

Exkurs: Büdner und Kossäten

Beim Büdner handelt es sich um einen Kleinbauern, der über ein ländliches Anwesen verfügte, das zumeist nur aus einem Haus und einem Garten bestand: die Büdnerei. Der Begriff ist vor allem in Nord-

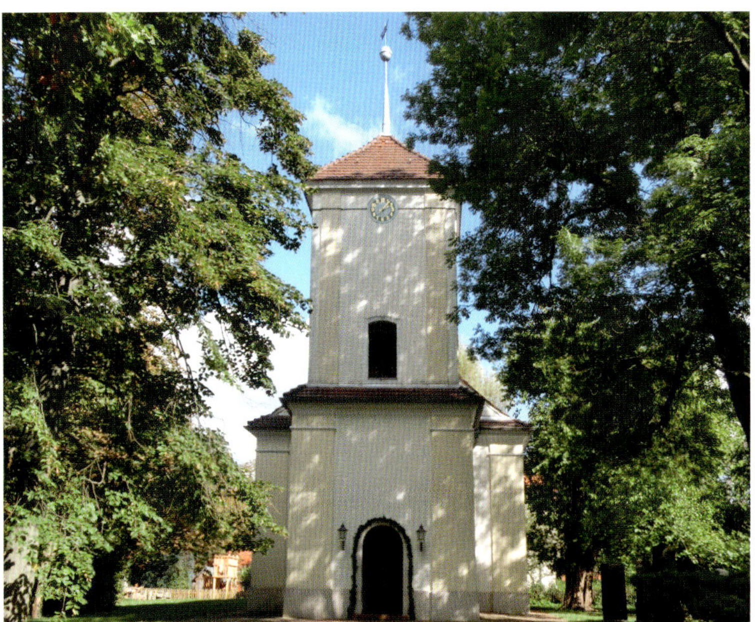

Dorfkirche Alt-Lübars

deutschland gebräuchlich, insbesondere in Mecklenburg, Pommern und Brandenburg. Abgeleitet wird er zumeist von »Bude«. Manchmal kann eine Übereinstimmung mit dem Kätner (Besitzer einer Kate) oder einem Häusler bestehen, mitunter sind aber die Bezeichnungen in ihrer Bedeutung auch getrennt. Kossäten waren Inhaber eines Hauses (Kotten) und eines geringen Landbesitzes, die häufig nur im Nebenerwerb landwirtschaftlich tätig waren und hauptsächlich von einer oftmals handwerklichen Tätigkeit lebten. Sie mussten dem Gutsherrn Hand- und Spanndienste und Naturalabgaben leisten. Die Bezeichnung Kossät kommt vor allem in Mecklenburg und Preußen vor, andernorts wird z. B. auch vom Kätner, Kötter oder Kotsassen (Hintersassen) gesprochen – oftmals befanden sich ihre Höfe am Dorfrand.

Wer die kopfsteingepflasterte Straße bis zum Ende geht, stößt auf das Keramikatelier Aargaard, wo es am Wochenende einen Cafébetrieb gibt und man bei gutem Wetter auf dem Hof sitzen kann; natürlich kann man auch schöne Keramiken erwerben. Weiter führt der Pfad dann ins Fließtal und stößt dort auf den Barnimer Dörferweg, der uns nach Lübars führt.

Vorbei geht es am Hermsdorfer See, der vom Tegeler Fließ durchflossen wird und in dem es zwei Inseln gibt (eher Inselchen), nämlich den Großen und den Kleinen Werder. Der See war lange Zeit ein Zankapfel zwischen Hermsdorf und Lübars, dem Nachbarort, weil beide Dörfer ihn als Fischgrund und zur Rohrgewinnung nutzten, außerdem dienten die Feuchtwiesen an seinem Ufer als Weideland. Ein Vergleich von 1622 sprach den See dem

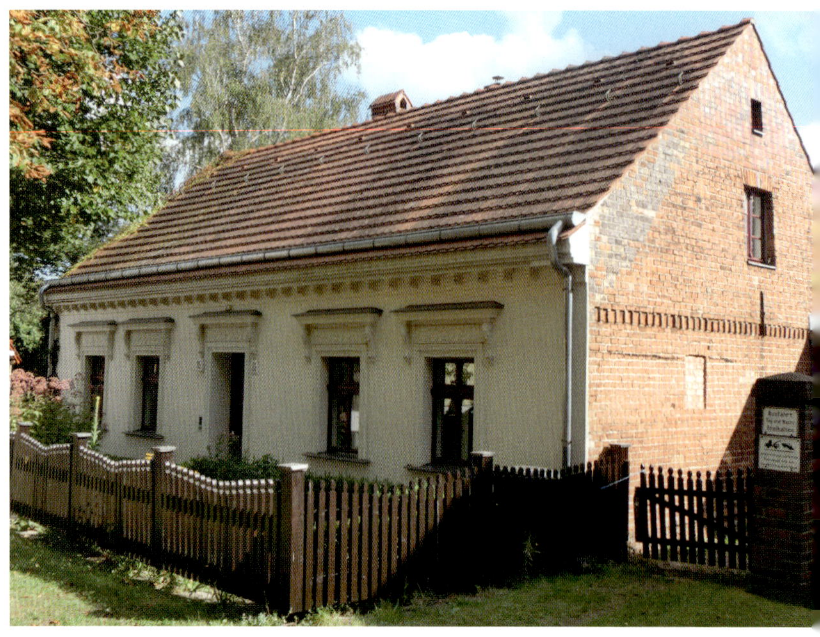

Alt-Lübars

Hermsdorfer Gutsherrn zu, aber die Lübarser hielten sich nicht daran, und so waren Auseinandersetzungen programmiert. Durch die Teilung des Sees am Ende des 18. Jhs. konnten die Gemüter dann beruhigt werden.

Der Barnimer Dörferweg führt schließlich auf einem schmalen Landstück zwischen dem Hermsdorfer und dem Ziegeleisee hindurch, dessen Name schon seinen Ursprung verrät: Es handelt sich um einen ehemaligen Tonstich, der sich nach Aufgabe des Tonabbaus und der Ziegelindustrie in Hermsdorf allmählich mit Grundwasser füllte. Natürliche Zu- und Abflüsse gibt es nicht, inzwischen kann der Wasserstand aber durch eine Verbindung zum Hermsdorfer See reguliert werden. Seit 1926 existiert am nördlichen Seeufer das Freibad (Strandbad) Lübars, wo es auch saisonale Gastronomie gibt.

Wir überqueren die Straße Am Freibad, und weiter geht es zum Eichwerder Steig, der Teil eines Naturlehrpfades ist (Näheres dazu später). Der Weg führt einige Zeit auf einem hölzernen Steg über die feuchten Wiesen, es gibt einen Rastplatz, und vom Steg hat man einen weiten Blick über das Fließ zu den Eichwerder Moorwiesen, die sich bereits in Brandenburg befinden, und somit ist es auch ein Blick über die ehemalige Staatsgrenze ins benachbarte Bundesland – einst erstreckte sich jenseits des Fließtals der DDR-Bezirk Potsdam. Dem Weg folgend, erreichen wir bald das nächste der Barnimdörfer, nämlich Lübars.

Alternativroute

Wer sich ohnehin Alt-Hermsdorf und/oder das Heimatmuseum anschauen möchte, kann auch nördlich davon auf dem Reinickendorfer Wanderweg Nr. 3 in Richtung Lübars wandern; der Weg geht hinter dem Büdnerhaus Alt-Hermsdorf 39 von der Berliner Straße nach rechts ab. Man hat von diesem Weg einen schönen Blick auf die von Gräben durchzogene und baumbestandene Feuchtwiesenlandschaft nördlich vom Tegeler Fließ. Das Highlight ist dann aber der Eichwerder Steg: Dieser ist zugleich ein Naturlehrpfad, und Schautafeln am Geländer erklären die Tier- und Pflanzenwelt des Biotops. Der Eichwerder Steg führt durch eine feucht-moorige Landschaft und auch an einem Altarm des Fließes vorbei. Wenige Meter nach seinem Ende stößt man auf den Barnimer Dörferweg und kann auf ihm wie beschrieben nach Lübars wandern.

Auenhof Café, Alt-Hermsdorf 11, Sa & So 14–19 Uhr, Tel.: 0151/55 82 32 05
Restaurant **Strandbad Lübars**, Am Freibad 9, tgl. ab 11 Uhr (bei gutem Wetter, auch außerhalb der Badesaison!), Tel.: 030/53 08 60 35, www.strandbad-luebars.de/restaurant.
Laut Webseite wegen Umbau vorübergehend geschlossen, Wiedereröffnung 2022
Alter Dorfkrug, Alt-Lübars 8, Fr–So ab 12 Uhr, Tel.: 030/92 21 02 30, www.gasthof-alter-dorfkrug.de

Alt-Hermsdorf, Eichwerder Steig

Heimatmuseum Reinickendorf in Hermsdorf, Alt-Hermsdorf 35, 13467 Berlin, Mo–Fr & So 9–17 Uhr, Tel.: 030/902 94 64 60, www.museum-reinickendorf.de

Strandbad Lübars, Am Freibad 9, in der Badesaison tgl. 9–19 Uhr, www.strandbad-luebars.de/strandbad

Bushaltestelle Alt-Lübars: Buslinie 222

2. Etappe: Von der Berliner Straße, Hermsdorf zum Dorfanger Lübars

Der Barnimer Dörferweg – 3. Etappe

Start: Dorfanger Lübars
Ziel: Alt-Karow (Bushaltestelle)
Länge: 13,7 km

Lübars dürfte, auch wegen seiner ländlichen Umgebung, eines der »dörflichsten« Dörfer Berlins sein, wobei die noch lange betriebene Landwirtschaft häufig einer Vielzahl von Reiterhöfen gewichen ist. Archäologische Funde aus der Lübarser Gegend belegen eine frühe Siedlungstätigkeit in frühgeschichtlicher Zeit (Eisenzeit). Der Name Lübars ist allerdings slawischen Ursprungs und soll so viel wie »Siedlung eines Mannes namens Lubasch« bedeuten. Erstmals urkundlich erwähnt wurde es 1247, als die Abgaben der Bauern aus der Bienenzucht von den Landesherren dem Kloster Spandau übereignet wurden. Bis 1558 gehörte Lübars dem Kloster Spandau, im Zuge der Reformation wurde es dann aber dem Amt Spandau unterstellt, ab 1855 dem Amt Mühlenhof. Ein Feuer im Jahr 1790 zerstörte auch die Fachwerkkirche, sodass ein Neubau fällig wurde: Dieser entstand bis 1793 nach den Plänen von Carl Gotthard Langhans (1732–1808), dessen bedeutendstes Werk das Brandenburger Tor ist. Wie alle anderen Dörfer an unserem Weg wurde Lübars 1920 nach Berlin eingemeindet.

Lübars ist ein typisches Angerdorf mit der Kirche auf dem Anger. Mittlerweile steht der gesamte Dorfkern als Ensemble unter Denkmalschutz, der Dorfanger ist außerdem als Gartendenkmal geschützt. Bevor sich die Hauptstraße, die seit 1950 Alt-Lübars heißt, spaltet, fällt auf der rechten Seite das Haus Nr. 5 mit seiner klassizistischen Stuckfassade ins Auge, das aus dem Jahr 1878 stammt und zu einem der Rechteckhöfe gehört, wie sie für Lübars typisch sind. Über Alt-Lübars 6 heißt es auf der Webseite des Bezirksamts Reinickendorf: »In dem Haus Nr. 6 praktizierte jahrelang der wahrscheinlich letzte Landarzt der Großstadt, der ›Do-Do‹ (Dorf-Doktor) Friedrich Rathenow. In den sechziger Jahren wurde er durch seinen Privatzoo und vor allem durch den zahmen Kaiseradler ›Yank‹ stadtbekannt. Die Familie Rathenow ist seit Jahrhunderten im Dorf ansässig.«

Bei Nr. 8 handelt es sich um ein 1896 errichtetes Wohnhaus mit Restauration mit angebautem Tanzsaal, das bis heute den Lübarser Dorfkrug beherbergt. Schräg gegenüber erhebt sich die schon erwähnte Dorfkirche, ein schlichter Putzbau in spätbarocken Formen mit einem zweigeschossigen Westturm auf quadratischem Grundriss. Im Innern befindet sich ein bemerkenswerter Kanzelaltar (1739), der aus der St.-Gertrauden-Kirche am Spittelmarkt stammt, die 1881 abgerissen wurde. Auf dem früheren Kirchhof stehen noch einige historische Grabsteine, so der von Wilhelm Zabel-Krüger (1834–1915), Lehnsguts-

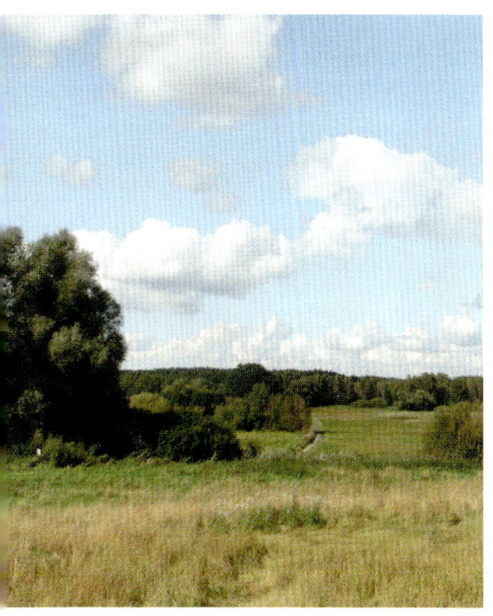
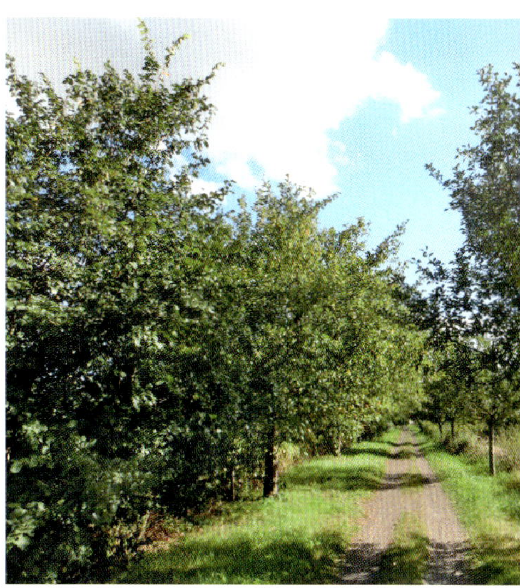

Niedermoorwiesen (li.) und Streuobstwiesen bei Lübars

besitzer und Ortsvorsteher von Lübars, nach dem die von Waidmannslust kommende Straße benannt ist, oder von dem Förster Ernst Bondick, dem Gründer von Waidmannslust. Hinter der Kirche befindet sich die ehemalige Dorfschule von 1906. Weitere bedeutende Bauwerke, u. a. auch noch alte ortstypische Dreiseitenhöfe, gibt es überall im Dorf. Da ist Grundstück Nr. 20, das frühere Schäferhaus, wo sich bis in die 1990er Jahre das Gasthaus »Zum lustigen Finken« befand, das um 1900 vielen Studenten aus Berlin als Ausflugsgaststätte diente. Nr. 21 wurde 1844 als Hirtenhaus erbaut, und auch weitere Häuser mit neoklassizistischen Stuckfassaden fallen ins Auge.

Die Aufmerksamkeit soll auf das Haus Nr. 15 gerichtet werden, das man kurz vor Verlassen des Dorfkerns passiert. Hier betreiben die Berliner Werkstätten für Menschen mit Behinderung (BWB) einen Kräuterhof, den man sich anschauen oder zeigen lassen kann. Außerdem gibt es einen Hofladen, in dem es frische landwirtschaftliche Produkte und auch Kräuter zu kaufen gibt.

Wenig später verlassen wir den anheimelnden Ort, und der Grüne Hauptweg führt nun wieder durch die vom Menschen umgestaltete Natur. Hier handelt es sich zunächst um von Gräben durchzogene Wiesen, die einen recht weiten Blick ins Fließtal und auf den baumumsäumten Sprintwiesenteich ermöglichen, und schließlich um das NSG Niedermoorwiesen am Tegeler Fließ.

Der Weg, dem wir ab Lübars folgen, heißt Schildower Weg, doch unter diesem Namen erscheint er nur auf Karten. Es geht vorbei an der mit Steinen eingefassten Osterquelle, eine von mehreren sogenannten Sprintquellen: An vielen Stellen an den Hängen treten sie über dem wasserundurchlässigen Geschiebe-

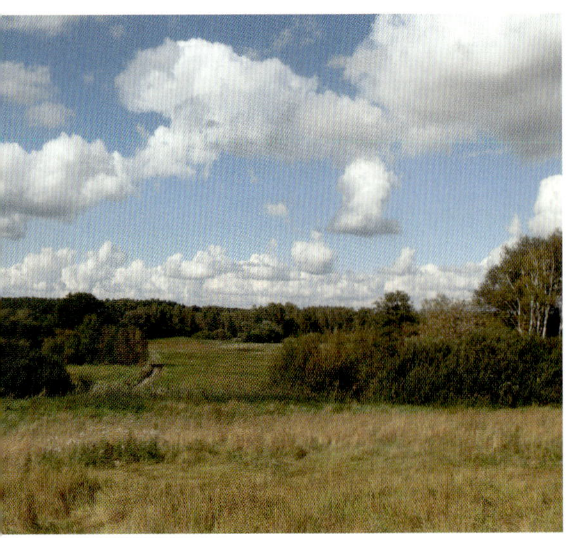

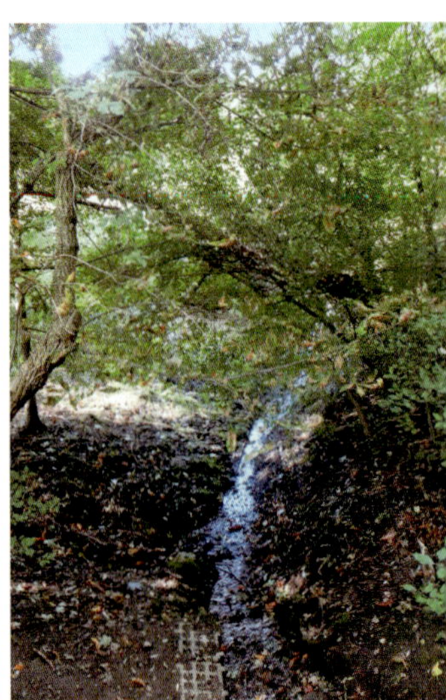

Niedermoorwiesen bei Lübars (li.) und die Sprintquelle

lehm aus dem Boden und sorgen dafür, dass der Hang dauerhaft vernässt. Aus der Osterquelle haben früher die jungen, unverheirateten Lübarser Mädchen das Osterwasser geschöpft – nach altem Volksbrauch entweder in der Osternacht oder am Ostermorgen vor Sonnenaufgang. Das angeblich besonders reine Wasser sollte gut für die Haut sein und auch bei Augenleiden helfen.

Ca. 250 m nach der Osterquelle kreuzt ein Weg, der in nördlicher Richtung nach Schildow und in südlicher zur Blankenfelder Chaussee führt: Es handelt sich um den Grünen Hauptweg Nr. 4. Auch hier gibt es also einen Kreuzungspunkt zweier Hauptwege, wobei Hauptweg Nr. 4 in diesem Abschnitt zugleich auch der Berliner Mauerweg ist. Wir befinden uns nun im Naturschutzgebiet »Niedermoorwiesen am Tegeler Fließ«, einem Teil des länderübergreifenden Naturparks Barnim. Hierbei handelt es sich um eine vom Menschen stark veränderte Landschaft: Der Köppchensee etwa ist durch Torfabbau entstanden, auch wurden Kies und Sand abgebaut und die dadurch entstandenen Vertiefungen mit Müll und Schutt verfüllt. Die rechter Hand vom Weg befindlichen Obstbaumplantagen entstanden zwischen 1950 und 1960. Apfel-, Birnen- und Pflaumenbäume wurden angepflanzt, durch den Bau der Mauer lagen die Plantagen dann aber unzugänglich im Grenzgebiet. Inzwischen werden die Plantagen vom NABU wie seit eh und je extensiv bewirtschaftet und wirken wie Streuobstwiesen.

Bevor wir das Tegeler Fließtal verlassen, soll noch darauf hingewiesen werden, dass es – wie auch schon der Spandauer Forst – ein Natura 2000-Gebiet ist. Zu den Besonderheiten des Gebietes zählen u. a. oligo- bis mesotrophe kalkhaltige Gewässer mit Armleuchteralgen (sic!), eutrophe Seen mit Schwimm- und Wasserpflanzen, trockene, kalkreiche Rasen, Halbtrockenrasen, Pfeifengraswiesen, feuchte Hochstaudenflure, kalkreiche Niedermoore, alte bodensaure Eichenwälder sowie Auenwälder mit Erlen-, Eschen- und Weichholzbestand. Zu den hier lebenden geschützten Tierarten gehören Biber, Fischotter und Zwergfledermaus, die Bauchige und die Schmale Windelschnecke, die Zauneidechse, die Knoblauchkröte und der Moorfrosch. Besonders viele geschützte Arten bevölkern die Ornis: Eisvogel, Heidelerche und Kranich, mehrere Spechtarten, Neuntöter, Pirol und Rohrweihe, Schafstelze, Schlagschwirl und Wachtelkönig, Sperbergrasmücke, Schwarzmilan und Wespenbussard. Aus der Flora sind hervorzuheben: die Prachtnelke, der Sumpfenzian und der Teufelsabbiss, auch Teufelswurz oder Teufelsbiss genannt (man kann aber auch *Succisa pratensis* sagen).

Exkurs: Trophiesystem

Hierbei handelt es sich um ein Klassifizierungssystem zum Nährstoffgehalt stehender Gewässer. Es gibt vier Trophiestufen: oligotroph bedeutet nährstoffarm, mesotroph heißt die Mittelstellung bzw. das Übergangsstadium zwischen nährstoffarm und eutroph, eutroph meint nährstoffreich und hypertroph nennt man stehenden Gewässer, die bereits »umgekippt« sind.

Nach den Obstwiesen überquert man auf einer Brücke ein Bahngleis; es handelt sich um das Gleis der Niederbarnimer Eisenbahn (NEB), auch Heidekrautbahn genannt. Die Stammstrecke der Eisenbahngesellschaft, die 1901 als Reinickendorf-Liebenwalder-Groß-Schönebecker Eisenbahn mit dem Personenverkehr begann, führte ursprünglich vom Bahnhof Wilhelmsruh nach Liebenwalde oder nach Groß Schönebeck. Zu dieser Strecke gehört das von uns überquerte Gleis. Durch den Bau der Berliner Mauer wurde der Verkehr unterbrochen, die im Grenzgebiet gelegenen Gleisanlagen wurden stillgelegt, und der Verkehr in den Barnim erfolgte ab Karow. So ist es bis heute geblieben. Es gibt wegen der angespannten Pendlersituation Überlegungen, die Trasse nach Wilhelmsruh wiederzubeleben, aber eine Umsetzung dieser Pläne ist wenig wahrscheinlich.

Unser Weg geht weiter: über die Blankenfelder Chaussee hinweg und nördlich am Dorf Blankenfelde vorbei durch eine Naturlandschaft, die kaum noch verrät, dass es sich um ehemalige Rieselfelder handelt, einem Phänomen, dem wir bei Wanderungen an der Berliner Peripherie noch öfter begegnen werden. Im 19. Jh. bedurfte die dynamisch wachsende Stadt dringend einer Kanalisation: So beklagte sich auch Theodor Fontane häufig über die sommerliche »Malaria«, womit er den Geruch in den Straßen meinte (von italienisch »mal'aria« = schlechte Luft). Auch der berühmte Mediziner Rudolf Virchow setzte sich für eine Ableitung der Abwässer ein. Der Stadtplaner James Hobrecht (1825–

1902), der 1862 bereits den ersten Stadtentwicklungsplan Berlins, den sogenannten Hobrecht-Plan, vorgelegt hatte, entwickelte auch die Pläne für eine Kanalisation, die ab 1869 umgesetzt wurden. Es entstanden über die Jahre zwölf Radialsysteme mit Kanälen und Abwassersammlern sowie Pumpstationen, mittels derer die Abwässer – zwar mit Regenwasser vermischt, aber ungeklärt! – zu den Rieselfeldern gepumpt wurden. Dort wurden sie, wie man es heute ausdrücken würde, einfach »verklappt«. Von 1890 bis 1985 wurden in bzw. um Blankenfelde Abwässer verrieselt: »Hat det jestunken« ist eine Schautafel in der überaus sehenswerten Ausstellung zur Ortsgeschichte im Stadtgut Blankenfelde überschrieben. Wegen dieser Geruchsbelästigung wurde die 1890 auf dem Gutshof gelegene Heilstätte für Lungenkranke 1920 geschlossen. Der Gestank ist verflogen, geblieben sind die Altlasten.

Wir passieren ein Stückchen vom Südufer des Schwarzwassersees, den man auf dem Ur-Messtischblatt von 1871 noch nicht findet. Das Gewässer soll ein Ergebnis der Auskiesung für das VEB Mörtelwerk Blankenfelde sein, das es längst nicht mehr gibt. Jedenfalls kann es sein, dass man es im Sommer gar nicht zu sehen bekommt, weil es ausgetrocknet ist. Eine Besonderheit beschreibt die Webseite der Berliner Forstverwaltung: »Außerdem ist an diesem See auch das einzige noch existierende Standrohr für die frühere Bewässerung der Rieselfelder (1870–1984) zu finden. Über diese Standrohre konnte der Rieselwärter den Druck für die Bewässerung der Rieselfelder regulieren.« Außerdem brüten hier um die 40 Vogelarten, von denen einige vom Aussterben bedroht sind, wie die Rohrweihe, die Goldammer und die Beutelmeise.

Der Weg geht schließlich an einer Reitanlage vorbei und verläuft neben einem Graben zur Hauptstraße, in die wir nach rechts einbiegen; nach nicht einmal 200 m geht es dann nach links in den Möllersfelder Weg. Gegenüber diesem Weg befand sich einst der bereits erwähnte Volkseigene Betrieb Mörtelwerke Blankenfelde.

Alternative

Es empfiehlt sich unbedingt ein Abstecher nach Blankenfelde, denn in dem letzten komplett von Feldern umgebenen Berliner Dorf gibt es einiges zu entdecken (natürlich haben die freien Flächen ringsumher schon Investoren-Begehrlichkeiten geweckt). Da wäre zum einen die Dorfkirche, eine Feldsteinkirche aus dem späten 14. Jh. Besonders interessant ist aber auch die Schnitterkaserne, ein Backsteinbau aus dem Jahr 1890, in dem man Saisonarbeiter für die Getreideernte unterbrachte, sogenannte Schnitter. Zumeist kamen sie aus Polen.

Und dann ist da vor allem das Stadtgut Berlin. Dieses hat eine wechselvolle Geschichte, wurde zuletzt als Volkseigenes Gut genutzt, dann verfielen die Gebäude, bis sich 2004 der Verein StadtGut ihrer annahm und mit der Sanierung des Denkmals begann. Es gibt eine Ausstellung zur Geschichte von Blankenfel-

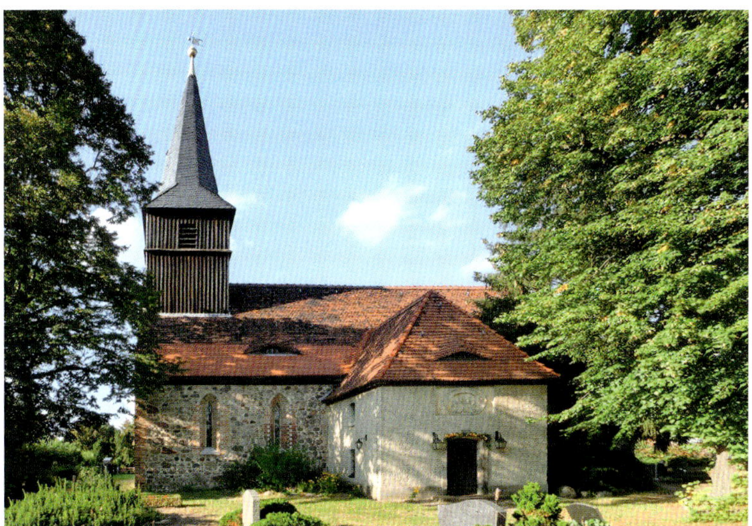

Dorfkirche Blankenfelde

de und des Gutes, man kann zudem einkehren und etwas zu sich nehmen, in der warmen Jahreszeit auch im Freien. (www.stadtgut-blankenfelde.de).

Für Aussteiger: Vom Ausgangspunkt Bushaltestelle Alt-Lübars bis zur Bushaltestelle Blankenfelde, Kirche (Linie 107) sind es 3,2 km.
Wer hingegen in Blankenfelde, Kirche beginnen will: Von hier bis nach Alt-Karow sind es 11,9 km.

Im Folgenden ist der Weg, wie man zugeben muss, nicht immer schön. Zunächst geht es noch durch das NSG Blankenfelde, hier eine von Gräben durchzogene Wiesenlandschaft. Eine wichtige Funktion dieses Naturschutzgebietes beschreibt eine Schautafel: »Außerdem dient die Unterschutzstellung dem Erhalt des Regional- und Lokalklimas. Die Reinhaltung der Luft und der klimatische Ausgleich für die benachbarten bebauten Areale sind sehr wichtig. Durch die geringe Bebauung wird die kontinuierliche Frisch- bzw. Kaltluftzufuhr für die Stadt nicht behindert.« Stark bedrohte Tierarten findet man hier, so bspw. den Feldhasen, die Erdkröte, den Teichfrosch, die Zauneidechse und die Ringelnatter. Bei den Insekten sind es z.B. Wildbienen, Käfer-, Libellen- und Heuschreckenarten, bei den Vögeln etwa der Turmfalke, Mäusebussard, Goldammer, Feldlerche oder Neuntöter.

Nach dem Verlassen des NSG beginnt der hässliche Abschnitt, aber leider gibt es keine andere Möglichkeit, da Auto- und Eisenbahn überquert werden müssen. Es geht an der Bundesstraße 109 entlang und dann an einem Gewer-

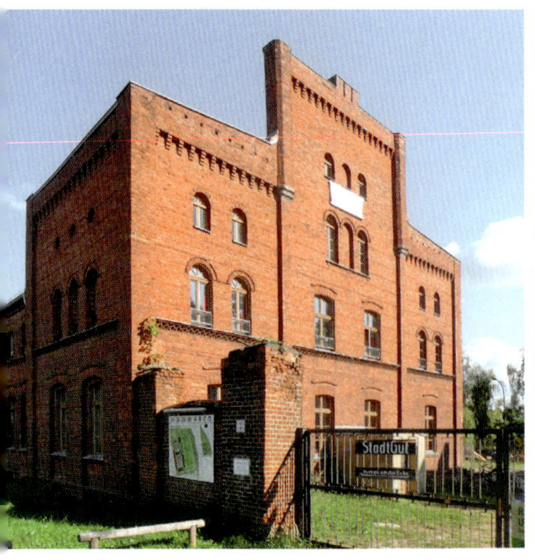

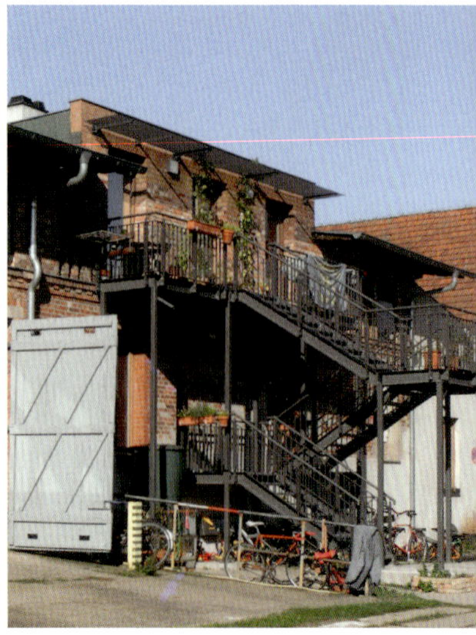

Stadtgut Berlin

begebiet vorbei, die Landschaft ist ein wenig trostlos, begleitet wird man vom Sound der Autobahn. Für das Durchhaltevermögen wird man dann im Naturschutzgebiet Karower Teiche etwas entschädigt. Weg 13 verläuft nur durch den nördlichen Teil, die Autobahn ist immer noch zu hören, aber immerhin gibt es einiges zur Freude des Auges. Zu beachten ist, dass man ein Gebiet durchquert, in dem es freilaufende Weidetiere gibt, z. B. Rinder. Wenn man bestimmte Verhaltensanforderungen erfüllt und den Tieren mit Respekt begegnet, dürfte nur ein geringes Risiko bestehen, aber wer partout Angst vor dem Rindvieh hat, dem sei folgende »Umleitung« als **Alternative** empfohlen: Nach dem Überqueren der Bucher Straße, also zu Beginn des NSG, nicht wie ausgeschildert nach links, sondern nach rechts halten und parallel zur Straße in südwestliche Richtung gehen. Nach etwa 600 m geht es dann nach links und zwischen den Karower Teichen (Insel-, Weiden-, Enten und Schilfteich) hindurch zum Pankeweg, der zugleich der Grüne Hauptweg Nr. 5 ist, der Nord-Süd-Weg. Das Schöne an der »Umleitung« ist, dass sie durch die Teichlandschaft führt, während die Gewässer vom Barnimer Dörferweg aus nicht zu sehen sind. Wer Zeit mitbringt, dem sei der Alternativweg ans Herz gelegt. Er ist nicht nur rindviehfrei, sondern auch schöner und interessanter. Auf dem Weg an der Panke geht es dann in nördlicher Richtung zum Hauptweg 13, wobei wir es wieder mit einer Kreuzung zweier Grüner Hauptwege zu tun haben; der netzartige Charakter des Wegesystems wird abermals gut erkennbar.

Die sehr flachen Karower Teiche sind Menschenwerk. Die beiden westlichen – der Insel- und der Weidenteich – entstanden durch den Torfabbau im 19. Jh. Auf der Karte kann man deutlich sehen, dass das Schutzgebiet vom Lietzengraben durchflossen und von der Panke im Osten begrenzt wird: Diese beiden Gewässer, die von der Hochfläche des Barnim kamen, gruben Schmelzwasserrinnen in die Sanderfläche, die später verlandeten und Niedermoore bildeten – daher der Torf. Lietzengraben und Panke wurden im 19. Jh. begradigt. Die östlichen Seen wiederum, also der Enten- und der Schilfteich, wurden 1911 als Fischgewässer angelegt. Auch wenn man es kaum glauben mag, bis 1985 befanden sich auch hier Rieselfelder, was zu einer erhöhten Nährstoffbelastung sowohl des Bodens als auch des Wassers führte, die bis heute besteht. Die Umgestaltung dieser Landschaft, die seit 1994 unter Naturschutz steht, ist deshalb auch von Rückschlägen geprägt. Auf einem Teil der Flächen soll ein Mischwald entwickelt werden, und die anspruchslosen Englischen Parkrinder werden zur Offenhaltung bestimmter Flächen eingesetzt. Viele geschützte Tierarten haben sich inzwischen angesiedelt, und ca. 90 Vogelarten brüten hier, darunter – neben verschiedenen Entenarten – Graugans und Höckerschwan, Rohrdommeln, Rohrsänger und Rohrweihe, Tüpfelsumpfhuhn und Wasserralle. Greifvögel nutzen die halboffenen Flächen zur Nahrungssuche, auch Schwarzstorch und Silberreiher finden ihr Auskommen, wenn die Teiche trocken fallen.

Das märchenhafte Ribhouse, Alt-Karow 35, Mo–Mi ab 16 Uhr, Sa ab 12 Uhr, So ab 11 Uhr, Tel.: 030/91 14 24 50, www.das-maerchenhafte-ribhouse.de
Restaurant **Hotel Alt-Karow**, Alt-Karow 2, Mi–So ab 12 Uhr, Tel.: 030/94 20 940, www.hotel-alt-karow.de

Dorf Blankenfelde, Karower Teiche, Alt Karow

Bushaltestelle At-Karow: Bus 150, 158, 350
Rathaus Spandau: Buslinien 134, 135, 136, 137, 236, 237, 337, 638, 671, M32, M37, M45

S-Bhf. Karow: S 2 nach Blankenfelde via Friedrichstraße oder nach Buch/Bernau

3. Etappe: Vom Dorfanger Lübars nach Alt-Karow

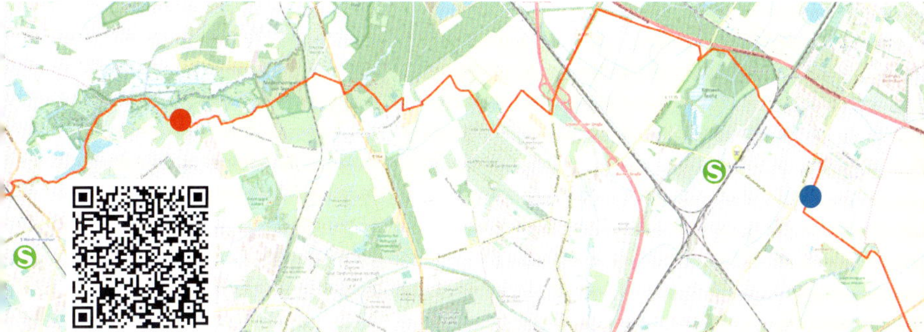

Der Barnimer Dörferweg – 4. Etappe

Start: Alt-Karow
Ziel: Stadtrand bei Ahrensfelde (Döllner Straße)
Länge: 10,2 km bis Bhf. Ahrensfelde oder 11,5 km bis Stadtgrenze

Wenn man der Markierung folgt, wird man feststellen, dass der Barnimer Dörferweg um den Dorfkern von Karow herumführt. Im Norden und Osten beschreibt er dabei die alten Siedlungsgrenzen, wie man sie auf dem Ur-Messtischblatt von 1871 findet (die westliche Grenze bildete damals die heutige Grundacker- und Lanker Straße, die südliche die jetzige Bahnhofstraße). Jenseits dieser Grenzen erstreckten sich die Felder und Weiden der Karower Bauern.

Die Festlegung des Weges Nr. 13 um Alt-Karow herum ist etwas für Eilige. Wir empfehlen, die Gelegenheit zu einer Ortsbesichtigung zu nutzen. Eine Beschreibung des historischen Straßendorfes liefert der Bucher und Karower Pfarrer Martin Pfannschmidt in seiner 1927 erschienenen »Geschichte der Berliner Vororte Buch und Karow«: »Von Berlin über Wedding, Heinersdorf, Blankenburg führte die alte Straße in Karow wie heute von Süd nach Nord, etwas nach Ost geneigt, durch die breite Dorfaue, der ein Enten- und Gänsepfuhl nicht fehlte (erst in der Neuzeit wurde er zugeschüttet). Die Bauernhöfe und Kossätenwirtschaften lagen rechts und links an der Straße; in der Mitte östlich der Krug, die Schmiede, die genau mit dem Altar nach Osten gerichtete Feldsteinkirche und der Pfarrhof und genau gegenüber der schlichte Rittersitz: vielleicht ein zweistöckiger Fachwerkbau, der sich ein wenig über die Bauernhäuser erhob, wie er in der Mark auf den Rittergütern als Schloss auch heute noch mehrfach zu finden ist. Der Schlossgarten war an dem Feldwege (heute Frundsbergstraße), der vom Dorf zum Upstal führte, durch eine Feldsteinmauer (sie wurde leider 1927 abgetragen) vor dem Eindringen des Viehes geschützt.«

Karow wurde vermutlich in der ersten Hälfte des 13. Jhs. »aus wilder Wurzel« angelegt und erstmals im Landbuch Karls IV. urkundlich erwähnt (eine noch frühere Erwähnung erfolgte indirekt 1244 als Kare). Im Verlauf des 16. Jhs. erwarb die in Buch ansässige Familie von Röbel fast alle Rechte an Karow, das seitdem dem Rittergut Buch gehörte, und auch die Kirche war eine Filiale der dortigen Pfarrei.

Wir wollen, wie von Pfannschmidt beschrieben, das alte Karow von Süd nach Nord erkunden. Dabei lässt sich feststellen, dass der dörfliche Charakter noch immer erhalten ist, allerdings ist es mit der Geruhsamkeit früherer Zeiten vorbei: Ein reger Verkehr wälzt sich über die Dorfstraße, die Alt-Karow heißt. Das gesamte Ensemble steht unter Denkmalschutz. Bereits am Ende der Bahnhofstraße sieht man die Hofanlage Alt-Karow 1 mit Wohnhaus, Scheune

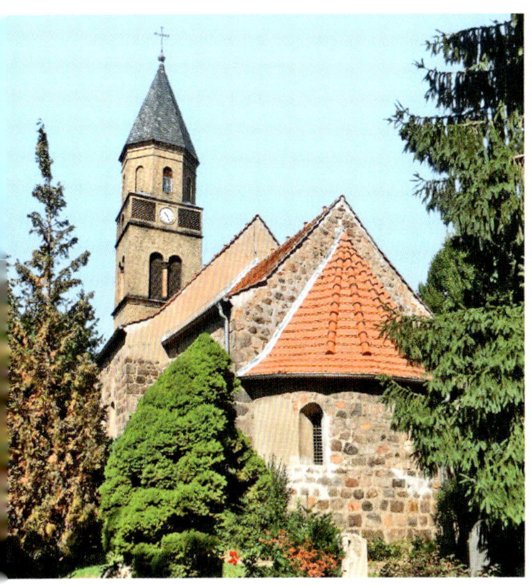

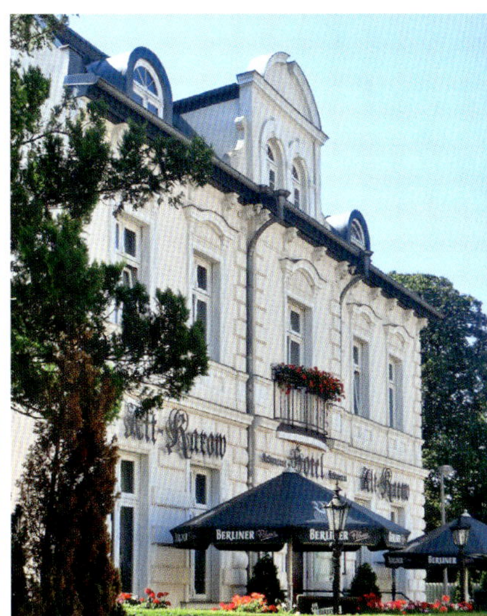

Dorfkirche Alt-Karow (li.) und Gasthaus

und Stall, dem folgt Alt-Karow 2, das alte Gasthaus (um 1895). Nach der Hofanlage Nr. 3 (um 1890) erscheinen auf der rechten Seite die Grundmauern der Dorfschmiede, und eine Schautafel informiert über die Geschichte des Gebäudes, das hier bis 2014 noch stand. Und so geht es weiter durch das ganze Dorf, und zwar auf beiden Seiten. Dazu schreibt H.-J. Rach: »Nach der Separation 1841/46 und der offenbar bald darauf erreichten Ablösung der Feudallasten gelang es den Groß- und Mittelbauern – begünstigt durch die Nähe der Großstadt – recht schnell, erhebliche Geldmittel zu akkumulieren, die sie in die Lage versetzten, nicht nur die für den Wirtschaftsbetrieb erforderlichen großen Wirtschaftsgebäude, sondern auch den Wohlstand repräsentierende und eine entsprechende Wohnkultur ermöglichende Wohnhäuser errichten zu lassen. (…) Die Schmuckelemente dieser zumeist von Maurermeistern des eigenen Ortes oder der benachbarten Gemeinden entworfenen und entrichteten Bauten reichen von einfachen Putzquaderungen an den Sockeln über Pilaster an Türen und Fenstern, Säulchenbalustraden, Putz- und Konsolfriesen bis zu figürlichen Darstellungen und setzen sich in modifizierten Formen selbst an den unverputzten Ziegelställen und -scheunen fort.«

Einige dieser groß- und mittelbäuerlichen Wohn- und Wirtschaftsgebäude findet man heute noch, so Alt-Karow 38, das Wohnhaus eines Mittelbauern (um 1890), oder die ebenfalls um 1890 errichteten Wohnhäuser von Großbauern Alt-Karow 17 und Alt-Karow 35, ein besonders prächtiges Bauwerk mit von Atlanten getragenem Balkon – wobei die Trägerfiguren keine tragende Funktion haben, sondern diese nur vortäuschen. Heute befindet sich im

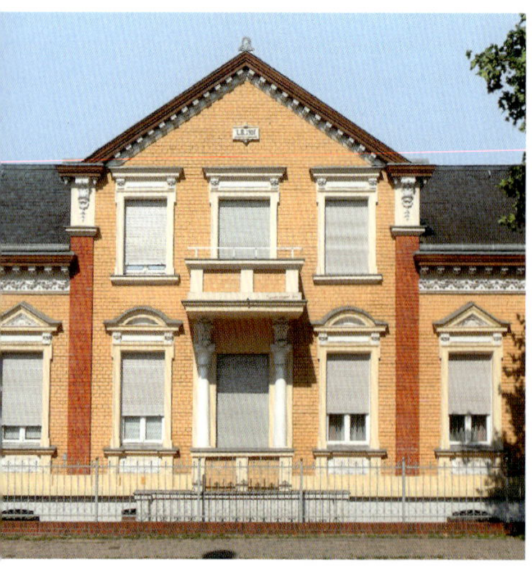

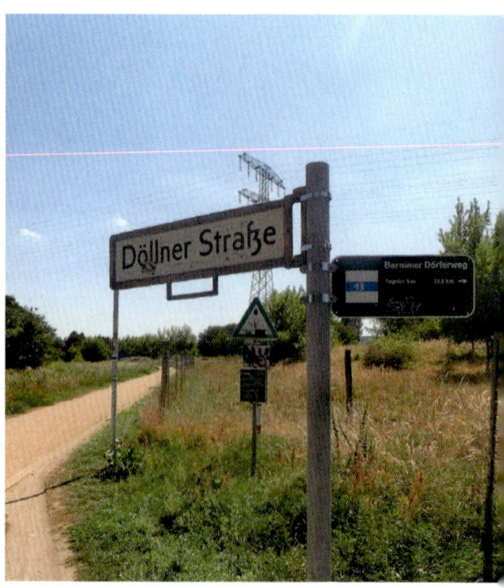

Alt-Karow (li.) und und das Ende des Weges

Alt-Karow 35 eine Gaststätte. Aber es gibt auch schlichte Häuser der kleinen Leute, wie z. B. das Gesindehaus Alt-Karow 22 (um 1900) oder das Wohnhaus eines Stellmachers Alt-Karow 26 (1824, um 1900 umgebaut) sowie die ehemalige Bauernkarte Alt-Karow 47/48, die noch Ansätze des Mitteldeutschen Ernhauses darstellt. Der Flur in diesem ehemaligen Wohn-Stall-Haus verlief quer von der vorderen zur rückwärtigen Traufseite.

Aus Platzgründen können nicht alle Denkmäler aufgezählt werden, allerdings sollen drei Bauwerke noch hervorgehoben werden: das ehemalige Spritzenhaus, die frühere Dorfschule und natürlich die Kirche. Das ca. 1890 aus gelblichem Backstein errichtete Spritzenhaus wurde nach langem Verfall von einem Förderverein wieder in Ordnung gebracht und beherbergt ein kleines Feuerwehrmuseum. Die Dorfkirche ist ein spätromanischer Feldsteinbau aus der ersten Hälfte des 13. Jhs. mit eingezogenen Chor und Apsis. Der Westturm mit seinem Achteckgeschoss und dem Pyramidendach wurde erst in den Jahren 1845–47 hinzugefügt, die Kapelle entstand um 1900. Bemerkenswert ist die Innenausstattung aus der Zeit um 1622 mit einer hölzernen polygonalen Kanzel, einer Taufe im Stil der Spätrenaissance sowie der Empore. Vermutlich stammen einige der heutigen Ausstattungsgegenstände aus der 1731 abgebrochenen Bucher Dorfkirche. Ebenfalls historisch bedeutsam ist der Kirchhof mit der mittelalterlichen Kirchhofsmauer. Das Schulgebäude befindet sich Alt-Karow 15.

Bis zur Eingemeindung 1920 blieb der dörfliche Charakter Karows im Wesentlichen erhalten. Mit dem Bau des Bahnhofs Karow erhielt der Ort allerdings Anschluss an die Stettiner Bahn, und peu à peu entwickelte sich eine

Villen- und Landhaussiedlung zwischen Dorf und Bahnhof. Allerdings hielt die Nähe der Rieselfelder viele mögliche Interessenten davon ab, hierherzuziehen. Erst nach 1920 zog die Besiedlung an, zunächst hauptsächlich mit kleinen Siedlungshäusern. Inzwischen ist aber die Umgebung teilweise stark bebaut.

Unser Weg verlässt Karow und geht an Kleingärten entlang, durchquert den nördlichen Teil des Stadtrandparks Neuen Wiesen und tangiert den Landschaftspark Wartenberger Feldmark, der seit 2000 auf Flächen ehemaliger Rieselfelder entstand. Es geht durch die Siedlung Wartenberg, ein Wohngebiet mit vorwiegend Ein- und Zweifamilienhäusern, die ab 1928 nördlich des Dorfes Wartenberg als »Neu-Wartenberg« angelegt wurde. 1932 folgte die Kleingartenanlage Falkenhöhe, die ebenfalls von uns passiert wird. Durch das NSG Falkenberger Rieselfelder (schon wieder!) führt der Zehnrutenweg, der an einem Graben nach Süden abknickt: Bei dem Graben handelt es sich um einen Hauptentwässerungsgraben der Rieselfelder, der wegen seiner Größe auch Millionengraben genannt wird. So erreicht man schließlich Ahrensfelde, allerdings nicht das außerhalb der Berliner Stadtgrenze gelegene namengebende Dorf, sondern dass zu Marzahn gehörende Plattenbaugebiet. Direkt an der Stadtgrenze in der Döllner Straße, nördlich der Rinderweide, die den Eichepark begrenzt, endet der Barnimer Dörferweg – oder beginnt hier für all jene, die sich entschlossen haben, in Ahrensfelde zu starten.

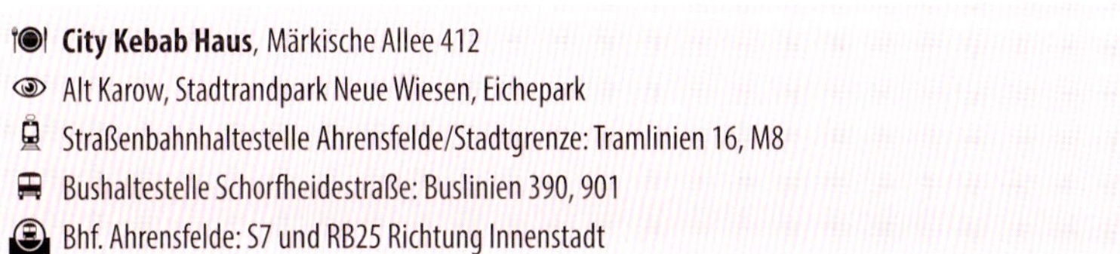

City Kebab Haus, Märkische Allee 412
Alt Karow, Stadtrandpark Neue Wiesen, Eichepark
Straßenbahnhaltestelle Ahrensfelde/Stadtgrenze: Tramlinien 16, M8
Bushaltestelle Schorfheidestraße: Buslinien 390, 901
Bhf. Ahrensfelde: S7 und RB25 Richtung Innenstadt

4. Etappe: Von Alt-Karow zum Stadtrand bei Ahrensfelde

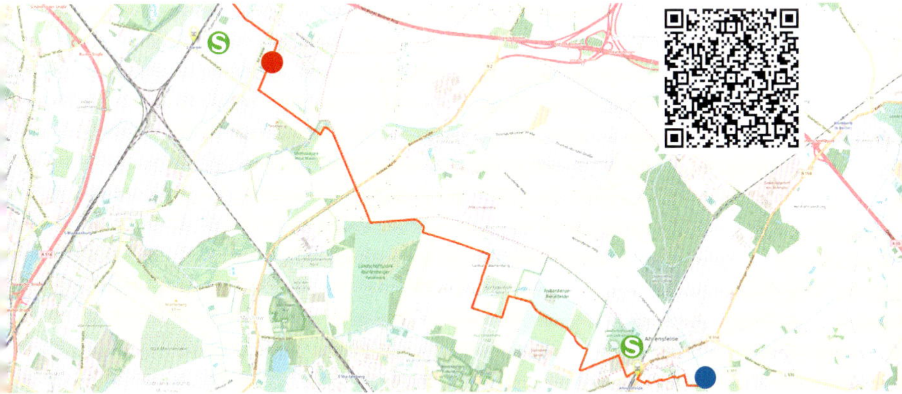

Der Tiergartenring – 1. Etappe

(Grüner Hauptweg Nr. 19)
Einmal um die Berliner Innenstadt: Die Spree entlang, durchs hippe Berlin (Prenzlauer Berg, Friedrichshain und Kreuzberg) zurück an die Spree
Beginn des Gesamtweges: S-Bahnhof Tiergarten (S 3, 5, 7 und 9)
Ziel des Gesamtweges: S-Bahnhof Tiergarten
Gesamtlänge: 24,5 km

1. Etappe

Start: **S-Bahnhof Tiergarten**
Ziel: **Chausseestraße (Nähe U-Bhf. Reinickendorfer Straße)**
Länge: **7,3 km (7,5 km bis U-Bhf.)**

Da es sich bei diesem Weg um einen Rundkurs handelt, ist der Ausgangspunkt S-Bhf. Tiergarten etwas willkürlich gewählt. Natürlich kann man an allen anderen Punkten des Weges beginnen – aber das gilt im Prinzip ja auch für alle Grünen Hauptwege. Zunächst hat der Weg in östliche Richtung dieselbe Trassenführung entlang der Spree wie der Hauptweg Nr. 1, sodass hier nur auf die dortige Beschreibung verwiesen wird. Erst nach dem Spreebogenpark trennen sich die Wege: Während Nr. 1 am südlichen Spreeufer bleibt, überquert Nr. 19 die Brücke zwischen Paul-Löbe- und Marie-Elisabeth-Lüders-Haus, zwei betonsichtigen Bundestags-Neubauten, die mit ihren Namen an bedeutende deutsche Politiker(innen) erinnern. Weg 19 führt nun nach Norden, am Kapellenufer entlang, und zwar zunächst längere Zeit gemeinsam mit dem Grünen Hauptweg 3 (Heiligenseer Weg). Außerdem handelt es sich zugleich um einen innerstädtischen Abschnitt des Berliner Mauerwegs. Eine entsprechende Markierung findet sich in den Gehweg eingelassen. Eine Gedenktafel erinnert an die ehemaligen DDR-Grenzanlagen und das erste Maueropfer, Günter Litfin (1937–1961).

Zwischen Humboldthafen und Charité geht der Weg immer in nördliche Richtung. Die rechts sich erstreckende Charité befindet sich an der Stelle eines 1710 vom ersten Preußenkönig Friedrich I. errichteten Pesthauses; 1723 wurde sie als »Heil- und Lehranstalt Charité« zur ältesten medizinischen Lehreinrichtung Deutschlands. Bis auf das Pockenkrankenhaus von 1836/37, ein dreigeschossiger klassizistischer Putzbau mit Rundbogenfenstern und Putzquaderung an der Invalidenstraße, wurden zwischen 1896 und 1917 alle alten Gebäude abgerissen und durch – mittlerweile denkmalgeschützte – Neubauten ersetzt. Die Architekten Kurt Diestel (1854–1926) und

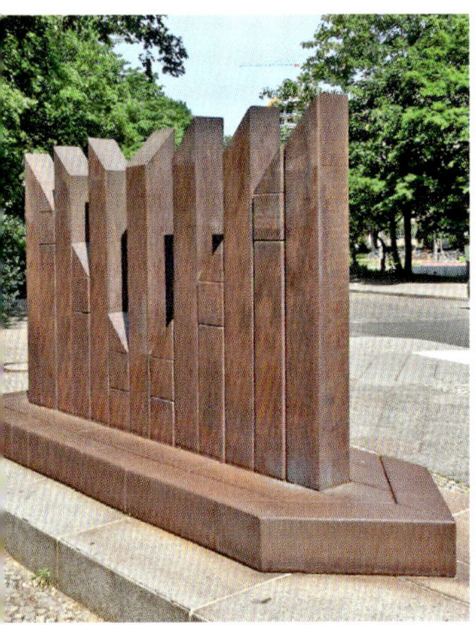
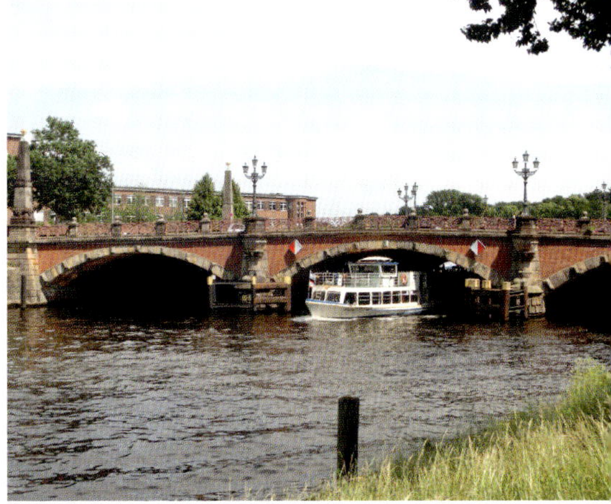

Mahnmal für Adass Jisroel (li.) und die Lutherbrücke

Georg Thür (1846–1924) schufen »drei- bis fünfgeschossige Bauten in Backstein, z. T. mit Sandstein-Formteilen und Putzblenden. Bei barocker Grundrissgestaltung Anklang an märkische Backsteingotik … in Verbindung mit Elementen des Jugendstils. Die roten Backsteinfassaden, durch große Segmentbogenfenster und loggienartige offene Hallen aufgelockert, lassen Reformbestrebungen der Jahrhundertwende erkennen«, so die Baubeschreibung im DEHIO. Auf einem durchaus empfehlenswerten Rundgang über das Klinikgelände kann man sich von der Qualität der Bauten überzeugen, wobei man berücksichtigen sollte, dass es sich um ein Krankenhaus handelt und nicht um eine Touristenattraktion. Es fallen einem dann auch die überall verstreuten Skulpturen auf, Büsten berühmter Ärzte. Inzwischen gibt es auch etliche Nachkriegsbauten auf dem Campus, der überragt wird vom 21-geschossigen Bettenhochhaus von 1975, das in den letzten Jahren saniert wurde und eine neue Fassade erhalten hat. Am Beginn des Berlin-Spandauer Schifffahrtskanals befindet sich, dank Werbeplakaten für jeden Vorbeikommenden unübersehbar, das Medizinhistorische Museum.

Das T-förmige Becken des Humboldthafens, dessen Ufer inzwischen zunehmend bebaut werden, entstand Mitte des 19. Jhs., und die Hafenanlage ist das Werk eines bedeutenden Mannes, der vor allem als Gartengestalter berühmt ist: Peter Joseph Lenné (1789–1866). Die Berliner Denkmaldatenbank enthält folgende Beschreibung: »Der 1857–59 realisierte Hafen basierte auf einem Entwurf von Peter Joseph Lenné von 1842. Das trichterförmige Hafenbecken, das den zur Entlastung der Unterspree 1848–59 erbauten Berlin-Spandauer-Schifffahrtskanal mit der Spree verbindet, hatte direkte Verbindungen zu den Güterbahnhöfen des Hamburger und des Lehrter Bahnhofs und zum Neuen Packhof. Der Hafen gehörte bis 1945 als Warenumschlagplatz, Versorgungs- und Transportzentrum zu den wichtigsten Verkehrsknotenpunkten der Stadt. Das Hafenbecken, die Ladestraßen, Kaimauern, Kranplattformen, Böschungsbekleidungen und Treppenanlagen lassen die verkehrstechnischen Funktionen in diesem gewerblich und industriell geprägten Großstadtviertel bis heute erkennen. Der Entwurf Lennés ist an den Straßenführungen und der charakteristischen Form des Hafenbeckens, das mit seinen Kalksteinufermauern, mit den aus Granit- und Basaltgroßsteinpflaster befestigten Rampen sowie vielen Wassertreppen weitgehend erhalten ist, noch abzulesen. Auch der einmündende Berlin-Spandauer-Schifffahrtskanal besitzt in diesem Abschnitt noch seine ursprünglichen Ufermauern, teilweise mit Geländer.«

Der Berlin-Spandauer Schifffahrtskanal ist ebenfalls nach Planungen von Lenné entstanden. In den Jahren 1848 bis 1859 wurde der Spandauer Canal erbaut, der Spree und Havel miteinander verbindet und den Weg zwischen beiden Flüssen um 6 km verkürzt. Ein Ausbau des Kanals erfolgte im Zusammenhang mit dem Bau des Großschifffahrtsweges Berlin-Stettin 1906–14. Dabei erhielt der südliche Teil den Namen Berlin-Spandauer Schifffahrtskanal, der nördliche, näher zur Havel gelegene hieß ab 1914 Hohenzollernkanal. Obwohl seit 1945 die gesamte künstliche Wasserstraße den Namen Berlin-Spandauer Schifffahrtskanal trägt, ist Hohenzollernkanal (HOKA) umgangssprachlich noch gebräuchlich.

Nach Überqueren der Sandkrugbrücke erstrecken sich rechts die Gebäude des Bundesministeriums für Wirtschaft und Industrie, am linken Kanalufer

Spree am Bundeskanzleramt (li.) und Capital Beach Spreebogenpark

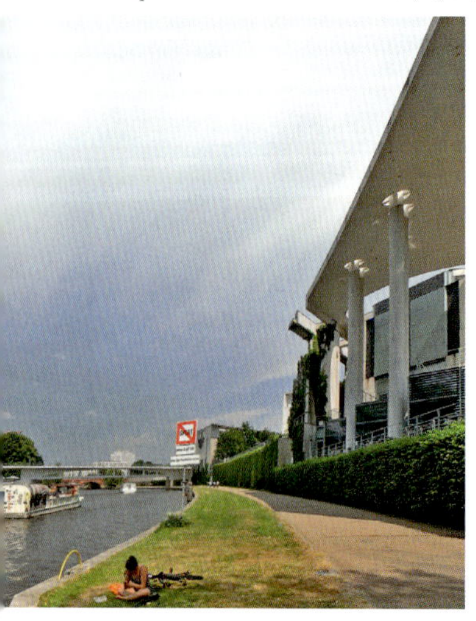

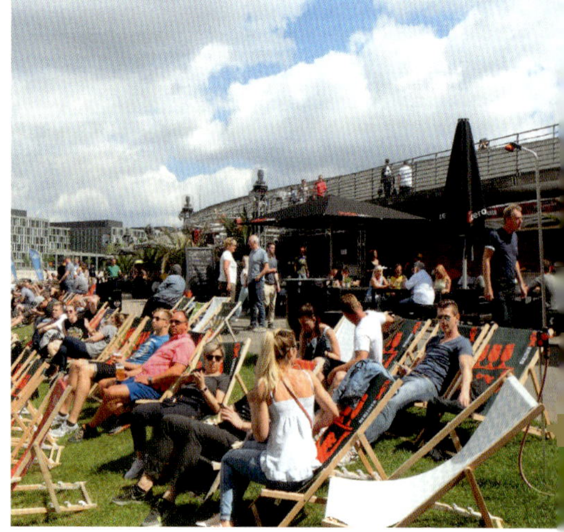

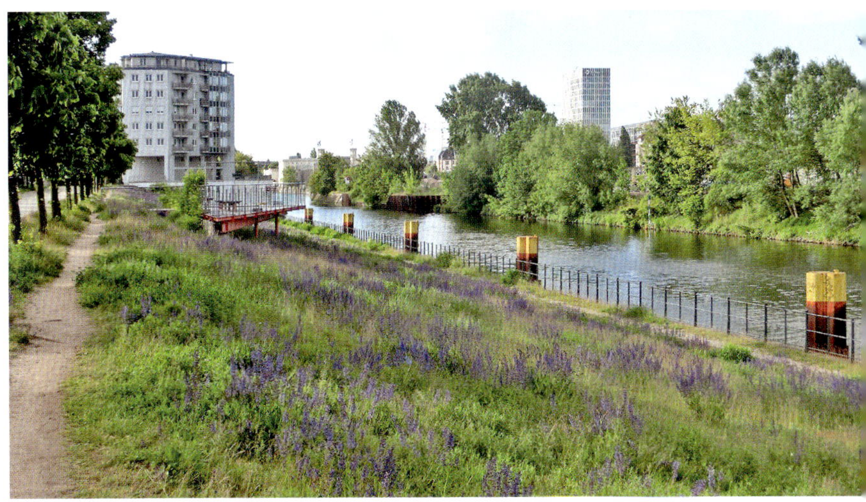

Mauerweg am Berlin-Spandauer Schifffahrtskanal

hingegen befindet sich der Hamburger Bahnhof. Wie bei den meisten der Berliner Bahnhöfe des 19. Jhs. handelt es sich um einen Kopfbahnhof, der, wie der Name schon sagt, der Berlin-Hamburger Eisenbahn-Gesellschaft gehörte. Ihre Fernbahnlinie Berlin-Hamburg wurde am 6. Mai 1844 in Betrieb genommen. Die Bahnhofsgebäude wurde 1845–47 nach Plänen der Architekten Georg Ernst Friedrich Neuhaus (1797–1876) und Ferdinand Wilhelm Holz (1799–1873) in einem Stilgemisch aus spätklassizistischen und Formen der italienischen Renaissance errichtet. Insbesondere die zur Invalidenstraße gerichtete Schaufassade entsprach dem Repräsentationsbedürfnis der Eisenbahngesellschaft – es war eben die Zeit, in der man Industriebauten noch als »Kathedralen« errichtete. Friedrich Neuhaus waren übrigens mehr als Architekt und Bauingenieur. Er stand auch ab 1850 der Berlin-Hamburger Bahn als Direktor vor, und ihm sind mehrere Erfindungen für den Gleisbau zu verdanken. Auch weitere Empfangsgebäude der Hamburger Bahn haben Neuhaus und Holz geschaffen, z. B. in Glöwen, Bad Wilsnack oder Wittenberge. Heute befindet sich im Hamburger Bahnhof das Museum für Gegenwartskunst.

Die historischen Gebäude des Wirtschaftsministeriums beherbergten einst die Neue Kaiser-Wilhelms-Akademie. Bereits 1795 wurde auf Betreiben von Friedrich Wilhelm II. mit der Pépinière eine erste Ausbildungsanstalt für Militärärzte in Preußen gegründet. Die Anstalt wechselte Namen und Sitz, bis sie schließlich 1895 zur Kaiser-Wilhelms-Akademie für das militärärztliche Bildungswesen wurde. Von 1905 bis 1910 wurde dann das heute noch erhaltene opulente Bauwerk Invalidenstraße/Ecke Scharnhorststraße errichtet.

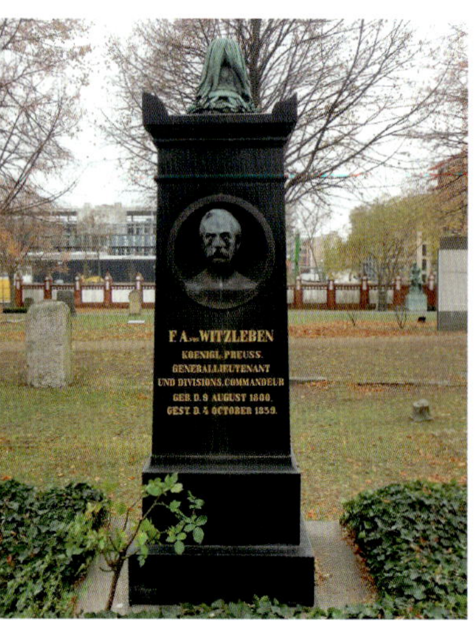

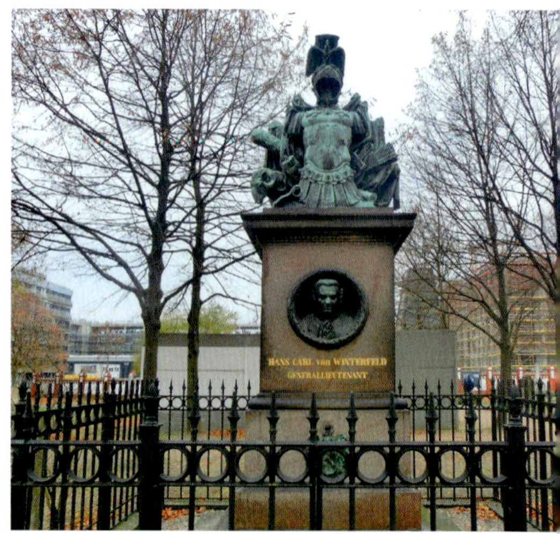

Invalidenfriedhof

Der neobarocke Prachtbau ist typisch für den Geschmack der Zeit – insbesondere auch des Kaisers –, sodass man nicht ohne Grund vom Wilhelminismus spricht. Nach dem Versailler Vertrag wurde die Akademie aufgelöst, 1934 jedoch in denselben Gebäuden wiederbelebt, bis sie 1944 nach Breslau verlegt wurde. Nach dem Weltkrieg und der Gründung der DDR befand sich hier u. a. das Regierungskrankenhaus der DDR, nach Sanierung, Modernisierung und Erweiterung nunmehr seit 1898 der Erste Dienstsitz des genannten Ministeriums.

An diese Gebäude schließt sich der Invalidenfriedhof unmittelbar an, auf dem sich auch ein Grabstein für den Bahndirektor Friedrich Neuhaus befindet. Der Friedhof wurde 1748 gleichzeitig mit dem Invalidenhaus angelegt, einer Einrichtung für Kriegsversehrte, wobei die Initiative für den Bau dieser Kriegsinvalidenherberge auf Friedrich II. zurückgeht – kein Wunder bei diesem kriegerischen König. Zunächst durften auf dem Friedhof nur Insassen des Invalidenhauses beigesetzt werden, nach den Ereignissen von 1813 und 1848 wurden hier vor allem hohe preußische Militärs der Erde anvertraut, aus der auch sie gemacht waren, ab Ende des 19. Jhs. auch Zivilpersonen. Es lohnt sich auf jeden Fall, den Gottesacker zu erkunden, denn viele der hier liegenden Generäle sind durch die Namen Berliner Straßen und Plätzen bekannt: Scharnhorst, Tauentzien, Witzleben, Winterfeldt. Ihre Grabmäler wurden oft von prominenten Bildhauern und/oder Architekten geschaffen, wie Karl Friedrich Schinkel, Christian Daniel Rauch, Christian Friedrich Tieck oder Friedrich August Stüler. Es gibt eine Erläuterungstafel zum Friedhof, aber auch diverse im Buchhandel erhältliche Publikationen.

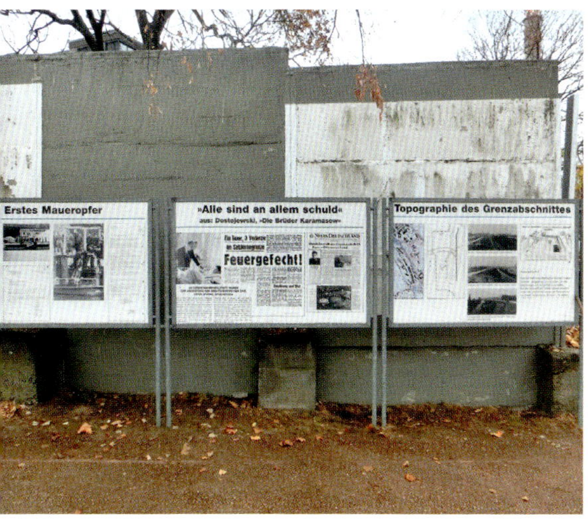

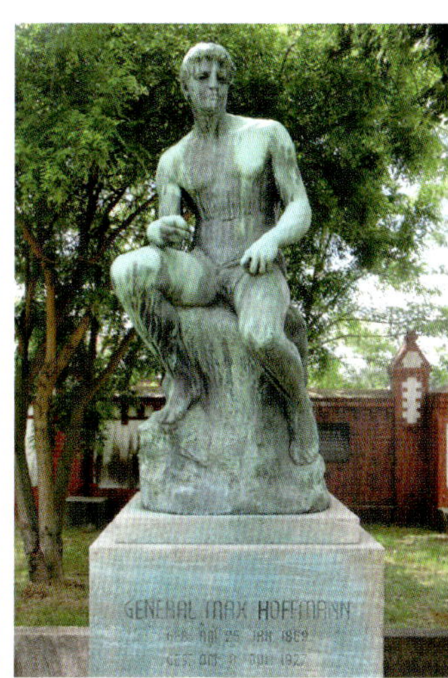

Mauerstück auf dem Invalidenfriedhof (li.) und Grabmal

Doch auch die Nachkriegsgeschichte hat den Friedhof gezeichnet, ging doch die Mauer quer über sein Gelände, wovon noch einer der letzten erhaltenen originalen Mauerreste zeugt. Eine Schautafel lässt diesen Teil deutscher Geschichte lebendig werden, und wenige Meter nördlich des Friedhofs kann in der Kieler Straße ein Wachturm der DDR-Grenztruppen besichtigt werden; der Wachturm ist zugleich eine Gedenkstätte für Günter Litfin.

Am Nordhafen trennen sich auf Höhe der Kieler Brücke die Grünen Hauptwege 3 und 19: Nr. 3 geht geradeaus weiter, wir biegen nach rechts – und folgen weiter dem Mauerweg. Der Nordhafen entstand ab 1856 und wurde im Oktober 1858 in Betrieb genommen. Nachdem der Hafenbetrieb 1966 endgültig stillgelegt worden war, wurden die Hafenanlagen in einen Park verwandelt. Auch mündet die Panke durch das Nordhafen-Vorbecken, an dem wir vorbeiwandern, in den Schifffahrtskanal; allerdings war das nicht immer so. Das Flüsschen Panke, das bei Bernau entspringt und nach ca. 29 km in die Spree mündet, teilt sich quasi durch den Eingriff des Menschen in zwei Arme, die einige Zeit Alte und Neue oder Nord- und Südpanke hießen. Die Nordpanke ist ein Überbleibsel des ehemaligen Schönhauser Grabens, der als Wasserweg zum Schloss Schönhausen geplant war, das der Kurfürst Friedrich III. erworben hatte. Unter ihm als König Friedrich I. begann dann der Bau des Kanals. Nach dem Mauerbau wurde die am Schiffbauerdamm in die Spree mündende Alte Panke oder Südpanke vollständig abgesperrt, seitdem floss das Wasser der Panke allein über die Neue oder Nordpanke – also durch den Kanal – ins Nordhafenbecken. Inzwischen wird die Südpanke aber wieder geöffnet, allerdings ist sie nur teilweise freigelegt. Infolge dieser Maßnahme hat es erneute Namensvergaben gegeben: Der Name der Südpanke bleibt bestehen, die Alte heißt nun einfach nur noch: Panke. Und so lässt sich selbst anhand dieses nicht gerade reißenden »Stroms« viel deutsche Geschichte erzählen …

Vis-à-vis des Vorbeckens steht das Abspannwerk Scharnhorst, ein außergewöhnliches Werk der Industriearchitektur. Errichtet wurde es in den Jahren 1927–29 durch die BEWAG (Berliner Elektrizitätswerk-Aktiengesellschaft), um den über Freileitungen gelieferten Strom von einer Spannung von 30 kV auf 6 kV »abzuspannen«. Geschaffen wurde das expressionistische Backsteingebäude nach Plänen von Hans Heinrich Müller (1879–1951), dem Leiter der Bauabteilung der BEWAG (seit 1924), der eine ganze Menge von Elektrizitäts- und Umspannwerken gestaltete, aber auch den Wasserturm auf dem Friedhof Steglitz. Im Übrigen handelt es sich natürlich nicht um ein aus Backsteinen aufgemauertes Gebäude, sondern um einen Stahlskelettbau, der mit Backstein nur verkleidet wurde. Auffallend ist die Gliederung der 13-achsigen Südfassade (zum Nordhafen) durch dreieckige Mauerpfeiler, die Leitungs- und Lüftungsschächte enthalten. Die Nordseite wiederum wird durch ebenfalls vorspringende Transformatorenkammern gegliedert. Bis 1984 war das Abspannwerk in Betrieb, inzwischen wurde es komplett umgebaut und beherbergt die Vertriebszentrale des Energieriesen Vattenfall.

Immer noch folgen wir auch dem Mauerweg und erreichen die Chausseestraße. Von hier sind es ca. 200 m zum U-Bhf. Reinickendorfer Straße. Die Wanderung lässt sich also bequem beenden – aber auch mit der nächsten Etappe fortsetzen.

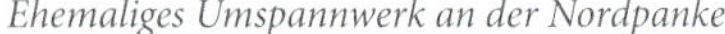
Ehemaliges Umspannwerk an der Nordpanke

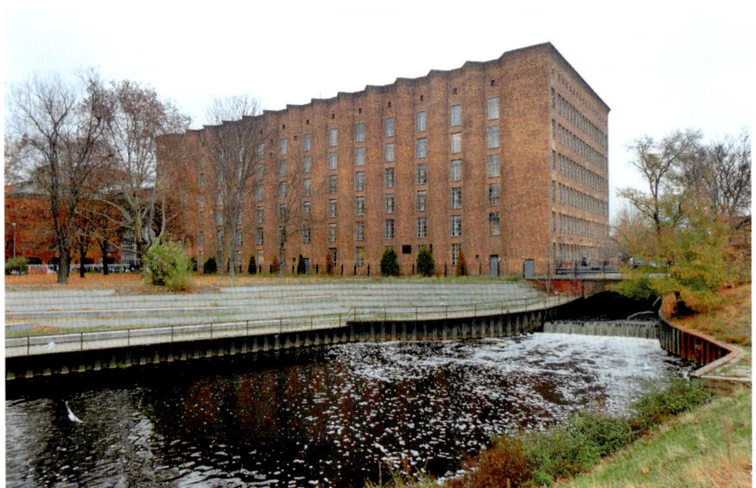

Konditorei Buchwald, Bartningallee 29, tgl. ab 11 Uhr, Tel.: 030/39 15 931, www.konditorei-buchwald.de

Café & Restaurant weltwirtschaft, mit Außengastronomie, John-Foster-Dulles-Allee 10, So–Do 12 Uhr–0 Uhr, Fr & Sa 12 Uhr–open end, Tel.: 0175/287 19 85, https://weltwirtschaft.berlin

Capital Beach im Spreebogenpark, Bar an der Spree mit Strandkörben (nur im Sommer), Tel.: 0177/82 85 387

Haus der Kulturen der Welt, Neubauten des Deutschen Bundestages, Charité, Invalidenfriedhof

Berliner Medizinhistorische Sammlung, Charitéplatz 1, tgl. außer Mo ab 10 Uhr, Tel.: 030/450 53 61 56, www.bmm-charite.de (Altersbeschränkung!), bis Anfang 2023 geschlossen.

Hamburger Bahnhof – Museum für Gegenwart, Invalidenstr. 50/51, Di–Fr ab 10 Uhr, Sa & So ab 11 Uhr, Tel.: 030/26 64 24 242, www.smb.museum/museen-und-einrichtungen/hamburger-bahnhof

U Bhf. Reinickendorfer Straße: Bus 120

S-Bhf. Tiergarten: S 3, 5, 7 und 9

U-Bhf. Reinickendorfer Straße: U6

1. Etappe: Vom S-Bahnhof Tiergarten zur Chausseestraße

Der Tiergartenring – 2. Etappe

Start: **Chausseestraße (Nähe U-Bhf. Reinickendorfer Straße)**
Ziel: **Märchenbrunnen im Volkspark Friedrichshain (Bus- und Tramhaltestelle Am Friedrichshain)**
Länge: **5,9 km**

Der Grüne Hauptweg 19 folgt nach wie vor dem Verlauf des Berliner Mauerwegs: An der Ecke Chaussee- und Liesenstraße befand sich einst eine Grenzübergangsstelle der DDR, von der jedoch keine Spuren mehr vorhanden sind. Durch die Liesenstraße geht es zu den Liesenbrücken, dann zunächst ein paar Meter durch die Gartenstraße, bis eine Metalltreppe hinauf zum Park am Nordbahnhof führt. Ursprünglich befanden sich auf dem heutigen Parkgelände die Betriebsanlagen der Berlin-Stettiner Eisenbahn (zunächst Berlin-Stettin, dann auch Berlin-Angermünde-Stralsund) und der später hinzukommenden Berliner Nordbahn. Die Bahnlinie nach Stettin ging 1842 in Betrieb, zugleich wurde auch ein erstes Empfangsgebäude errichtet: der Stettiner Bahnhof. Aus Gründen der politischen Korrektheit wurde dieser 1950 in Nordbahnhof umbenannt, das Stettin ja nunmehr Szczecin hieß. 1952 wurde der Fernbahnhof geschlossen, die Gebäude wurden abgerissen. Heute steht nur noch das Empfangsgebäude der Vorortbahn (Ecke Julie-Wolfthorn-/Caroline-Michaelis-Straße). Von 2004 bis 2009 entstand der jetzige Park.

Park am Nordbahnhof

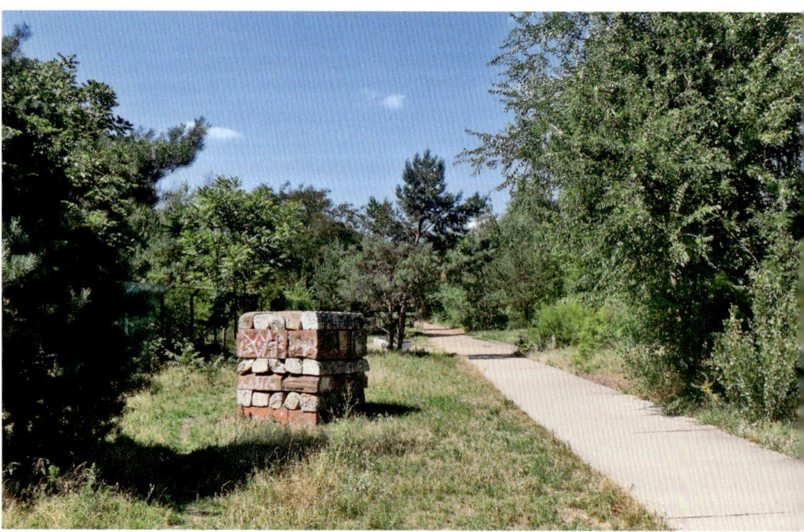

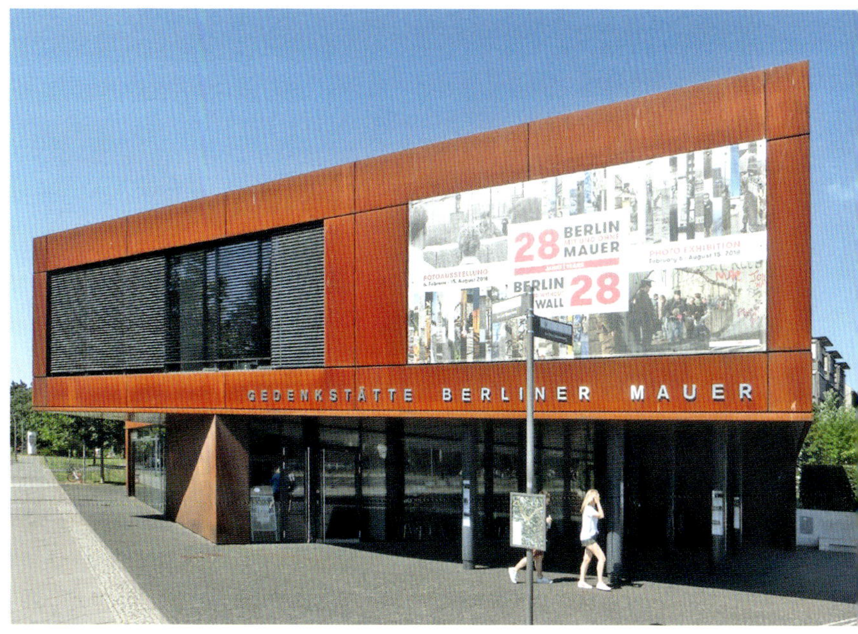

Mauergedenkstätte Bernauer Straße

In der Bernauer Straße befindet sich die großflächige Gedenkstätte Berliner Mauer mit dem Besucherzentrum an der Ecke zur Gartenstraße. Die Außenanlage erstreckt sich über 1,4 km Länge und gibt noch einen guten Eindruck von der beklemmenden Situation an der Grenze, da noch ein letztes Stück Mauer in der Tiefenstaffelung der Grenzanlagen erhalten ist. Die Kapelle der Versöhnung in der Verlängerung der Hussitenstraße erinnert an die hier einst befindliche Versöhnungskirche, die sich direkt im Grenzstreifen befand und deshalb von den DDR-Grenzern gesprengt wurde.

Am Ende der Bernauer Straße überschreiten wir die »Grenze« vom Wedding zum Prenzlauer Berg. Bis zur Mitte des 19. Jhs. war dies noch eine ländliche Gegend, in der sich vor allem Ackerland Berliner Bürger befand, wo aber auch Windmühlen betrieben wurden, z. B. auf dem Windmühlenberg. Im »Stadtteilführer Prenzlauer Berg« heißt es zum Namen: »Benannt nach der etwa 90 km entfernten Stadt Prenzlau, zu der die Prenzlauer Allee führt. Mit dem Berg ist die Anhöhe am Anfang der Prenzlauer Allee gemeint. Das ist der eigentliche Prenzlauer Berg.« Ab der Mitte des 19. Jhs. begann dann von Süden her die Bebauung des Areals, es entstanden vor allem Mietskasernenviertel und große Brauereien als Industriebetriebe; dem folgten Schulen und Kirchen. Ab 1913 »durchschnitt« dann der Hochbahnviadukt in der Schönhauser Allee – heute U-Bahnlinie 2 – den Stadtteil. Mit der Bildung der

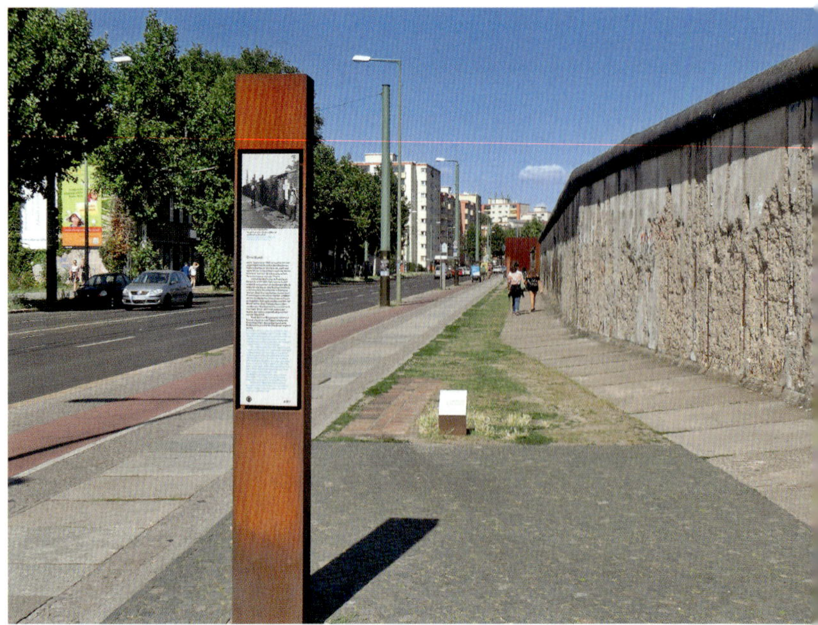

Mauergedenkstätte

Gemeinde von Groß-Berlin wurde der »Prenzelberg« zunächst als 4. Verwaltungsbezirk Prenzlauer Tor geführt, 1921 erhielt er dann aber seinen bis heute bestehenden Namen. Seit der Bezirksreform 2001 ist Prenzlauer Berg allerdings kein eigenständiger Stadtbezirk mehr, sondern gehört zu Pankow, was seinerzeit vor allem Unmut hervorrief.

Unser Weg führt durch die Oderberger Straße, die eine wahre Gastromeile ist. Nach dem Überqueren der Kastanienallee erscheint auf der rechten Straßenseite (Nr. 57–59) das Stadtbad, das 1899–1902 nach Entwürfen des bereits mehrfach hervorgehobenen Stadtbaurates Ludwig Hoffmann errichtet wurde. Die Fassadengestaltung stammt von dem Bildhauer Otto Lessing; auch er wurde im Zusammenhang mit dem Neuen Marstall schon erwähnt. Unübersehbar sind die Anleihen bei Bauwerken der deutschen Renaissance. Die langgestreckte Fassade mit den hohen Sandsteinsockeln und den großen Zwerchhäusern ist wirklich sehenswert, das gilt auch für die Sandsteinskulpturen von Lessing mit ihrer Wasserthematik. Der Badebetrieb wurde 1986 eingestellt, inzwischen jedoch kann man sich wieder in der kreuzgratgewölbten Schwimmhalle tummeln – sie gehört jetzt zum Hotel Oderberger, ist aber öffentlich zugänglich.

Jenseits der Schönhauser Allee fällt sofort der Eckturm der Kulturbrauerei auf, Domizil des Frannz-Club. Der heutige Name Kulturbrauerei verrät

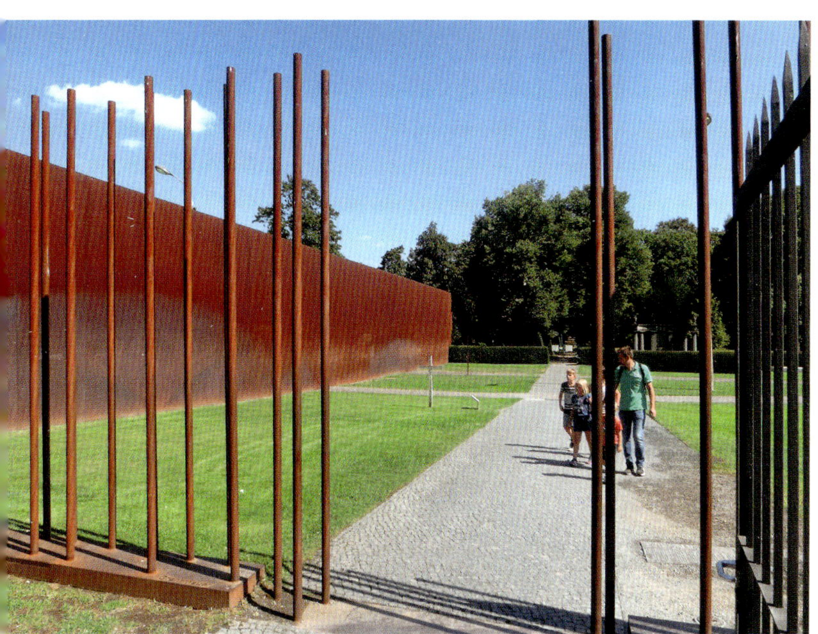

Mauergedenkstätte

schon, was sich auf dem riesigen Areal zwischen Schönhauser Allee, Sredzkistraße, Knaackstraße und Danziger Straße einst befand. Als das Unternehmen Firmen(mit)begründer Jobst Schultheiss nicht mehr gehörte, aber noch seinen Namen trug (bis heute), ließ die Schultheiss-Brauerei hier 1887–91 einen großen Komplex errichten. Federführender Architekt war der äußerst produktive Franz Schwechten (1841–1924), ein Vertreter des Historismus, der deshalb auch lange Zeit dem Verdikt der Moderne anheimfiel, inzwischen jedoch »rehabilitiert« ist. Schwechten schuf eine Vielzahl roter und gelber Backsteingebäude, wobei er auf Formen der Romanik zurückgriff und diese mit Renaissancemotiven verband. Produktionsstätten, Lagerhallen, Remisen, aber auch Restaurants und Säle entstanden so in gefälligen Formen, die ihre Funktionen teilweise kaschierten – und das darf nach dem göttlichen Gesetz der Moderne ja nicht sein. Inzwischen allerdings erfreut sich auch der Historismus wieder wachsender Akzeptanz und Beliebtheit. So steht das Brauereigelände mit sämtlichen Gebäude nunmehr unter Denkmalschutz. Bis 1970 wurde Bier produziert. Heute haben auf dem Areal der Kulturbrauerei diverse Firmen ihren Sitz, es gibt Veranstaltungsräume, Gastronomie und ein Kino.

Unsere nächste Station ist der Kollwitzplatz, der für den überregionalen Ruhm des »Prenzelberg« entscheidend mitverantwortlich ist. Gestaltet wurde

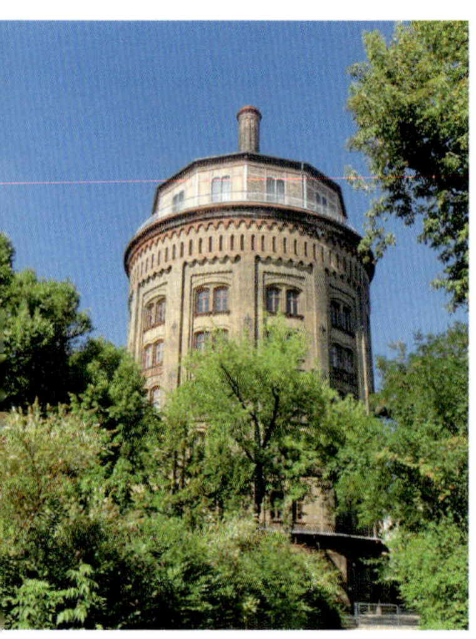

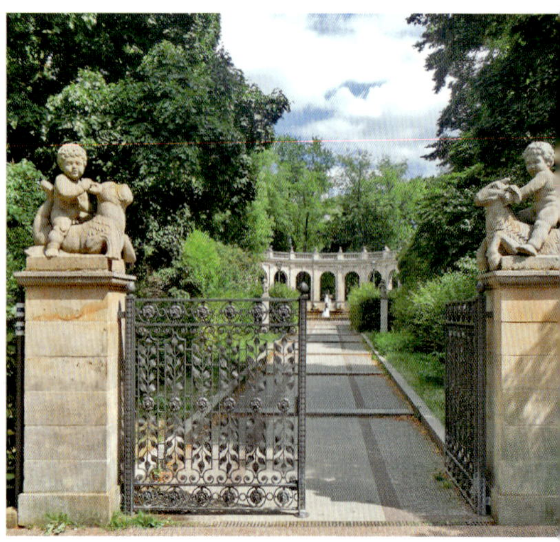

Wasserturm Windmühlenberg (li.) und Eingang zum Märchenbrunnen

der Platz 1950 nach Entwürfen von Reinhold Lingner (1902–1968), der zu den führenden Landschafts- und Gartenarchitekten der DDR gerechnet werden muss – so war er u. a. an der Gestaltung bzw. Neugestaltung des Volksparks Friedrichshain, von verschiedenen Mahn- und Gedenkstätten und auch der Gedenkstätte der Sozialisten auf dem Zentralfriedhof Friedrichsfelde beteiligt. Der dreieckige Platz trägt bis heute seine Handschrift. Ebenfalls berühmt ist das Käthe-Kollwitz-Denkmal, eine Bronzeplastik, die der Bildhauer Gustav Seitz (1906–1969) geschaffen hat. Der Platz ist auch ein Paradies für Kinder, und ringsherum gibt es eine Vielzahl gastronomischer Einrichtungen, aber auch kleiner interessanter Geschäfte.

Durch die Knaackstraße flanieren wir zum Windmühlenberg, wobei man das Adjektiv »ehemalig« davorsetzen sollte, denn es gibt hier keine Mühlen mehr, dafür allerdings einen bewohnten Wasserturm. Beim Spreeweg (Grüner Hauptweg 1) wurde bereits auf das von Engländern geschaffene erste Berliner Wasserwerk vor dem Stralauer Tor hingewiesen. Auf dem Windmühlenberg entstand zunächst nur ein Vorratsbehälter. Davon ist heute noch der Standrohrturm von 1856 erhalten, ein schlanker und mit Lisenen verzierter Turm aus gelbem Backstein. Er ist das Werk des englischen Ingenieurs und Wasserwerkdirektors Henry Gill (1824–1893), dem auch der 1875/76 erbaute runde Wasserturm mit seiner interessanten Fassadengliederung zu verdanken ist. Der in Rye geborene Gill starb in Berlin und ruht auf dem Alten St. Matthäus-Friedhof (Großgörschenstraße). Im Wasserturm befindet sich übrigens nicht nur der Hochbehälter für das Wasser, sondern auch die ehemaligen Beamtenwohnungen, die noch heute wegen ihres originellen Zuschnitts sehr begehrt sind. Das Gelände auf dem Windmühlenberg ist inzwischen ein Park, die Industriebauten stehen unter Denkmalschutz. Ungefähr 1 km sind es nun noch bis zum Märchenbrunnen im Volkspark Friedrichshain.

In Prenzlauer Berg gibt es zahlreiche gastronomische Einrichtungen, insbesondere die Oderberger Straße ist so etwas wie eine »Gastromeile«. Doch gilt dies auch für andere Orte entlang des Weges wie dem Kollwitzplatz. Daher können einzelne Restaurant oder Cafés hier nicht aufgeführt werden.

Park am Nordbahnhof, Gedenkstätte Berliner Mauer, KulturBrauerei

Gedenkstätte Berliner Mauer, Besucher- und Dokumentationszentrum, Bernauer Str. 119, Mi–So 11–17 Uhr, Tel.: 030/213 08 51 23, www.berliner-mauer-gedenkstaette.de
Jüdischer Friedhof Schönhauser Allee 25 (mit Lapidarium), Mo–Do 8–16 Uhr, Fr 7.30–13 Uhr, Sa, So & feiertags geschlossen, Tel.: 030/441 98 24, www.berlin.de/sehenswuerdigkeiten/3561204-3558930-juedischer-friedhof-schoenhauser-allee.html

BUCHBOX! Buchhandlung, Kastanienallee 97, Mo–Sa 10–21 Uhr, Tel.: 030/44 30 83 85, www.buchboxberlin.de
Buchladen zur schwankenden Weltkugel, Kastanienallee 85, Mo–Fr 11–19, Sa 11.30–18 Uhr, Tel.: 030/44 09 158, www.buchladen-weltkugel.de

Stadtbad Oderberger Straße, Oderberger Str. 57, Öffnungszeiten unter www.hotel-oderberger.berlin/bad/oeffnungszeiten oder telefonisch erfragen: 030/78 00 89 760

Haltestelle Am Friedrichshain: Linie M4

Haltestelle am Friedrichshain: Buslinien 142, 200

2. Etappe: Von der Chausseestraße zum Märchenbrunnen im Volkspark Friedrichshain

Der Tiergartenring – 3. Etappe

Start: Märchenbrunnen im Volkspark Friedrichshain (Bus- und Tramhaltestelle Am Friedrichshain)
Ziel: S-Bhf. Tiergarten
Länge: 11,3 km

Zum Märchenbrunnen von Ludwig Hoffmann finden sich Ausführungen beim Hauptweg 7, hier nun die dort angekündigte Beschreibung des Volksparks Friedrichshain. Der bis 2001 selbstständige Bezirk Friedrichshain, in dem wir uns seit Überquerung der Greifswalder Straße befinden, entstand mit der Bildung von Groß-Berlin im Jahr 1920 u.a. aus den Vorstädten bzw. vorstädtischen Siedlungen Königstadt, Stralauer Viertel und Dorf Stralau. Namensgeber war der Volkspark, der erste kommunale Park Berlins, dessen westlicher Teil 1846–48 nach Plänen des Lenné-Schülers Gustav Meyer (1816–1877) entstand und 1874–76 erweitert wurde. Der Landschaftsarchitekt und königliche Hofgärtner G. Meyer wurde am 1. Juli 1870 der erste städtische Gartendirektor Berlins, er schuf auch den Volkspark Humboldthain, den Treptower Park und den Kleinen Tiergarten. Im Krieg schwer geschädigt, wurde der Park u.a. durch den schon erwähnten Reinhold Linger (Kollwitzplatz) wiederhergestellt. Weg 19 führt am südlichen Rand des Park entlang, trotzdem sollen zumindest zwei wichtige points of interest erwähnt werden:

Denkmal im Friedrichshain

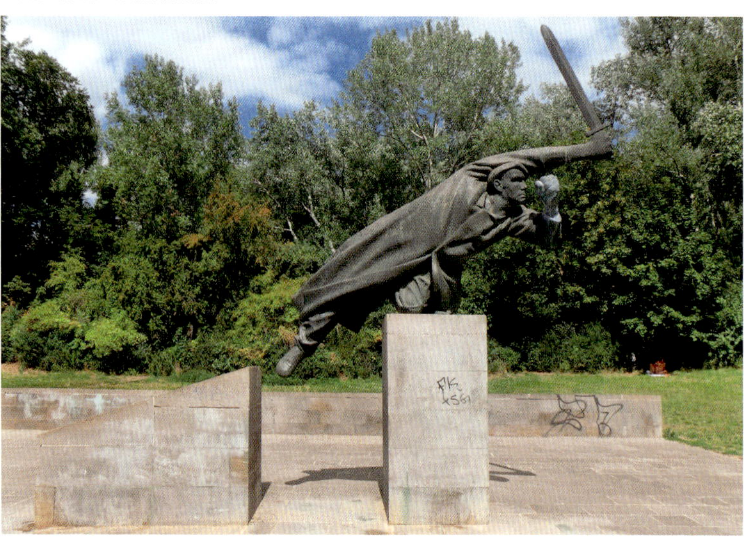

die Bunkerberge und der Friedhof der Märzgefallenen – als Vorschläge für einen kleinen Umweg. Nur hingewiesen werden soll an dieser Stelle auch auf die vielen Skulpturen im Park. An einem Denkmal führt der Weg vorbei, nämlich am Ehrenmal für die Kämpfer der Internationalen Brigaden im Spanischen Bürgerkrieg an der Friedenstraße. Die aus einer Bronzefigur und einer Stele mit Bronzereliefs bestehende Denkmalanlage entstand 1968 als Gemeinschaftswerk von Fritz Cremer (1906–1993) und Siegfried Krepp (1930–2013).

Der Große Bunkerberg ist ebenso wie der Kleine Bunkerberg eine künstlich geschaffene Erhebung, und zwar die größte des Ortsteils Friedrichshain (78 m ü. M.). Beide »Berge« sind typische Trümmerberge, also in der Zeit nach dem Zweiten Weltkrieg entstanden, und zwar am Standort der Friedrichshainer Flak-Türme. Die beiden Türme wurden im Oktober 1941 fertiggestellt, und im kleineren – dem Leitturm – wurden jene Gemälde der Berliner Gemäldegalerie eingelagert, die am 6. Mai 1945 verbrannt sein sollen und als Kriegsverluste gelten, obwohl immer wieder Zweifel daran geäußert werden. Beide Türme wurden von der Roten Armee gesprengt und schließlich unter den Trümmern verborgen. Wegen dieser Historie nennen die Berliner die Bunkerberge auch »Mont Klamott«.

Der Friedhof der Märzgefallenen wurde für die Barrikadenkämpfer der Märzrevolution von 1848 angelegt. Dazu heißt es auf dem offiziellen Hauptstadtportal berlin.de: »Auf Vorschlag des Bestattungskomitees und Beschluss der Stadtverordneten wie des Magistrats wurde im März 1848 auf der höchs-

Platz der Vereinten Nationen

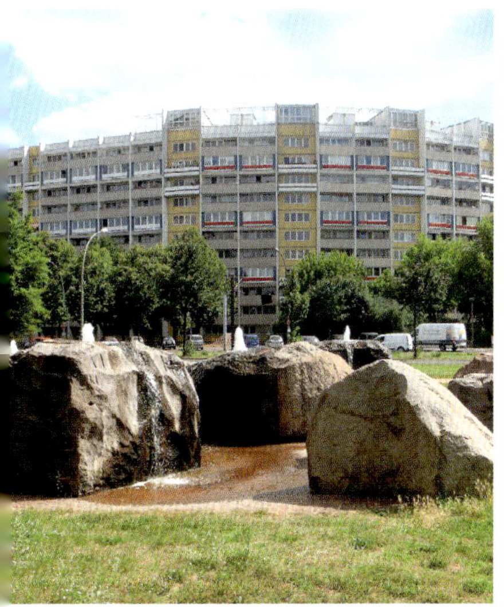

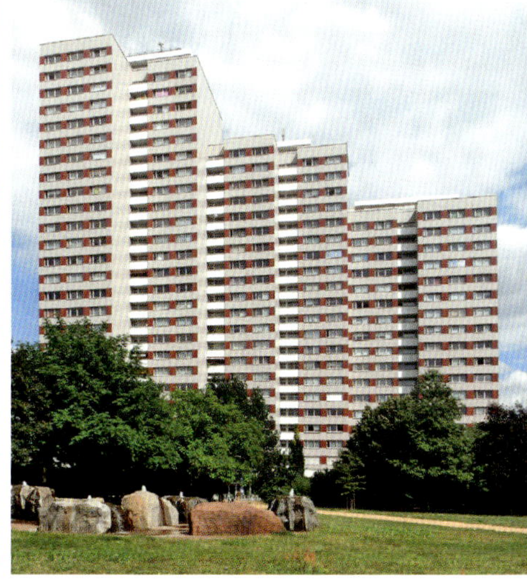

ten Erhebung des Parkgeländes Friedrichshain ein gemeinschaftlicher Friedhof für die Opfer der Revolution vom 16. bis 19. März 1848 errichtet. Vom 22. März bis zum 17. Juni des Folgejahres wurden hier 255 Revolutionsopfer beigesetzt. An diesem Platz und in der Stadtmitte sollten Denkmäler die weit über Berlin hinausreichende Bedeutung der Revolution würdigen. Vom 20. November 1918 bis zum 29. Dezember 1918 wurden an diesem Platz zudem 33 Berliner Helden und Opfer von 1918 bestattet.« 1878 wurde die Anlage neu gestaltet. Die Bronzefigur des Roten Matrosen am Eingang stammt jedoch bereits aus dem Jahr 1960, geschaffen wurde sie von Hans Kies (1910–1984).

Unsere nächsten Stationen sind zwei bedeutende Plätze. Zunächst der Platz der Vereinten Nationen: An dieser Stelle befand sich einst das Landsberger Tor, das ein Tor innerhalb der Akzisemauer war und 1864 mit dieser Mauer verschwand. Zunächst hieß die Stadtanlage Landsberger Platz, ab April 1950 dann Leninplatz. In den Jahren 1968–70 wurde nach den Entwürfen von Hermann Henselmann eine völlig neue Platzanlage geschaffen und vom Architektenkollektiv Heinz Mehlan (1926–1987) ausgeführt. Den Anlass dafür bot der 100. Geburtstag des russischen Revolutionärs W. I. Lenin (eigentl. Uljanow, 1870–1924). Zu den Besonderheiten der Bauten gehören der abgetreppte, die Anlage dominierende Hochhausturm sowie die geschwungenen Plattenbauten »Bumerang« und »Schlange«, deren Bau eine technologische Herausforderung darstellte. Ebenfalls 1970 wurde ein von dem sowjetischen Bildhauer Nikolai Tomski (1900–1984) geschaffenes, 19 m hohes Lenindenkmal aus rotem Granit eingeweiht. Die in die Höhe strebenden Bauten und das Denkmal hatten eine durchaus imposante Wirkung, und genau diese sollten sie ja auch haben. Wenig verwunderlich, dass das Denkmal nach der Wiedervereinigung abgetragen und an seiner Stelle ein Sprudelbrunnen errichtet wurde, der etwas verloren wirkt. Auch änderte sich der Name des Platzes, der seit 13. März 1992 Platz der Vereinten Nationen heißt. Der gesamte Komplex steht übrigens mittlerweile unter Denkmalschutz.

Etwas mehr als 500 m weiter südlich liegt der Strausberger Platz, dessen zentrale Fontäne nicht übersehen werden kann. Der ovale Platz eröffnet eines der spektakulärsten Bauensembles der Nachkriegszeit, das sich auf 1,7 km Länge bis zum Frankfurter Tor erstreckt: die Karl-Marx-Allee. Dieses Prestigeobjekt verdient eine ausführlichere Beschreibung als hier möglich, daher nur ein paar Stichworte und die Empfehlung, sich einmal Zeit zu nehmen für eine Inaugenscheinnahme des »Ostberliner Arbeiterbarock«. Zunächst wurde Hans Scharoun (1893–1972) mit den Planungen beauftragt, und zwei seiner Gebäude wurden 1949/50 auch umgesetzt (die Laubenganghäuser Karl-Marx-Allee 102–104 und 126–128), doch war seine dem Bauhaus verpflichtete Architektur der DDR-Führung zu »bürgerlich-kapitalistisch«. Aus

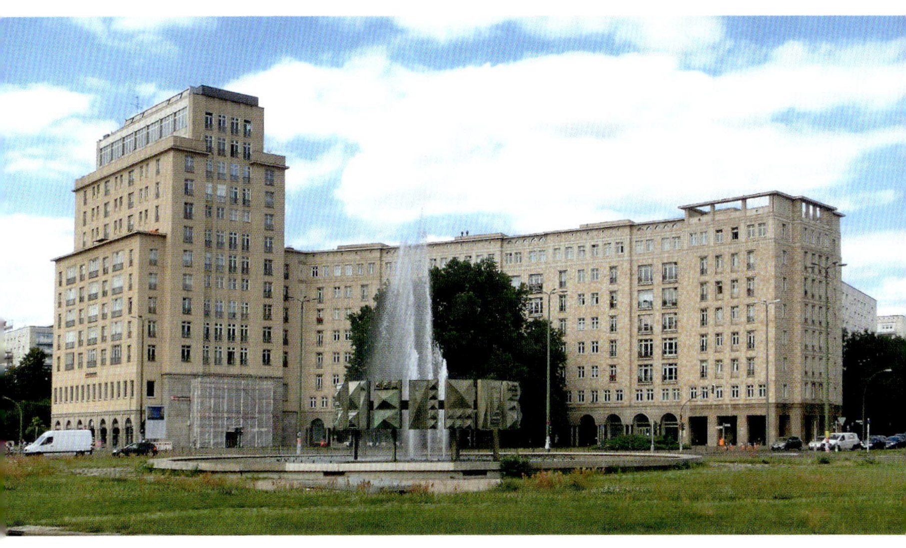

Strausberger Platz

der Anfangszeit der Bebauung stammt übrigens auch das von Bertolt Brecht (1898–1956) so überschwänglich gepriesene Hochhaus an der Weberwiese (1952), das von einem Architektenkollektiv um Hermann Henselmann entworfen wurde und als erstes sozialistisches Haus Berlins gilt. Schließlich entstand dann auch die benachbarte (zunächst) Stalinallee in jenem unverwechselbaren Zuckerbäckerstil, der die absolute Abkehr vom Funktionalismus und anderen Strömungen der Moderne verrät. An den Entwürfen waren neben Henselmanns auch andere Kollektive beteiligt, die Karl-Marx-Allee ist also keineswegs das alleinige Werk dieses Ausnahmearchitekten.

Begrenzt wird die Allee von zwei Platzanlagen, dem Frankfurter Tor und dem Strausberger Platz. Monumentalität ist das Kennzeichen beider Plätze. Die Freiflächengestaltung von 1954 stammt übrigens aus der Feder des mehrfach erwähnten Reinhold Lingner, später wurden Eingriffe und Veränderungen vorgenommen. 1966 wurde in der Platzmitte eine Brunnenanlage geschaffen, ein Ringbrunnen aus 16 getriebenen Kupferplatten von Fritz Kühn (1910–1967) und Heinz Graffunder (1926–1994), ein Jahr später erfolgte die Gestaltung des Mittelrondells.

Die vier elliptisch angeordneten Baugruppen des Platzes haben Ladenarkaden im Erdgeschoss. Die achtgeschossigen, aufwendig verzierten Häuser werden überragt von zwei Zehngeschossern am östlichen und zwei 14-geschossigen Hochhäusern am westlichen Ausgang. An der Lichtenberger Straße hingegen werden die Eckhäuser hervorgehoben, sodass der Platz nach allen vier Himmelsrichtungen torähnliche Ausgänge besitzt. Die Hochhäuser

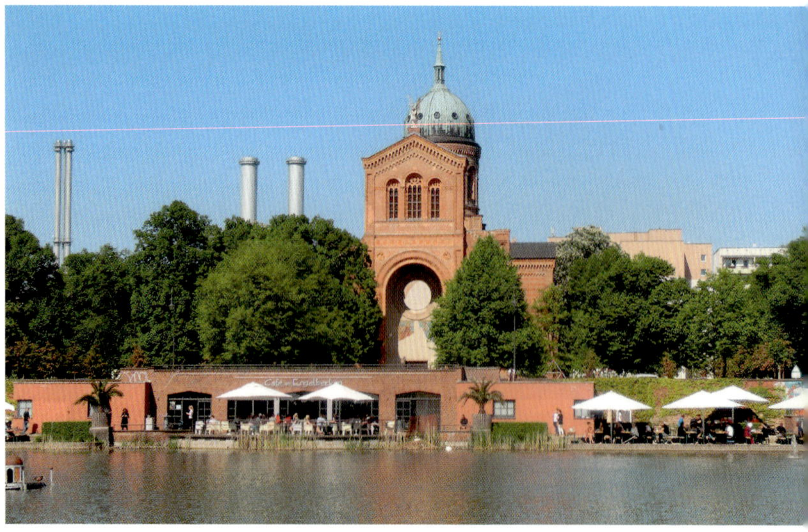

Die Michaelkirche am Engelbecken

mit 14 Stockwerken waren als Haus des Kindes und als Haus Berlin errichtet worden. Im Haus des Kindes gab es ein Kinderkaufhaus, ein Kindercafé im obersten Geschoss, einen Kindergarten sowie ein Puppentheater (außerdem Wohnungen), im Haus Berlin gab es in den unteren wie in den oberen Etagen Restaurants und Cafés sowie eine Bar.

Wir verlassen den Platz an seinem südlichen Ende und erreichen durch die Lichtenberger Straße die Spree und die Michaelbrücke. Die Michaelkirchstraße kreuzt die Köpenicker Straße, und zugleich kreuzen sich die Grünen Hauptwege 1 und 19. Wir gehen geradeaus und erreichen den Michaelkirchplatz mit der St. Michaelkirche. Der zweite katholische Kirchenbau Berlins nach der St.-Hedwigs-Kirche entstand 1841–56 nach Plänen von August Soller (1803–1853), der bei der Oberbaudeputation Schüler und Mitarbeiters Schinkels war und schließlich das Kirchenbauressort leitete. Die dreischiffige, kreuzförmige Hallenkirche, deren Vierung eine hohe Tambourkuppel überragt, wurde von den oberitalienischen Backsteinkirchen der Renaissance ebenso beeinflusst wie von Schinkels Rundbogenstil; St. Michael gilt als bedeutendster Kirchenbau der Schinkel-Nachfolge. Im Zweiten Weltkrieg zerstört, wurde sie nur teilweise wiedererrichtet und ist in anderen Teilen als Ruine belassen. Die Skulptur des Erzengels über der zum Engelbecken gerichteten Hauptfassade stammt von August Kiss (1802–1865), der u. a. auch die Statue des Hl. Georg im Nikolaiviertel geschaffen hat (s. dort, Weg 1). Der Michaelkirchplatz wurde ursprünglich 1866 nach einem Entwurf Linnés geschaffen, später aber verändert.

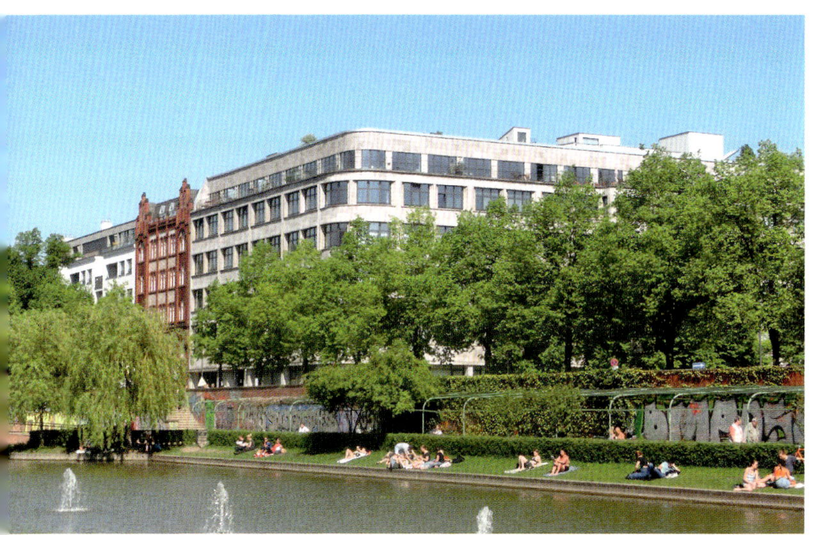

Am Engelbecken

Ein wichtiges Baudenkmal befindet sich an der südöstlichen Ecke des Michaelkirchplatzes (Engeldamm 70). Ursprünglich handelte es sich bei diesem Bau um das Verbandshaus des Deutschen Verkehrsbundes, der Gewerkschaft der deutschen Transportarbeiter. Erste Entwürfe stammen von dem berühmten Bruno Taut (1880–1938), die Pläne wurden überarbeitet von seinem Bruder Max (1884–1967), der mehrere moderne Gewerkschaftsbauten in Berlin realisierte. Das Gebäude am Engeldamm wurde 1929/30 ausgeführt und nach Kriegszerstörungen etwas verändert wieder aufgebaut.

Unser Weg führt nun östlich am Engelbecken vorbei, das einst im Grenzgebiet zwischen Ost- und West-Berlin lag – heute befindet sich hier die natürlich unsichtbare Grenze zwischen Mitte und Kreuzberg, wobei das Becken noch zu Mitte gehört. Es ist nun Teil eines schönen Grünzuges entlang des früheren Luisenstädtischen Kanals. Zunächst einige Worte zur Luisenstadt, die nach der bekannten, jung verstorbenen preußischen Königin Luise benannt wurde und einen historischen Stadtteil Berlins darstellt, dessen Territorium sich heute auf Mitte und Kreuzberg verteilt. Der Berliner Geschichtsforscher und Stadtarchivar Ernst Fidicin (1802–1883) schreibt in »Berlin und seine Entwicklung« (1868), »die Luisenstadt, früher Köllnische und Köpenicker Vorstadt benannt, ist, obgleich schon im 17. Jahrhundert daselbst Ansiedelungen stattfanden, welche im Jahre 1694 die Erbauung einer eigenen Kirche … nötig machten, nur langsam angewachsen und hat erst in neuester Zeit mit überraschender Schnelligkeit ihre jetzige bauliche Ausdehnung erhalten«. Wohlgemerkt, das schrieb Fidicin 1868. Zu diesem Zeitpunkt bestand der Luisenstädtische Kanal bereits, denn er war 1852 eröffnet worden. Auf der Basis bereits existierender Pläne entwarf schließlich Peter Joseph Lenné diese Verbindung zwischen Landwehrkanal und Spree, deren Bau zwei Jahre nach Fertigstellung des Landwehrkanals begann, d.h. im Jahr 1848. Dabei legte Lenné auch großen Wert auf den Schmuck- und Naherholungswert der den Kanals begleitenden Straßen- und Grünzüge, wovon man sich sogar heute noch einen Begriff machen kann. So wurde eine Uferpromenade mit sogenannten Kaiserlinden angelegt. Dabei handelt es sich um ganz »normale« Linden, die zu Ereignissen, die mit dem Kaiser in Verbindung standen, oder zu dessen allgemeiner Huldigung angepflanzt wurden. Der Kanal begann am Urbanhafen und mündete nach 2,3 km bei der Schillingbrücke in die Spree. Seine Funktion bestand darin, den Transport von Baumaterial zu ermöglichen, der Stadtentwässerung zu dienen und Überschwemmungen der Spree zu regulieren. Darüber hinaus war der Bau auch eine – wie man heute sagen würde – Arbeitsbeschaffungsmaßnahme. Wirkliche Bedeutung erlangte der Kanal jedoch nie, allerdings machte er sich durch den Gestank des häufig stehenden Wassers bei den Anwohnern unbeliebt, sodass der Magistrat 1926 beschloss, ihn zuzuschütten und durch eine Grünanlage zu ersetzen. Auch das bot in den krisenhaften 1920er Jahren zugleich eine willkommene Gelegenheit, öffentliche Arbeitsplätze zu schaffen. Der Charlottenburger Gartendirektor Erwin Barth (1880–1933), der z.B. auch den Landhausgarten Max Fraenkel entwarf (siehe Hauptweg 2), wurde mit der Schaffung des Grünzuges beauftragt. 1932 wurde die Anlage fertiggestellt, als Erinnerung an die

Ehemaliger Luisenstädtischer Kanal

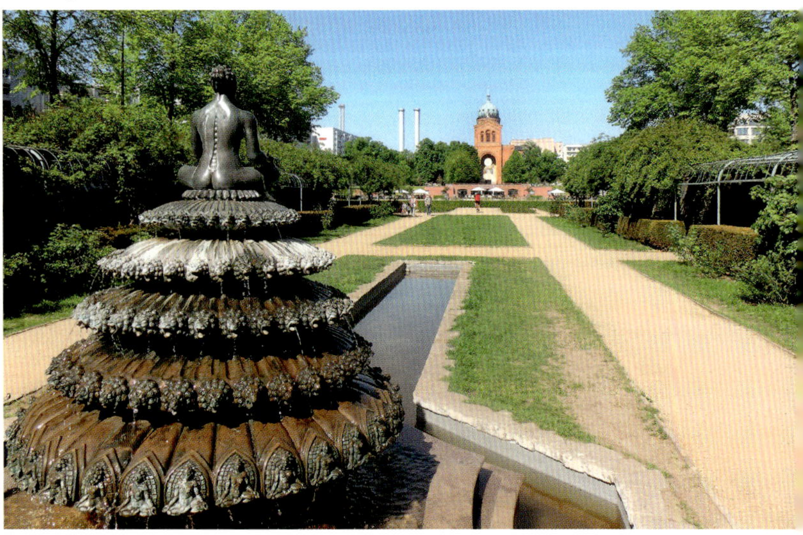

einstige Funktion blieb das von Laubengängen eingefasste Engelbecken erhalten.

Vom Engelbecken geht es in südlicher Richtung durch den Rosengarten zur Waldemarstraße, wo die »Grenze« zu Kreuzberg überschritten wird. Kreuzberg ist ebenso wenig wie Friedrichshain ein gewachsener Bezirk, sondern entstand 1920 als Verwaltungsbezirk Hallesches Tor aus Teilen der Friedrichstadt, der Luisenstadt und der Köpenicker Vorstadt. 1921 erfolgte die Umbenennung in Kreuzberg, Namensgeber war die gleichnamige Erhebung im Viktoriapark (66 m ü. NN).

Der Oranienplatz entstand ebenfalls im Zusammenhang mit dem Kanalbau. Heute kann man sich kaum mehr vorstellen, dass er einst vom Süden nach Norden von Wasser durchflossen wurde. Eine Reihe bemerkenswerter Bauten flankieren ihn, hervorgehoben werden soll aber nur das Max-Taut-Haus an der südöstlichen Ecke (Oranienplatz 2–4). Der Name sagt es schon: Das ehemalige Kaufhaus der Konsum-Genossenschaft entstand nach Plänen von Max Taut, die er gemeinsam mit Franz Hoffmann (1884–1951) entwickelt hatte. Hoffmann war ebenfalls Architekt und ein langjähriger Partner der Taut-Brüder, auch in geschäftlicher Hinsicht (Architektengemeinschaft Taut & Hoffmann, seit 1909). Der DEHIO nennt das Gebäude ein »(b)edeutendes Beispiel des Warenhaus- und Gewerkschaftsbaus im Stil der Neuen Sachlichkeit«. 1935 wurde es zum Bürohaus der nationalsozialistischen Deutschen Arbeitsfront (DAF) umgebaut, nach dem Zweiten Weltkrieg erhielt es wieder die ursprüngliche Gestalt.

Etwa 100 m südlich des Oranienplatzes befindet sich auf der linken Seite (Erkelenzdamm 11–13) der Wikinghof. Am Luisenstädtischen Kanal entstand eine Reihe großer Gewerbehöfe, da die Nähe des Wassers Transportmöglichkeiten schuf. Der Architekt und Bauunternehmer Kurt Berndt (1863–1925) gründete 1887 eine Baugesellschaft (ab 1. April 1912 Kurt Berndt Baugesellschaft m. b. H.) mit teilweise bis zu 400 Mitarbeitern und hinterließ eine Vielzahl von Fabrik-, Geschäfts- und Wohnhäusern in Berlin. Besonders große Erfahrungen besaß Berndt im Industrie- und Gewerbebau – sein wohl prominentestes Projekt sind die Hackeschen Höfe (1906/07). 1899 entstand zunächst die fünfgeschossige Etagenfabrik am Erkelenzdamm 11–13, gruppiert um zwei Höfe, während die erhaltene Wohnbebauung an der Straße später zugefügt wurde. Dazu führt die Berliner Denkmaldatenbank aus: »1912 wurde von Heilbrun & Seiden das straßenseitige Mietshaus hinzugefügt, das zwei ältere Mietshäuser ersetzt, die zuvor an dieser Stelle standen. Das Haus ist eines der wenigen Wohnhäuser der Luisenstadt, die aufgrund ihres repräsentativen Charakters als herrschaftlich bezeichnet werden können. Der anspruchsvolle Habitus des Gebäudes ergibt sich aus der aufwendigen Fassadengestaltung, den großzügig geschnittenen Grundrissen und der reichhaltigen Ausstattung. Ursprünglich verfügte das Haus über außerordentlich große, komfortabel ausgestattete Fünf- bis Sieben-Zimmer-Wohnungen, die jedoch in den 1930er Jahren geteilt wurden.«

Nächster markanter Punkt unseres Weges ist der Wassertorplatz. Auch hier ist von Wasser natürlich nichts mehr zu sehen. Der Name resultiert daher, dass der Luisenstädtische Kanal an dieser Stelle die mehrfach genannte Akzisemauer durchfloss und daher 1848 ein Tor erbaut werden musste, eben das Wassertor. Etwas weiter südlich kurz vor der Böcklerstraße ist ein weiterer Gewerbehof zu entdecken, der ebenfalls der Arbeit Kurt Berndts zu verdanken ist: der 1897/98 entstandene Elisabethhof Erkelenzdamm 59–61.

Wir haben den Landwehrkanal erreicht. Der bereits zitierte Ludwig Rellstab schrieb 1852: »Die neuen Anlagen, die die Stadt umgeben sollen und einem großen Teile nach bereits fertig sind, hängen mit der Schiffbarmachung des sogenannten Landwehrgrabens zusammen, die auch sonst einen höchst wichtigen Einfluss auf das kommerzielle und industrielle Leben Berlins üben wird. Es zog sich nämlich ehemals ein schmaler, fast nur mit stehendem Wasser gefüllter Graben, unter dem Namen des Schafgraben bekannter als unter dem des Landwehrgraben, von der Seite Berlins, wo die Spree in die Stadt fließt, etwa 1000 Schritt vor derselben um die südliche Hälfte der Stadt herum … Diesen Graben zu einem breiten, schiffbaren Kanal zu gestalten, war ein längst gehegter aber kostspieliger Gedanke. Er trat endlich vor wenigen Jahren ins Leben. Zugleich aber sollte damit eine Verschönerung der Umgebung der Stadt im Großen verbunden werden … Ein Teil dieser Anlagen ist schon vollendet und bietet an dem breiten, blauen Spiegel des bereits von Schiffen belebten Kanals grün umbüschte Spaziergänge zum Fahren und für Fußgänger dar.«

Für eine Verbindung von kommerzieller und industrieller Nutzung sowie von Stadtverschönerung war, wir ahnen es schon, Peter Joseph Lenné zuständig, der dann auch diesen Entlastungskanal für die Spree entwarf. 1845 war Baubeginn, 1848 wurde auch dieses städtebauliche Projekt vom Magistrat als Arbeitsbeschaffungsmaßnahme genutzt, am 2. Mai 1850 wurde der Kanal eingeweiht und nach der Landwehr benannt – nach der mittelalterlichen Feldbefestigung vor der Stadtmauer, die sich ehedem hier befunden hatte. Damals, auch aus dem Rellstab-Text ist es herauszulesen, lag der Kanal weit vor der Stadt. Das trifft längst nicht mehr zu, aber zumindest größere Teile der Ufer dienen heute noch der Naherholung. Dazu zählt auch der Böckler-Park, der nach dem Gewerkschaftsfunktionär Hans Böckler (1875–1951) benannt wurde, der während der NS-Diktatur Kontakte zu Widerstandskreisen besaß. Die gewerkschaftsnahe Hans-Böckler-Stiftung trägt seinen Namen, und am Eingang zum Park bei der Prinzenstraße steht eine Büste von ihm.

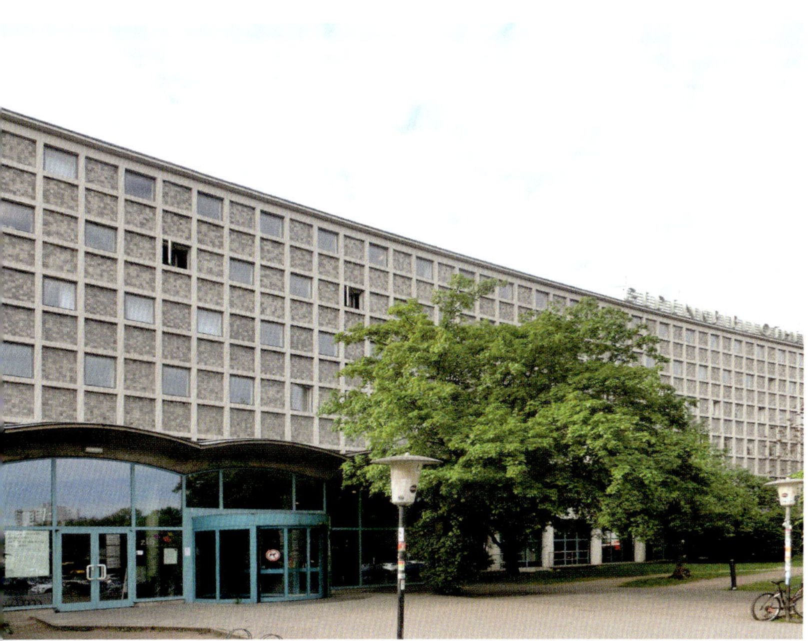

Amerika Gedenkbibliothek

Wir wechseln über die Baerwaldbrücke auf das andere Ufer und entdecken nach ca. 250 m das Alte Zollhaus, heute ein Restaurant mit gehobener Gastronomie. Ursprünglich wurde der Fachwerkbau 1901 als Depot für die Stadtreinigung errichtet, und zwar nach dem Entwurf des Stadtbaudirektors Ludwig Hoffmann. Der Name Zollhaus resultiert daher, dass hier schon bald eine Kontrollstelle für die Dampfschiffe eingerichtet wurde.

Nach Überqueren der Alexandrinenstraße sieht man am jenseitigen Ufer hinter dem U-Bahn-Viadukt einen langgestreckten historistischen Bau, der im Sommer durch das Laub der Bäume hindurchschimmert, im Winter deutlicher zu sehen ist: das Deutsche Patentamt. Es wurde als Reichspatentamt 1903–05 in Formen der deutschen Renaissance erbaut und reiht sich stilistisch ein in die vielen repräsentativen Behördenbauten der wilhelminischen Ära.

Am Waterloo-Ufer, genauer, am Blücherplatz, benannt nach einem der Sieger von Waterloo, erhebt sich das Gebäude der denkmalgeschützten Amerika-Gedenkbibliothek, eine zwischen 1952 und 1957 in zwei Bauabschnitten geschaffene Stahlskelettkonstruktion mit einer gekrümmten Fassade, die sich auf den gegenüber gelegenen Mehringplatz bezieht. Rechter Hand befindet sich zunächst die U-Bahn-Station Hallesches Tor, die ihren Namen einem Tor der Akzisemauer verdankt: Der in einem zeittypischen Stilmix aus Neo-

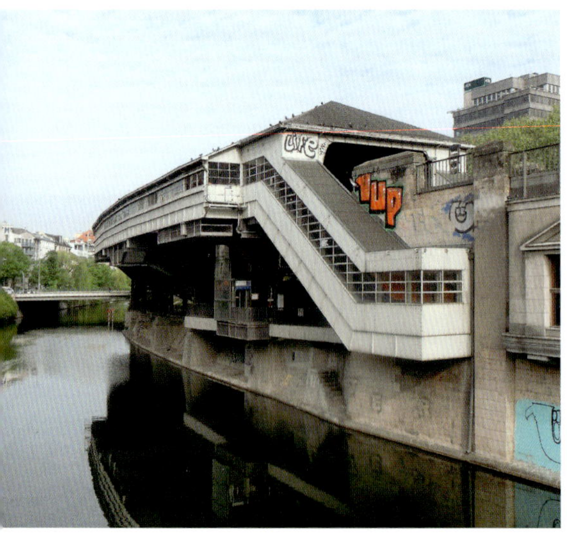

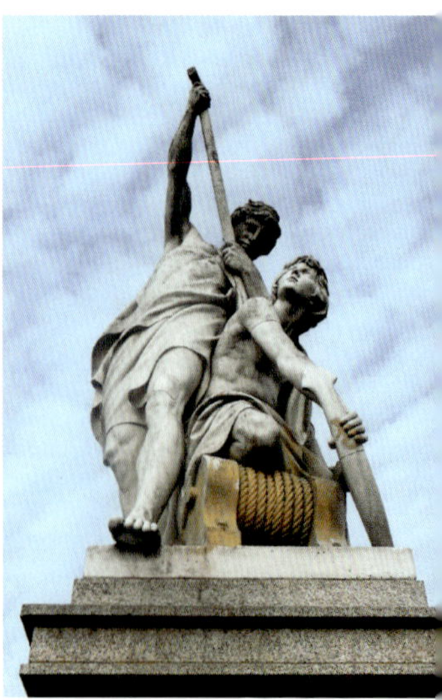

U-Bahnhof Hallesches Tor (li.) und Skulpturenschmuck auf der Hallesches-Tor-Brücke

renaissance und Neubarock gestaltete, in Teilen über dem Landwehrkanal gelegene Bahnhof wurde am 18. Februar 1902 eröffnet und ist damit einer der ältesten U-Bahnhöfe Berlins. (Eigentlich ist er ja ein Hochbahn-Bahnhof!)

Den Bahnhof erreicht man über die Hallesches-Tor-Brücke. Es dürfte nicht unbemerkt geblieben sein, dass wir auf unseren Wanderungen immer wieder denselben Baumeistern begegnen, so auch hier: Johann Heinrich Strack (1805–1880, s. a. Alte Nationalgalerie) schuf die Entwürfe für die Korbbogenbrücke über den Landwehrkanal, die 1874–76 gebaut wurde, nach Kriegsschäden aber 1953 rekonstruiert werden musste. Den Skulpturenschmuck auf der ursprünglich nach dem benachbarten Belle-Alliance-Platz benannten Brücke schufen Otto Geyer (1843–1914), Julius Moser (1832–1916), Eduard Lürssen (1840–1891) und Friedrich Reusch (1843–1906) – die Werke der beiden letzten Künstler sind allerdings zerstört bzw. verschwunden.

Für Aussteiger: Vom Ausgangspunkt Märchenbrunnen bis zum U-Bhf. Hallesches Tor sind es 5,9 km.

Der heutige Mehringplatz hieß ehedem Belle-Alliance-Platz, dieser wurde im Zweiten Weltkrieg nahezu total zerstört. Der Wiederaufbau hat die Form eines Rondells wiederaufgenommen. Wer möchte, kann hier vielleicht einen Kaffee trinken, wir aber folgen weiter dem Weg 19, der nun am nördlichen Kanalufer entlangläuft. Rasch fällt auf der gegenüberliegenden Kanalseite ein Bauwerk in den Formen der märkischen Backsteingotik auf, mit allen dazugehörigen Ingredienzen wie rotes Klinkermauerwerk, weiße Putzspiegel, Spitzbogen und Staffelgiebel. Das über dem Torbogen als Hallesches Haus bezeichnete Gebäude (Tempelhofer Ufer 1) wurde 1900/01 als Stadtpostamt SW 61 erbaut, und zwar nach Plänen des Postbaurates Hermann Struve (1857–1916).

Anhaltender Straßenlärm begleitet nun über längere Zeit unseren Weg; einige Zeit geht es unter dem U-Bahn-Viadukt entlang, wo noch das Rumpeln der Bahnen direkt über dem Kopf hinzukommt. Zwischen der Großbeeren- und der Möckernbrücke – beide Brücken wurden nach wichtigen Gefechten der Befreiungskriege 1813 benannt – erhebt sich der U-Bahnhof Möckernbrücke, ebenfalls im Jahr 1902 eröffnet. Allerdings ist der heutige Bahnhof im Wesentlichen 1934–36 entstanden und der einzige Neubau eines U-Bahnhofes aus der Zeit des Nationalsozialismus. Ein auffallendes Gebäude am U-Bahnhof ist das Hochhaus des ehemaligen Postgiroamtes Berlin West, für dessen Bau viel Stahlbeton und Stahl verwendet wurden, das über eine Aluminium-Glas-Fassade verfügt und das man zu den Berliner Bauwerken der Moderne zählen kann. Architekt des in den Jahren 1965–71 errichteten Hochhauses, das mit 89 m zu den höchsten Gebäuden der Hauptstadt gehört, war der Oberpostdirektor Prosper Lemoine. Schon jetzt sieht man jenseits des U-Bahn-Viaduktes den Rosinenbomber C 47 vor der Fassade des Deutschen

Beim Deutschen Technikmuseum

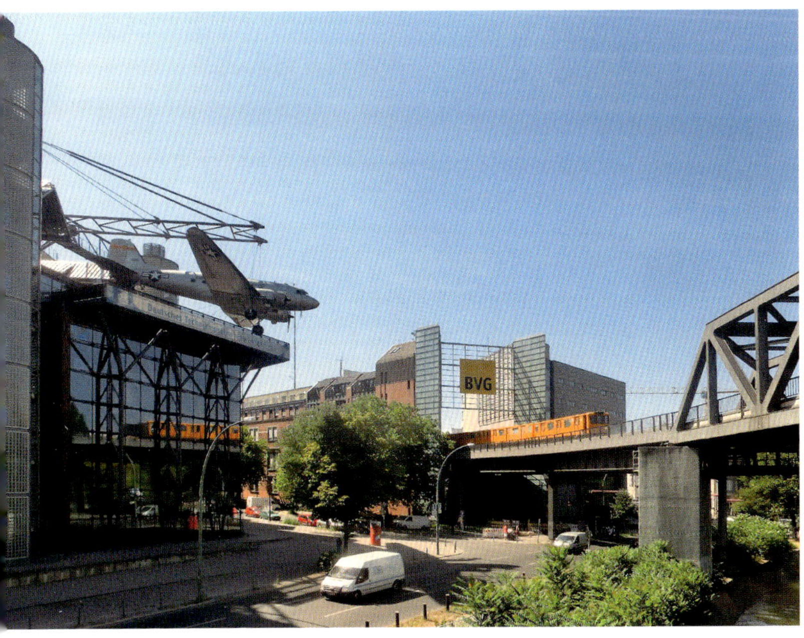

Technikmuseums. Wir überqueren dann auch den Kanal auf dem Anhalter Steg und wandern am Technikmuseum vorbei – nunmehr wieder am südlichen Ufer entlang. Wir kommen am Haus Tempelhofer Ufer 32 vorbei, an dem eine Gedenktafel daran erinnert, dass hier von 1971 bis 1975 der Musiker und Poet Rio Reiser (1950–1996) lebte, berühmt vor allem als Frontmann von »Ton Steine Scherben«.

Nach Überqueren der Schöneberger Straße beginnt das Schöneberger Ufer. Sofort fällt ein großes historisches Gebäude ins Auge, das das gesamte Grundstück zwischen Schöneberger Straße, Schöneberger Ufer und den U-Bahngleisen der U 2 einnimmt: die ehemalige Königliche Eisenbahn-Direktion, heute Sitz der Bundespolizeidirektion 11. Das prächtige schlossartige Gebäude von Armin Wegner (1850–1917) kann auch mit den drei Stichworten oder Klischees »Historismus, Wihelminismus, Neostil(e)« charakterisiert werden, wobei die Stilanleihen einmal wieder bei der deutschen Spätrenaissance genommen wurden. Wegner schuf zahlreiche Hochbauten für die Preußischen Staatseisenbahnen, von denen nur wenige erhalten sind. Die Königliche Eisenbahn-Direktion entstand 1892–95.

Ab der Köthener Brücke gibt es einige Meter gemeinsamen Verlaufs mit dem Grünen Hauptweg 5 (Nord-Süd-Weg), der aber bald nach links in den Park am Gleisdreieck biegt, während wir geradeaus weitergehen und so den Park am Karlsbad erreichen. Diesen durchqueren wir – oder legen eine Pause ein. Viele Spielplätze laden ein, den Park auch mit Kindern zu besuchen. Jenseits des Kanals erstrecken sich die Bauten des neu geschaffenen Potsdamer Platzes und seiner Umgebung, auf die hier nicht näher eingegangen werden kann.

Nach dem Überqueren der Potsdamer Straße sollte man die drei herrschaftlichen Mietshäuser Schöneberger Ufer 57, 59 und 61 nicht übersehen. Dazu führt die Denkmaldatenbank Berlin aus: »Die Nähe zum Tiergartenviertel beeinflusste die Entwicklung des Quartiers am Landwehrkanal. Zunächst bildete sich eine lockere Bebauung mit Sommerhäusern, die nach der Mitte des 19. Jahrhunderts von vier- bis fünfgeschossigen herrschaftlichen Mietshäusern abgelöst wurden. Im Abschnitt zwischen Potsdamer Brücke und Bendlerbrücke sind einige große Wohngebäude von Kriegszerstörung und Abbruch verschont geblieben.« Die Häuser 57 und 61 mit ihren spätklassizistischen Fassaden wurden 1858/59 errichtet und gehören damit zu den ältesten Bauten südlich des Landwehrkanals, während das von ihnen eingerahmte höhere Haus 59 später entstand, nämlich 1884–95. Hier bedienten sich die Erbauer den Zeiten gemäß bei der deutschen Renaissance. Am Haus Nr. 61 erinnert eine Tafel daran, dass hier von 1946 bis 1948 der Schauspieler Hans Albers (1891–1960) wohnte. Nur kurz erwähnt werden soll auch das Atelierhaus des Vereins Berliner Künstlerinnen am Schöneberger Ufer 71, das 1910/11 im Auftrag des Vereins Berliner Künstlerinnen 1876 e.V. erbaut

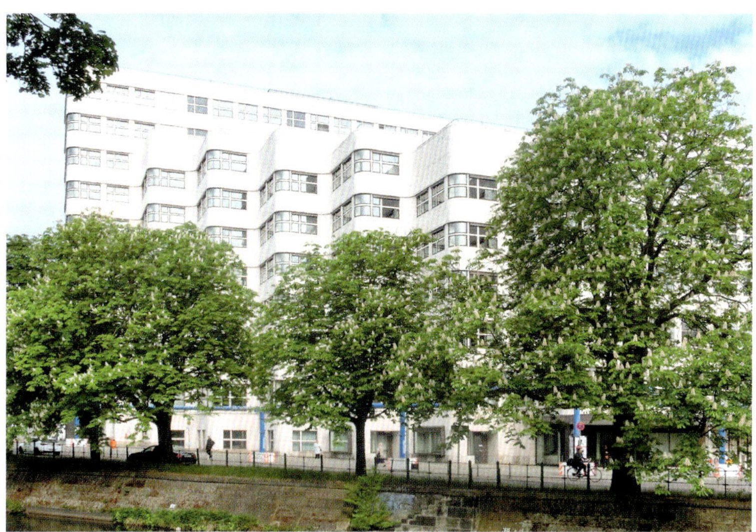

Shellhaus

wurde nach Entwürfen des der Reformarchitektur zuneigenden Heinrich Schweitzer (1871–1953). Zu seinen bedeutendsten Werken zählt der U-Bahnhof Podbielskiallee.

Auf der anderen Kanalseite fällt die repräsentative Sandsteinfassade eines Gebäudes auf, für das wir ebenfalls die drei Stichworte aufrufen können, wobei auch hier wieder die Renaissance »geplündert« wurde, in diesem Fall die italienische Hochrenaissance. Auch Anleihen beim Reichstag sind erkennbar, der ja wiederum selbst ein aus Anleihen bestehendes Bauwerk ist. Bei dem Bau (Reichpietschufer 50) handelt es sich um das ehemalige Reichsversicherungsamt, das 1891–94 nach Plänen des Berliners August Busse (1839–1896) entstand. Mehrere Militär- und Behördenbauten stammen aus der Feder des Geheimen Regierungsrates. Beim Reichsversicherungsamt, heute Sitz des Wissenschaftszentrums Berlin, fallen vor allem der von einem Dreiecksgiebel bekrönte Mittelrisalit auf, ebenso die Türmen gleichenden Eckrisaliten (Risaliten sind vorspringende Baukörper).

Nur durch die Hitzigallee getrennt – Namensgeber ist der Architekt Friedrich Hitzig – ragt am Reichpietschufer 60 ein bedeutendes Bauwerk der Moderne auf, das durch seine Wellenform sofort ins Auge sticht: das 1930–32 erbaute Shellhaus. Die Berliner Denkmaldatenbank dazu: »Das Shell-Haus … beherrscht mit seiner geschwungenen und gestaffelten Travertinfassade den Stadtraum am Landwehrkanal. Das zehngeschossige Hochhaus über einem trapezförmigen Grundriss, das 1930–32 nach Plänen des Düsseldorfer Architekten Emil Fahrenkamp für das zum Shell-Konzern gehörende Mineralölunternehmen Rhenania-Ossag errichtet wurde, gehört zu den bekanntesten Bürobauten der Weimarer Republik. Mit seiner sachlichen Eleganz, der sicheren Linienführung und der gediegenen Werkstoffauswahl gilt das Shell-Haus als architektonisches Meisterwerk.« Fahrenkamp (1885–1966) war von 1937 bis 1946 Leiter der Kunstakademie Düsseldorf. Hier sei erwähnt, dass er auch das Hotel auf dem Monte Verità bei Ascona (1927) projektierte, denn dieser Umstand hat etwas mit einer unserer nächsten Stationen zu tun.

Unser Blick ist weiterhin auf das gegenüberliegende Ufer gerichtet, wo sich nach der Bendlerbrücke abermals ein monumentaler Verwaltungsbau erhebt, charakterisierbar mit den drei Stichworten des »Reichsstils«: das Reichsmarineamt (Reichpietschufer 74/76), das 1911–14 erbaut wurde nach Entwürfen von Reinhardt & Süßenguth, die wir als Rathausspezialisten kennen. An der Fassade zum Landwehrkanal gibt es Kolossalpilaster dorischer Ordnung, einen kräftig vorspringenden Mittelrisalit und einen Dreiecksgiebel mit dem Monogramm Kaisers Wilhelms II. inklusive Reichskrone – sozusagen das volle Programm. In den Jahren 1938 bis 1945 hatte hier und in dem Erweiterungsbau, dem sogenannten Bendlerblock, das Oberkommando des Heeres seinen Sitz, und dieser Ort bzw. einige der hier weilenden Akteure spielten eine wesentliche Rolle beim gescheiterten Hitlerattentat vom 20. Juli 1944. Es gibt eine entsprechende Gedenkstätte in dem Komplex, in dem heute das Bundesverteidigungsministerium seinen Sitz hat.

Auf dem Hiroshimasteg überqueren wir den Kanal, wobei unser Blick auf die Neubauten der Friedrich-Ebert-Stiftung fällt. Durch eine kleine Grünan-

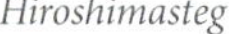

Hiroshimasteg

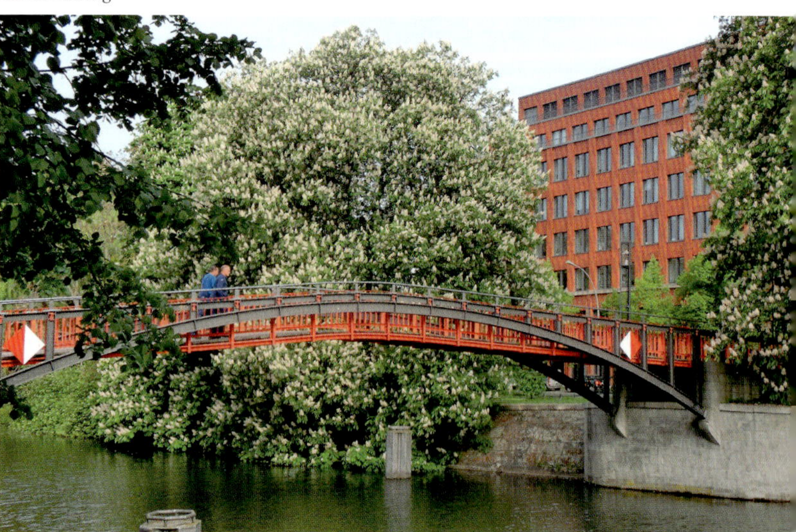

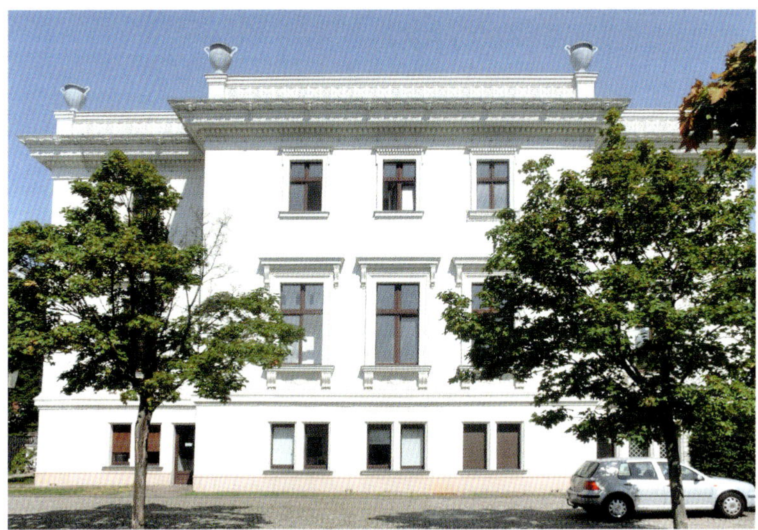

Von-der-Heydt-Villa

lage – nach dem Bildhauer Alexander Calandrelli (1834–1903) benannt – erreichen wir eine Mauer, hinter der die weiße Fassade einer Villa hervorblitzt. Es handelt sich um die Villa von der Heydt, in der heute der Präsident der Stiftung Preußischer Kulturbesitz residiert. Die Familie von der Heydt war eine eingesessene Kaufmanns- und Bankiersfamilie aus Elberfeld, seit 1. August 1929 ein Stadtteil von Wuppertal, und August Freiherr von der Heydt (1801–1874) wurde vom preußischen König Friedrich Wilhelm IV. 1848 als Handelsminister nach Berlin berufen. Unter seinem Nachfolger wurde er 1863 preußischer Finanzminister. In den Jahren 1860–62 ließ sich August von der Heydt vom Architekten Hermann Ende (1828–1907) die Villa am Landwehrkanal errichten; Ende hat auch viele andere Villen vor allem im Diplomatenviertel Tiergarten projektiert, aber auch das Affenhaus im Zoologischen Garten oder das Justizministerium in Tokio. Die Villa am Landwehrkanal ist ein Beispiel für die spätklassizistische Architektur, wobei Ende, der 1852–57 an der Berliner Bauakademie studiert hatte, in der Tradition der Schinkelschule steht. Sie hat als einziges Gebäude die einstige Villenbebauung des Tiergartenviertels »überlebt«. Nach einem zwölfjährigen Zwischenspiel als chinesische Gesandtschaft gelangte die Villa 1890 in den Besitz von Karl von der Heydt (1858–1922), ebenfalls Unternehmer und Bankier. Er machte sie zu einem »Musentempel«, in dem u. a. Museumsdirektoren wie Wilhelm Bode (1845–1929) und Hugo von Tschudi (1851–1911), ab 1896 Direktor der Nationalgalerie Berlin, verkehrten, der Schriftsteller Harry Graf Kessler (1868–1937) und der Maler Anton von Werner (1843–1915), der Bildhauer

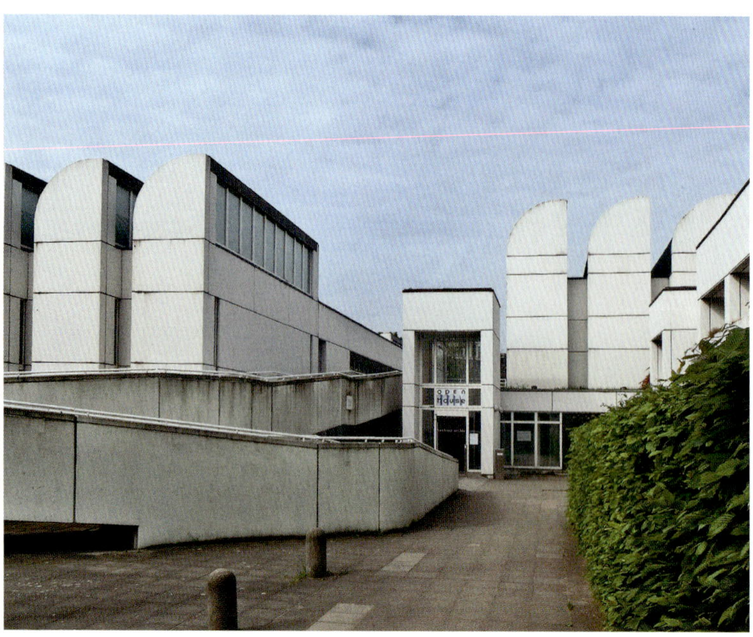

Bauhaus-Archiv

Georg Kolbe (1877–1947), außerdem Bankdirektoren und Diplomaten (Karl von der Heydt war auch mit Rilke gut befreundet). Und während seines Militärdienstes in Potsdam war Karls Neffe Eduard von der Heydt (1882–1964) öfter Gast, der ebenfalls im Bankgeschäft tätig war, heute aber vor allem als großzügiger Kunstmäzen bekannt ist. Seine bedeutende Kunstsammlung verschenkte er nämlich: Die europäische Kunst erhielt das mittlerweile nach der Familie von der Heydt benannte Museum Wuppertal, die außereuropäischen Kunstwerke wurden der Grundstock des Museum Rietberg in Zürich, das ohne seine Sammlung gar nicht existieren würde. 1926 wurde der nahe Ascona gelegene Berg Monte Verità Eduard von der Heydt zum Kauf angeboten. An diesem Ort hatte die Vegetarische Kooperative Monte Verità um die Jahrhundertwende mit alternativen Lebensformen und der Rückkehr zum Ursprünglichen experimentiert, doch mittlerweile war von der Kolonie nicht viel geblieben, das Anwesen war verwahrlost, ein kleines Künstlerhotel dümpelte unrentabel vor sich hin. Von der Heydt beauftragte Emil Fahrenkamp, ein Hotel zu errichten (1927–29), das er mit seinen Kunstschätzen ausstattete. Auf diese Weise ist die Villa von der Heydt also quasi indirekt mit dem Shellhaus verbunden.

Wenige Schritte weiter, in der Klingelhöferstraße 14, hat das Bauhaus-Archiv seinen Sitz. In diesem Museum wird die Hinterlassenschaft des Bauhau-

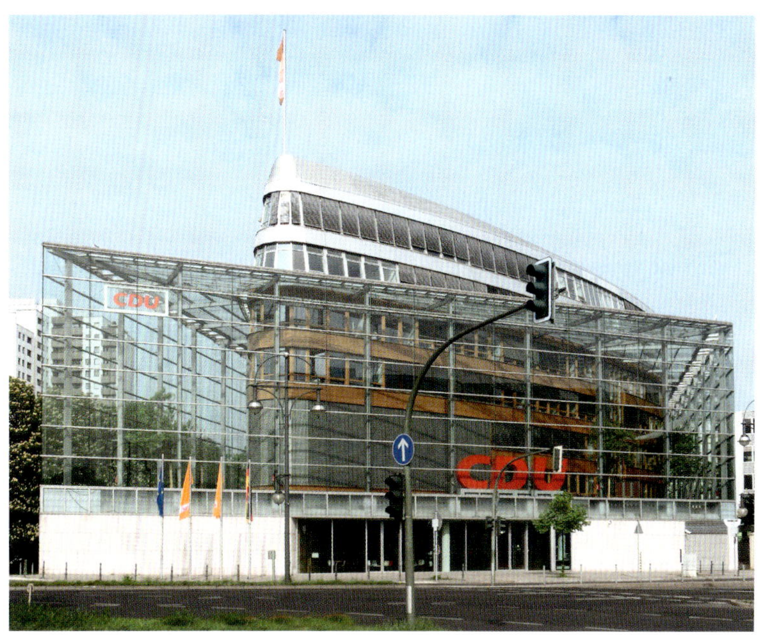

Bundesgeschäftsstelle der CDU

ses aufbewahrt, das 1919 in Weimar gegründet worden war, dann seinen Sitz in Dessau nahm und nach einer kurzen Phase in Berlin aufgelöst wurde. Der vom Bauhaus-Gründer Walter Gropius (1883–1969) im Jahr 1964 gefertigte Entwurf war ursprünglich für Darmstadt vorgesehen, doch als dann entschieden wurde, dass das Archiv nach Berlin kommen würde, überarbeitete sein Mitarbeiter Alexander Cvijanovic (geb. 1923) die Pläne, die 1976–79 realisiert wurden. Das Gebäude hat einen unregelmäßig H-förmigen Grundriss, es handelt sich um einen zweigeschossigen Stahlskelettbau mit einer Vorhangfassade aus weißgestrichenen Betonplatten. Auffälligstes Bauelement dürften aber die aus der Fabrikarchitektur bekannten Sheds zur Belichtung der Ausstellungshallen sein. Am Eingang stehen seit 1985 zwei Bildsäulen des Schweizer Architekten und bildenden Künstlers Max Bill (1908–1994), die aus mit farbigen Blechen verkleideten Stahlrohren bestehen. Auch hier existiert ein Bezug zu den Nachbarn, denn Walter Gropius besuchte den Monte Verità, um das Hotel zu besichtigen.

Auf der anderen Seite der vielbefahrenen Klingelhöferstraße, die wir überqueren müssen, steht das Konrad-Adenauer-Haus, die Bundesgeschäftsstelle der CDU. Das am 16. Juni 2000 eingeweihte Gebäude fällt durch seine ungewöhnliche Architektur auf, die Entwürfe dazu stammen von dem Düsseldorfer Architekturbüro Petzinka Pink und Partner. Vor allem die gläserne Raute, die das Gebäude umschließt und so einen riesigen Wintergarten schafft, begründet den Ruhm des Hauses.

Unter schattigen Bäumen in der Corneliusstraße befindet sich ein Skulpturenboulevard mit Werken verschiedener Künstler. Nördlich erstreckt sich nach wie vor das Viertel der Botschaften, auch noch nach dem Überqueren der Budapester Straße. Am Ende der Corneliusstraße beginnt der Tiergarten, und rechter Hand sieht man schon die ersten Gehege des Berliner Zoos. Schon bald erreicht man die Lichtensteinbrücke. Überquert man die Brücke, findet man unter ihr eine schräg zum Wasser ausgerichtete Gusseisenplatte, die in Großbuchstaben den Namen Rosa Luxemburg bildet und an den Ort erinnert, an dem der Leichnam der einem Mordanschlag zum Opfer gefallenen Revolutionärin (1871–1919) ins Wasser geworfen wurde. Am Ufer des Neuen Sees wiederum erinnert ein Denkmal an die Ermordung von Karl Liebknecht (1871–1919).

Näher an der Schleuse erreicht man das Gaslaternen-Freilichtmuseum, das 1978 entstand und ca. 90 Gaslaternen aus vielen deutschen und einigen europäischen Städten präsentiert – außerdem ist es möglich, abends im Schein dieser Laternen zu lustwandeln. In Berlin wurden 1826 die ersten Gaslaternen in der Straße Unter den Linden aufgestellt. Damit war die Hauptstadt Preußens die zweite deutsche Stadt mit öffentlicher Gasbeleuchtung nach Hannover (1825). Die ersten Gaslaternen brannten allerdings 1814 in London. In Berlin werden immerhin noch 25.000 Leuchten mit Gas betrie-

Rosa Luxemburg Gedenkstätte

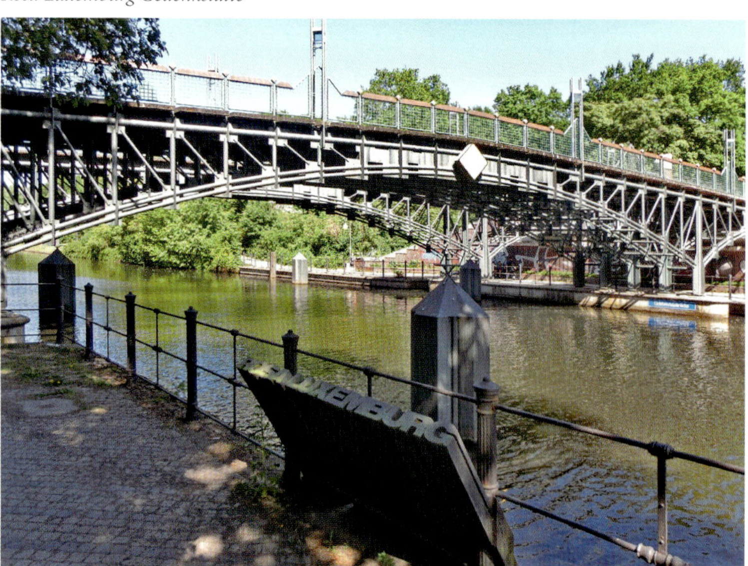

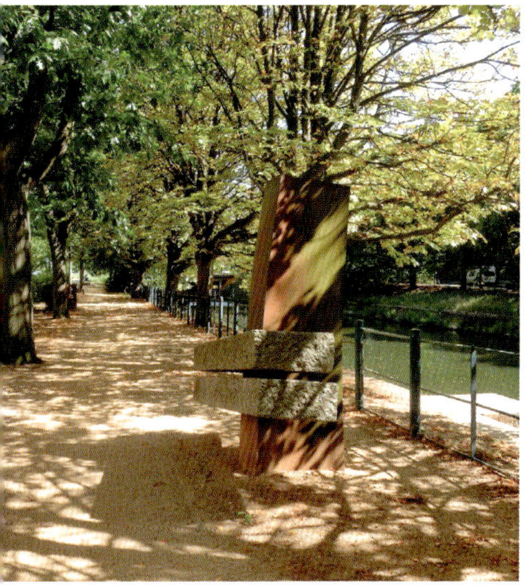

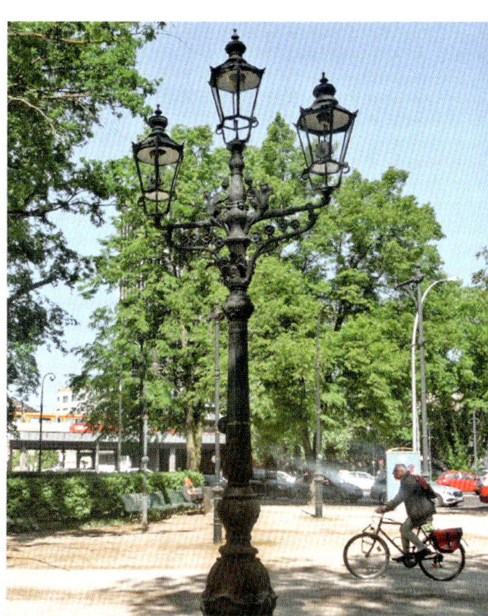

Freiluft-Skulpturen (li.) und Gaslaternen-Freilichtmuseum

ben (Stand März 2021), und gegen Pläne, die Gasbeleuchtung aufzugeben, regt sich in vielen Kiezen Widerstand. Vom Gaslaternen-Freilichtmuseum ist es nur noch ein Katzensprung zum S-Bhf. Tiergarten.

Restaurant Schoenbrunn mit Kiosk und Biergarten, Am Schwanenteich im Volkspark Friedrichshain, 10249 Berlin, Restaurant: Mi & Do 12–20, Fr 12–21, Sa 10–21 und So 10–20 Uhr, Kiosk (bei gutem Wetter): Mo–Fr 11–18.30, Sa/So 12–18.30 Uhr, Biergarten (nur bei gutem Wetter): Apr–Sep Mo–Fr ab 15, Sa ab 13, So & Feiertage ab 12 Uhr, Tel.: 030/453 05 65 25

Sofia Bar, bulgarisches Restaurant, Platz der Vereinten Nationen 1, Tel.: 030/48 62 27 69, Mo–Sa ab 15 Uhr, So & feiertags ab 12 Uhr, www.sofiabar.de

Ristorante a Mano, Strausberger Platz 2, tgl. ab 12 Uhr, Tel.: 030/95 59 82 43, www.amano-ristorante.de

Trattoria Vesuvio, Strausberger Platz 8, tgl. ab 12 Uhr, Tel.: 030/69 59 67 93, www.ristorante-vesuvio-berlin.de

Café am Engelbecken, Michaelkirchplatz 24, tgl. ab 10 Uhr, Tel.: 0157/75 43 17 95, www.cafe-am-engelbecken.de

Henne, Altberliner Wirtshaus, Leuschnerdamm 25, tgl. außer Mo ab 17 Uhr, Tel.: 030/61 47 730, www.henne-berlin.de (Spezialität: Hähnchengerichte!)

Kuchen-Kaiser, Oranienplatz 11–13, tgl. ab 9 Uhr, Tel.: 030/61 40 26 97

Ora (in einer alten Apotheke), Kuchen und Biospeisen, Oranienplatz 14, Mi–Sa ab 17 Uhr, Tel.: 030/50 95 58 89, http://ora-berlin.de

Café und Boutique **Boum**, Tempelhofer Ufer 32, Mo–Fr 9–17 Uhr, Tel.: 0177/716 87 73, www.boum.berlin

Schleusenkrug, sehr beliebter Biergarten, Müller-Breslau-Str. 14a,
Fr 12–18 Uhr, Sa/So 10–18 Uhr, Tel.: 030/31 39 909, www.schleusenkrug.de

Friedhof der Märzgefallenen, Strausberger Platz und Karl-Marx-Allee, Park Luisenstädtischer Kanal, Landwehrkanal, Tiergarten, Zoo Berlin

FHXB Friedrichshain-Kreuzberg Museum, Adalbertstr. 95a, Di–Do 12–18 Uhr, Fr–So 10–20 Uhr, Tel.: 030/50 58 52 35, www.fhxb-museum.de (freier Eintritt)
Werkbundarchiv – Museum der Dinge (Produktkultur 20./21. Jh.), Oranienstr. 25, Do–Mo 12–19 Uhr, Tel.: 030/92 10 63 11, www.museumderdinge.de
Deutsches Technikmuseum, Trebbiner Str. 9, Di–Fr 9–17.30, Sa, So 10–18 Uhr, Tel.: 030/90 254-0, www.sdtb.de
Gedenkstätte Deutscher Widerstand, Staufenbergstr. 13–14, Mo–Fr 9–18, Sa, So & feiertags 10–18 Uhr, Tel.: 030/26 99 50 00, www.gdw-berlin.de
Schwules Museum, Lützowstr. 73, So, Mo, Mi 14–18, Do 12–20, Fr 12–18 Uhr, Sa 14–19 Uhr, Tel.: 030/69 59 90 50, www.schwulesmuseum.de
Bauhaus-Archiv Museum für Gestaltung, Klingelhöferstr. 14, wegen Bau- und Erweiterungsarbeiten für längere Zeit geschlossen, Infos dazu auf www.bauhaus.de

Dante Connection, Oranienstr. 165a, Mo–Sa 10–19 Uhr, Tel.: 030/615 76 58, www.danteconnection.de
Schwarze Risse, Gneisenaustr. 2a, Mo–Fr 10–19 Uhr, Sa 11–15 Uhr, Tel.: 030/69 28 779, www.schwarzerisse.de

Sommerbad Kreuzberg, Prinzenstraße 113–119, Saisonale Öffnungszeiten (Apr–Sep) tgl. 7–20 Uhr, Tel.: 030/22 19 00 11, www.berlinerbaeder.de/baeder/sommerbad-kreuzberg

S-Bhf. Tiergarten: S3, S5, S7 und S9

3. Etappe: Vom Märchenbrunnen im Volkspark Friedrichshain zum S-Bhf. Tiergarten

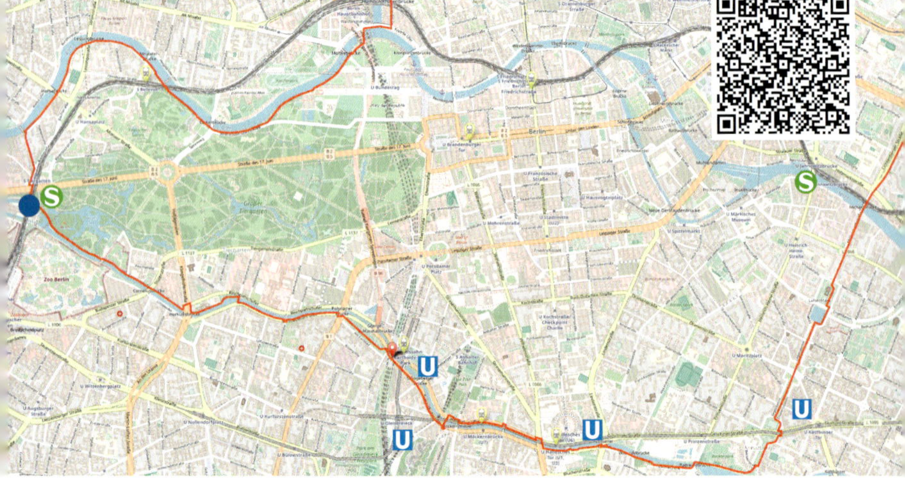

Weiterführende Literatur

Matthias Barth: Kathedralen der Arbeit. Industriekultur in Berlin, Berlin 2016

Bezirksamt Marzahn-Hellersdorf von Berlin (Hg.): Geschichte und Geschichten aus 10.000 Jahren, Berlin 2009

Bezirksamt Reinickendorf von Berlin (Hg.): Die Denkmale in Berlin Reinickendorf, Berlin 1998

Reinhard E. Fischer: Die Ortsnamen der Länder Berlin und Brandenburg. Alter – Herkunft – Bedeutung, Berlin 2005

Georg Dehio: Handbuch der deutschen Kunstdenkmäler, Berlin, München; Berlin 2000

Denkmaltopographie Bundesrepublik Deutschland. Denkmale in Berlin. Bezirk Mitte: Ortsteil Mitte, Petersberg 2003

Denkmaltopographie Bundesrepublik Deutschland. Denkmale in Berlin. Bezirk Mitte: Ortsteile Moabit, Hansaviertel und Tiergarten, Petersberg 2005

Förderkreis für Kultur und Bildung in Reinickendorf e. V.: Festschrift 650 Jahre Hermsdorf 1349–1999, Berlin 1999

Malwine Hörisch/Wolfgang Krause: Prenzlauer Berg Kunstspaziergänge, Berlin 1998

Barbara Keil: Baudenkmale in Pankow, Berlin 1993

Kerstin Lindstädt (Bezirksamt Pankow von Berlin): Berlin-Pankow. Aus der Orts- und Baugeschichte, Berlin 2010

Werner Martin: Manufakturbauten im Berliner Raum seit dem ausgehenden 17. Jahrhundert, Berlin 1989

Martin Pfannschmidt: Geschichte der Vororte Buch und Karow, Berlin 1927 (Reprint 1994)

Patricia Pientka: Das Zwangslager für Sinti und Roma in Berlin-Marzahn. Alltag, Verfolgung und Deportation, Berlin 2013

Jörg Raach: Industriekultur in Berlin. Die 115 wichtigsten Bauten des Industriezeitalters, Berlin 2008

Hans-Jürgen Rach: Die Dörfer in Berlin. Ein Handbuch der ehemaligen Landgemeinden im Stadtgebiet von Berlin, Berlin 1988 ([2]1990)

Ludwig Rellstab: Berlin und seine Umgebung um die Mitte des 19. Jahrhunderts, 1854 (Reprint Augsburg 1993)

Wolfgang Ribbe (Hg.): Geschichte Berlins. 2 Bände, München 1987

Christiane Theiselmann: Stadtteilführer Prenzlauer Berg, Berlin 1994

Meinhard Schröder: Tegel zwischen Idylle und Metropole, Berlin 2015

Heinz Schulze: Spaziergang durch die Köpenicker Altstadt, Heimatmuseum Köpenick, 1994

Ingolf Wernicke: Reinickendorf. Der grüne Norden Berlins: Geschichte, Daten & Fakten, Sehenswürdigkeiten, Berlin 1997

August Wietholz: Geschichte des Dorfes und Schlosses Tegel, Berlin 1922

Michael Zaremba: Reinickendorf im Wandel der Geschichte, Berlin 1999

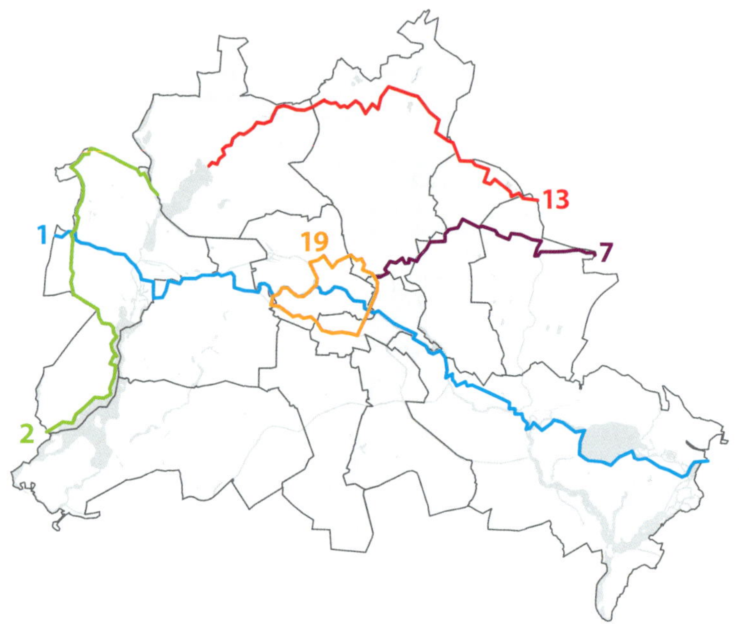

Berliner Wanderwege – die fünf »grünen Hauptwege« 1, 2, 7, 13 und 19

Haftungsausschluss

Die Angaben in diesem Wanderführer wurden gewissenhaft und mit größtmöglicher Sorgfalt teilweise sogar mehrfach überprüft, doch für ihre Aktualität, Vollständigkeit und Korrektheit wird keine Haftung übernommen. Das gilt auch für den derzeitigen und jeden künftigen Inhalt der aufgeführten und/oder zitierten Webseiten, auf deren Inhalt, deren Gestaltung oder deren Urheber wir keinen Einfluss haben. Alle Bewertungen zur Befahrbarkeit der Wege durch Radfahrer sind rein subjektiv und entheben den Nutzer nicht eigener Einschätzungen und selbstverantwortlichen Handelns.

Abbildungsnachweis

Alle Fotos: Frank Goyke,
S. 108 wiki commons CC BY-SA 3.0, Foto: Karl-Heinz Meurer,
Karten: typegerecht, Berlin.

Der Autor

Frank Goyke, geboren 1961 in Rostock, arbeitete nach dem Studium der Theaterwissenschaften in Leipzig als Lektor und Dramaturg. Seit 1997 ist er freier Schriftsteller. Zuletzt erschienen von ihm im be.bra verlag zwei Bände »Auf dem Jakobsweg durch Brandenburg«. Frank Goyke lebt in Berlin.